西安兴水投资发展有限公司组织编写

二次供水管理要点

主　编　曹仙桃　王团伟　孙　辉
副主编　孙院生　郭金鑫

陕西新华出版
陕西科学技术出版社
Shaanxi Science and Technology Press
西　安

图书在版编目（CIP）数据

二次供水管理要点 / 曹仙桃，王团伟，孙辉主编．西安：陕西科学技术出版社，2024. 12. -- ISBN 978-7-5369-9024-1

Ⅰ. F294.1

中国国家版本馆 CIP 数据核字第 2024W04B74 号

二次供水管理要点

ERCI GONGSHUI GUANLI YAODIAN

主编　曹仙桃　王团伟　孙　辉

责任编辑　黄　鹤

封面设计　申　畅

出 版 者　陕西科学技术出版社
西安市曲江新区登高路 1388 号陕西新华出版传媒产业大厦 B 座
电话（029）81205187　传真（029）81205155　邮编 710061
http：//www.snstp.com

发 行 者　陕西科学技术出版社
电话（029）81205180　81205192

印　　刷　陕西天地印刷有限公司

规　　格　787mm×1092mm　16 开本

印　　张　15.5

字　　数　240 千字

版　　次　2024 年 12 月第 1 版
2024 年 12 月第 1 次印刷

书　　号　ISBN 978-7-5369-9024-1

定　　价　88.00 元

序

preface

二次供水是指单位或者个人使用储存、加压等设施，将城市公共供水经储存、加压后再供给用户的方式。城市自来水到达居民小区、学校、机关等建筑红线以内的供水，绝大多数是通过二次供水的方式。二次供水被称为城市供水“最后一公里”，是重要的城市基础设施，但是二次供水设施建设、管理及产权具有“自建、自有、自用、自管”多元化特点，给其管理、维护和水质保障带来不确定的隐患。

二次供水与人民群众身体健康和饮用水水质安全息息相关。目前一方面二次供水社会知晓率、关注度还需要不断提高，另一方面行业从业人员业务水平和法规意识还需要加强，从业人员流动性大，带来运行维护管理不稳定，极易出现水质安全风险，影响群众生活饮水健康、安全，成为城市高质量发展的短板。按照以人民为中心的发展理念，加强二次供水管理，提升行业人员业务水平，扩大社会的知晓与监督范围，确保二次供水的水质安全，已成为全社会的共识和责任。

笔者团队主编了多部西安市二次供水地方标准，参编省级标准，打造的二次供水标准体系入选国家标准委全国第七批国家级标准化试点，并成功通过国家标准化委员会组织的终期验收，是目前全国唯一的行业标准化试点示范。

西安市二次供水系列地方标准体系包括二次供水设计建设、清洗消毒、运行维护、管理评价、应急处置、互联网+监管、管理对象数字化分类规则、水箱有限作业空间安全、智慧二次供水等技术规范，两项标准获得“西安市标准创新奖”，在国内许多城市得到借鉴、推广和应用。

笔者团队将主编、参编的省、市二次供水地方标准、团体标准，以图文并茂的方式、浅显易懂的形式，编写了《二次供水管理要点》，旨在更好地协助、帮助行业一线人员在二次供水设计建设、运行维护、清洗消毒、行业管理、宣传培训、安全管理等技术环节更好地熟悉标准、规范作业，从而为二次供水水质安全提供技术宣培基础。

本书的出版必将在一定程度上促进二次供水从业人员的专业技术和实践能力的提升，为城市高质量发展奠定生活饮用水“最后一公里”的安全保障。

在此，特别感谢编者团队六年以来的坚持、创新和努力，作为一个十余人的技术团队，以城市供水安全为己任，以群众饮水安全为底线，坚持以人民为中心的发展理念，坚持深入一线、直面问题、研究问题，创新思维、前瞻规划，创新了“寓监管于服务”，开创了二次供水管理信息化、标准化的“西安模式”，成为全国行业管理的亮点，二次供水行业服务得到了社会的一致认可。

希望本书的出版发行能得到涉及二次供水的各单位的支持和重视，研究、了解，并在实践中执行好、应用好其中的技术环节，共同为城市二次供水安全运行履职尽责。

前　言

preface

为改进二次供水设施的运行、维护及技术管理，保障二次供水水质安全和社会公众利益,制定了相关的西安市地方标准。本书对二次供水相关地方标准的管理技术进行图解，旨在为二次供水从业人员提供全面、系统的参考资料。

全书共分为八章，涵盖了二次供水设施的基本概念、技术规范、运行维护管理、质量评估、应急预案及工程技术规程等内容的图解。我们通过对这些规范进行详细的归纳和解释，并附上相应的图片说明，力求读者对二次供水系统有一个全面深入地了解。

在编写过程中，我们力求内容翔实、条理清晰，确保每一章节都能为读者提供切实可行的指导和参考。本书的出版得到了各级领导的大力支持以及专家学者提供的宝贵意见，在此表示衷心的感谢。希望本书能够为二次供水相关从业人员提供有益地帮助。

CONTENTS

目　录

第一章　二次供水及二次供水设施

随着城市建设的快速发展，许多高层建筑应运而生，原来的城市市政直供水压力已不能满足高层居民的用水需求，因此二次供水已成为必不可少的环节。城镇居民二次供水是将城市管网的市政直供水通过另行储存、加压，再送至各家各户的水龙头，是保障城镇居民用水需求的“最后一公里”。

为实现城镇居民二次供水，需设置相关的二次供水设施，主要包括泵房、水箱（池）、水泵、阀门、电控装置、消毒设备、压力水容器、供水管道及相关辅助设施。下面将对常见的二次供水设施进行图文说明。

图1-1　二次供水泵房

市政供水压力难以满足高层、超高层建筑的用水要求，因此需另设泵房进行加压调蓄。泵房的主要功能包括水压调整、水量调控、调峰储能、应急备用等。其主要构成包括水泵设备、调压设备、水箱或水池、自动控制系统、监测系统、安全设备等。

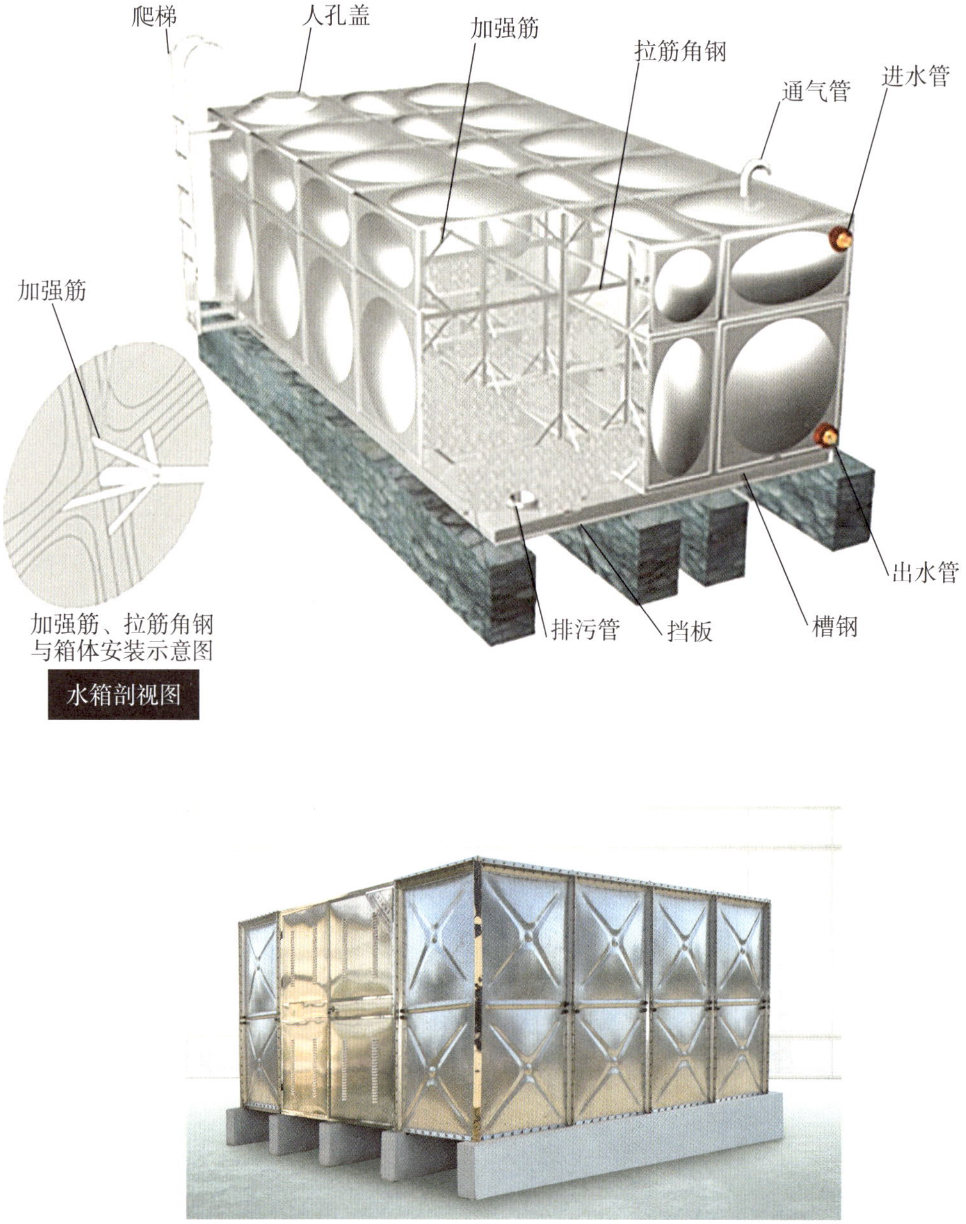

图1-2　水箱

水箱是二次供水系统常见的组成部分，其主要功能包括平衡水压、储存水源、调节水流、提供备用水源、防止水击、应对用水高峰等。

图1-3　水泵

水泵在二次供水系统中是保障水源输送的核心设备，功能是将水从低处抽取并提升到高处的任务，以满足用户的用水需求。水泵的运行状态可以通过控制系统调整，以适应不同的用水场景，保证供水系统的灵活性。

图1-4　阀门

二次供水系统中的阀门扮演着重要的角色，主要用于控制流体的流动，调节系统的压力和流量，以确保系统正常运行。常见的阀门种类有球阀、蝶阀、闸阀、止回阀和调节阀等。

图1-5　电控装置

二次供水系统中的电控装置通常被用来实现系统的自动化和远程控制，以提高系统的效率、节能，并确保系统的安全运行。

（1）电控装置的功能：

1）自动调节：电控装置能够根据系统的实际需求，自动调节阀门、泵等设备的开度和运行状态，以保持系统在最佳运行状态。

2）远程监控和控制：通过网络连接，可以实现对供水系统的远程监控和控制，方便运维人员实时查看系统状态、进行故障排除和调整参数。

3）报警与保护：当系统出现异常情况时，电控装置能够发出警报并采取相应的保护措施，防止设备损坏或系统故障。

4）数据记录和分析：电控装置通常具有数据记录功能，可以记录系统运行数据，用于分析和优化系统性能。

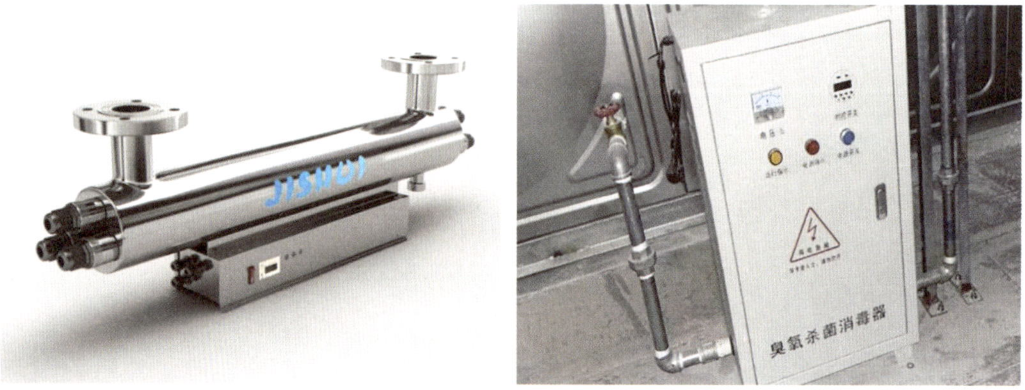

图1-6　消毒设备

二次供水系统中的消毒设备是为了确保供水水质符合卫生标准，防止水中微生物的滋生和传播。常见的消毒设备包括紫外线消毒器、氯气消毒装置、臭氧发生器等。以下是关于二次供水中消毒设备的一般功能和原理：

（2）消毒设备的功能：

1）杀灭微生物：消毒设备的主要功能是杀灭水中的细菌、病毒、真菌和其他微生物，防止其在供水系统中滋生和传播。

2）预防水污染：消毒可以有效预防管道或水箱中的污染，确保水质符合卫生标准。

3）延长管道寿命：消毒可以减少管道内壁的生物膜和微生物的生长，有助于维护管道系统的清洁和正常运行。

（3）消毒设备的原理：

1）紫外线消毒器：紫外线消毒器利用紫外线辐射，破坏微生物的DNA结构，使其失去繁殖和生存能力。优势为不会引入化学物质，对水质不产生二次污染。

2）臭氧发生器：臭氧是一种强氧化剂，能够破坏微生物的细胞结构，从而实现消毒的效果。臭氧通常通过臭氧发生器产生，并通过注入水中实现消毒。优势为消毒效果较快，不留下气味或味道。

图1–7　压力水容器

图1-8　供水管道

二次供水使用的管道及附件应该具有耐腐蚀、寿命长、水头损失小、安装方便、便于维护的特点。材质要使用卫生环保的材质，并应符合相应的压力等级。管材、配件应符合现行国家和行业标准。

图1-9　相关辅助设施（仪表）

压力表是指以弹性元件为敏感元件，测量并指示高于环境压力的仪表。压力表通过表内的敏感元件（波纹管、膜盒、波纹管）的弹性形变，再由表内机芯的转换机构将压力形变传导至指针，引起指针转动来显示压力。

流量计是指示被测流量和（或）在选定的时间间隔内流体总量的仪表，简单来说就是用于测量管道或明渠中流体流量的一种仪表。流量计又分为差压式流量计、转子流量计、节流式流量计、细缝流量计、容积流量计、电磁流量计、超声波流量计等。

图1-10　相关辅助设施（其他）

图1-11　消防设施

图1-12　安防设施

安全标准泵房包括：泵房供水设备及配套附件系统、泵房智能电控系统、泵房远程监控系统、泵房安防门禁系统、水质安全保障系统，以及消防安全系统。

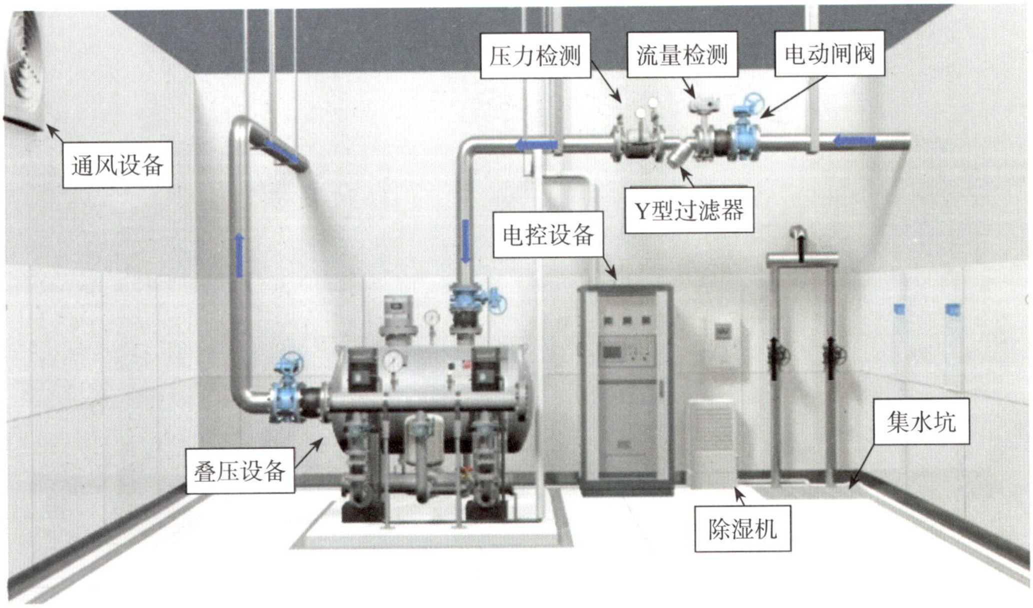

图1-13　泵房环境（1）

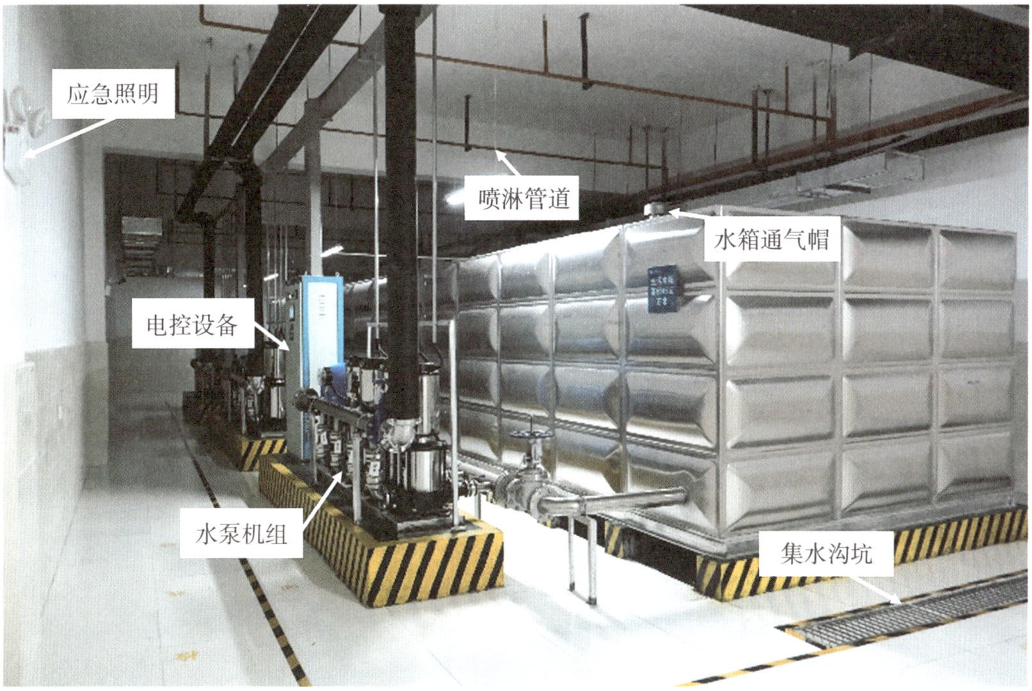

图1-14 泵房环境（2）

图1-15 泵房环境（3）

图1-16　泵房环境（4）

1 泵房供水设备

1.1 罐式叠压供水设备

罐式叠压供水设备是一种用于提供高压水源的系统，通常包括一个压力罐，内部装有泵和控制系统。压力罐在储水的同时，通过泵将水推送至高压水源，以满足不同流量和压力需求。这种设计可确保高压水的可用性和一致性，而且由于集成了泵和控制系统，安装和维护相对便捷，使其成为满足高压供水需求的可靠解决方案。

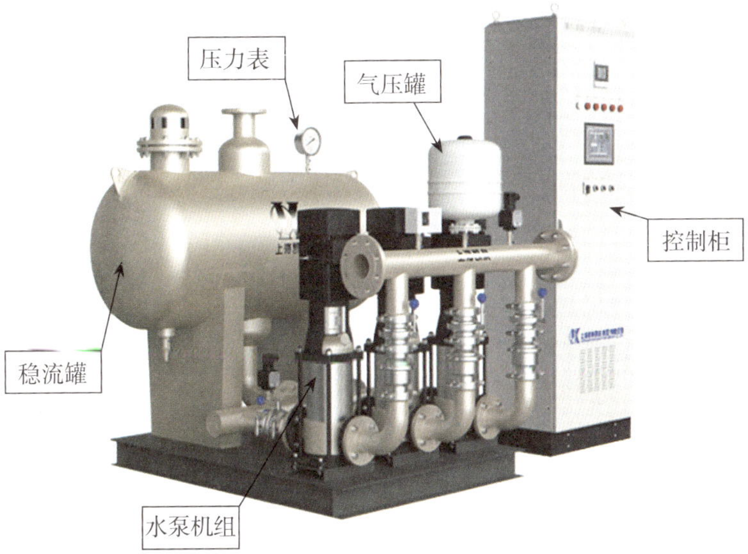

图1–17 罐式叠压供水设备

1.2 箱式叠压供水设备

箱式叠压供水设备是一种紧凑而高效的供水系统，通常包含在一个封闭的箱体内，其主要功能是通过叠压泵或多台泵的组合，提供稳定的高压供水。箱式设计使其易于安装和维护，同时可根据需求配置多个泵以满足不同流量和压力要求，确保水压的稳定性和可靠性。

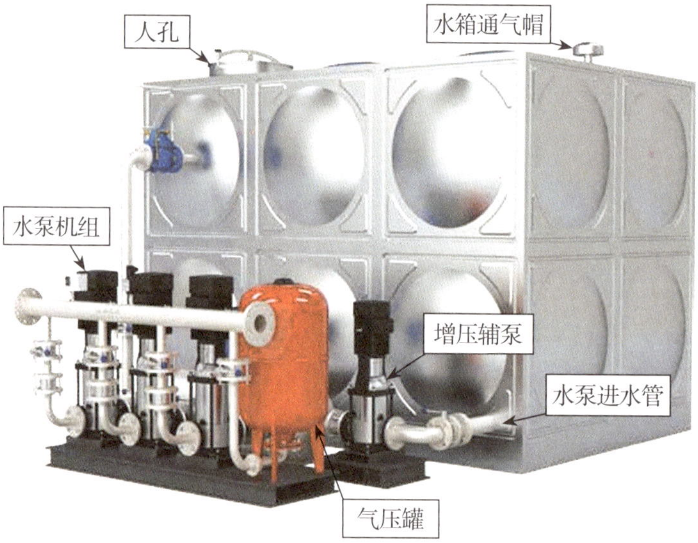

图1-18　箱式叠压供水设备

1.3　数字集成全变频供水设备

数字集成全变频供水设备是一种先进的水泵系统，它通过数字技术和全变频控制技术实现精确的水流量和压力调节，从而提高供水系统的效率和可靠性。这些设备具有节能环保特点，能够根据实际需求智能调整运行，降低能源消耗和运营成本，同时还具备远程监控和故障诊断功能，使运维更加便捷和可控。

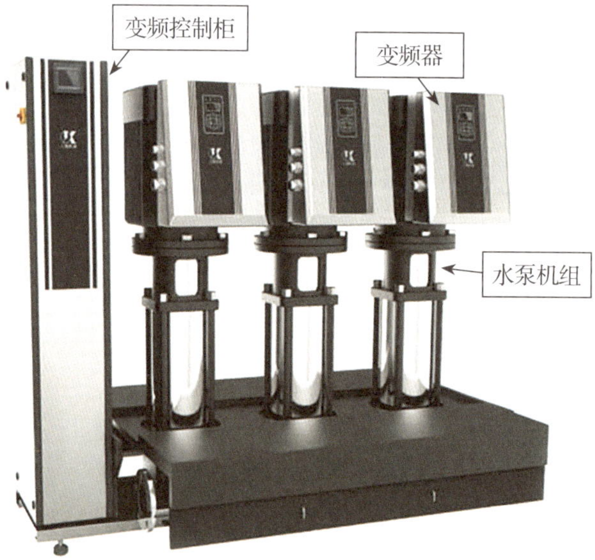

图1-19　数字集成全变频供水设备

1.4 管中泵式叠压供水设备

采用管中泵及串联叠压技术，同区水泵（组）采用并联方式连接，不同区水泵（组）采用串联方式连接，各区供水管道采用并联方式连接，从而形成一套完整的泵体管网系统，且所有分区泵组和控制系统高度集成在一起，形成一套成套设备，安装在唯一设备间，占地面积小，节地、节能效果显著，维护方便。

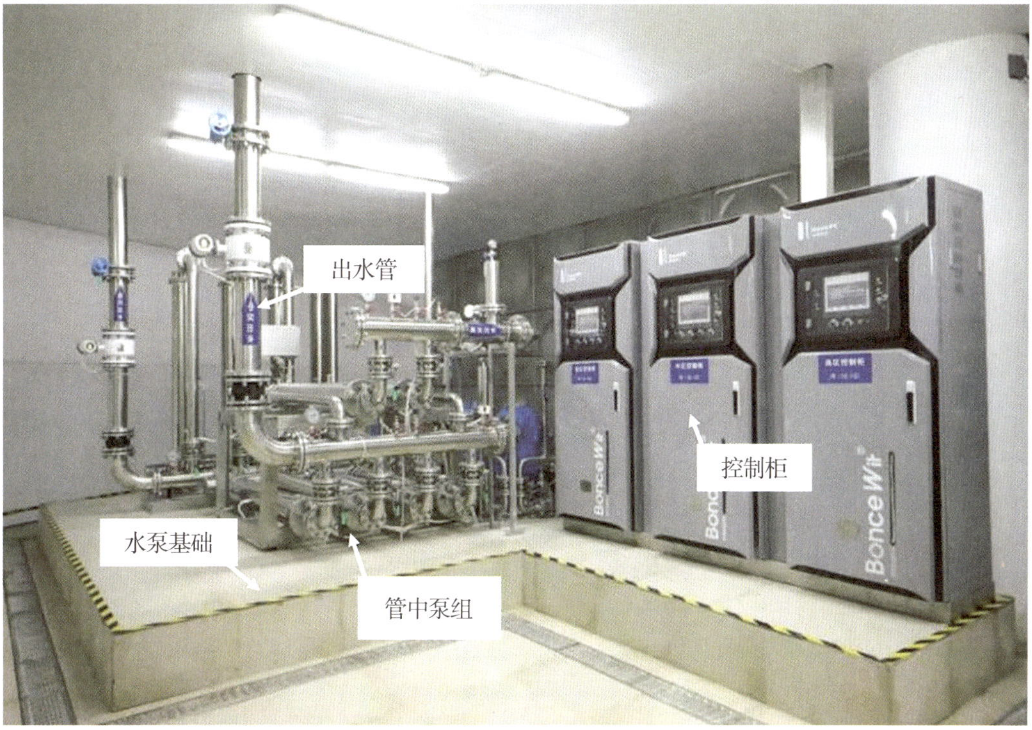

图1-20 管中泵式叠压供水设备

2 泵房电控系统

2.1 UPS 不间断电源

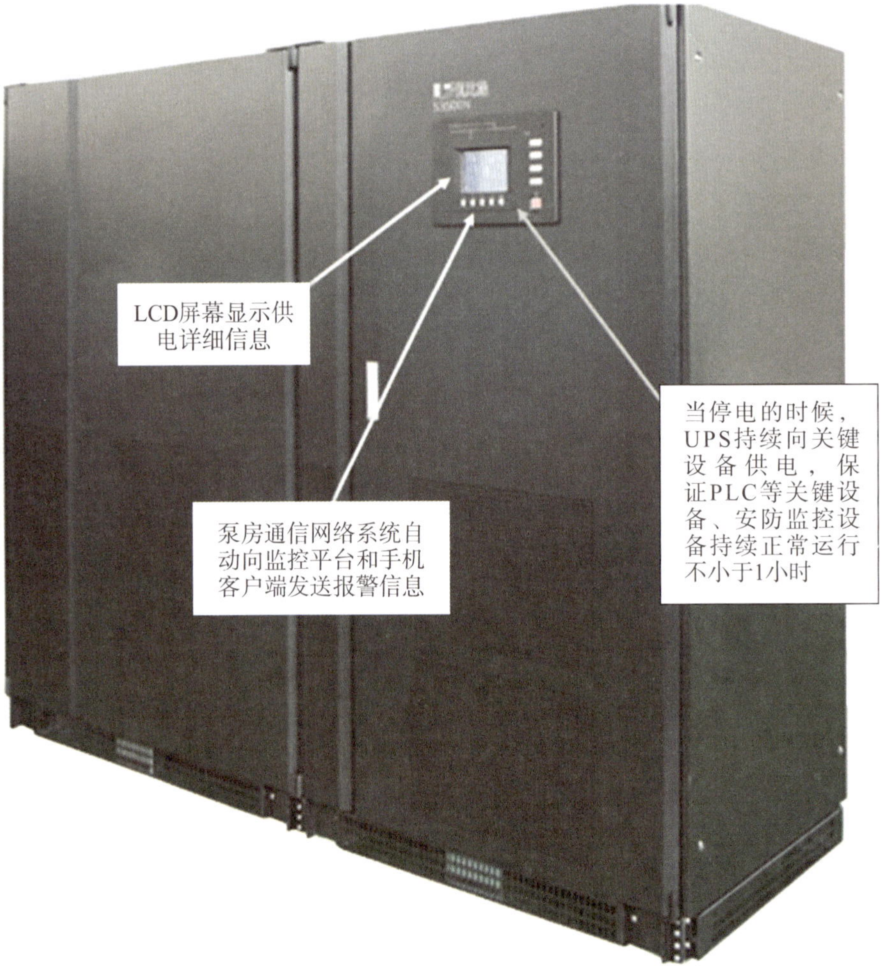

图1-21 UPS不间断电源

2.2 配电控制柜

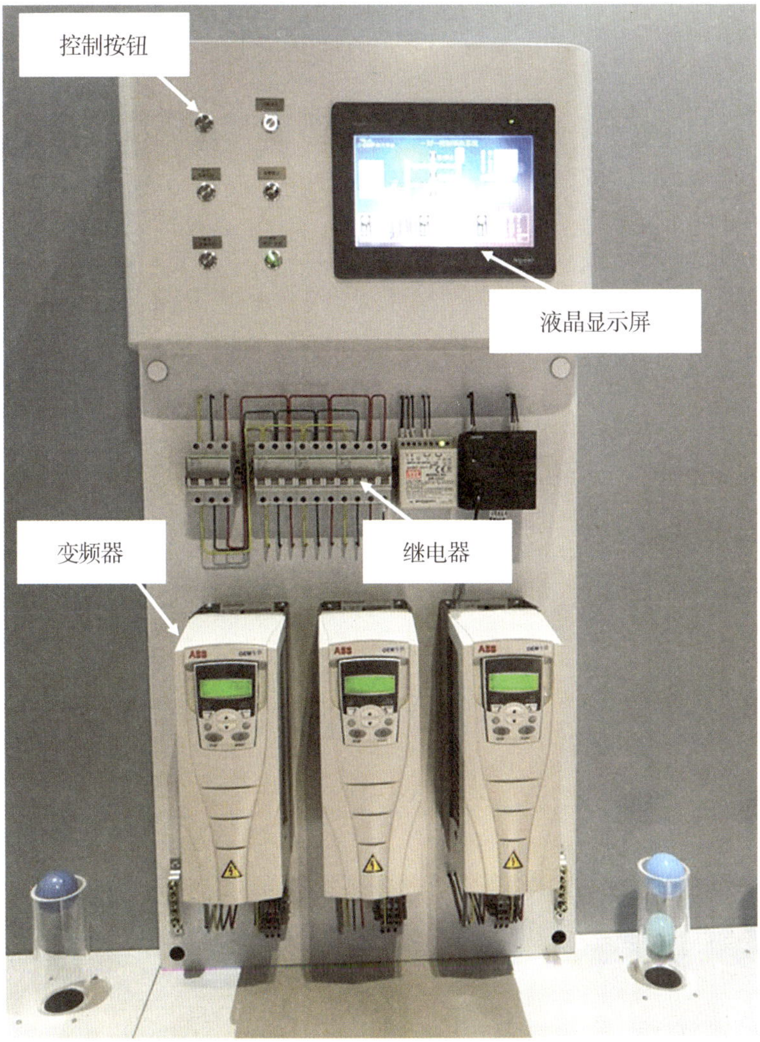

图1-22 配电控制柜

3　泵房远程监控系统

远程管理泵房，在智慧水利控制应用中是基础项目，实现这一点的背后需要无线通信、物联网、大数据计算、感知设备等技术与产品作支撑。供水泵房作为生活生产用水的供给部分，其运行直接影响到用水的便捷性，因此保证供水泵房平稳运行需要对泵房相关设备进行实时监控。

泵房远程监控系统能实现远程监控管理工作，主要得益于通信方式、物联网技术的发展。无线通信方式不受时间、地点、通信环境的影响，可随时随地上传下载数据。配合物联网云平台的应用，通过安卓 / 苹果手机 App、电脑端网页、微信等终端软件设备，通过 5G/ 网络方式，与智能水泵控制箱进行远程通信，从而实现远程管理供水泵房。

3.1　远程监控中心平台

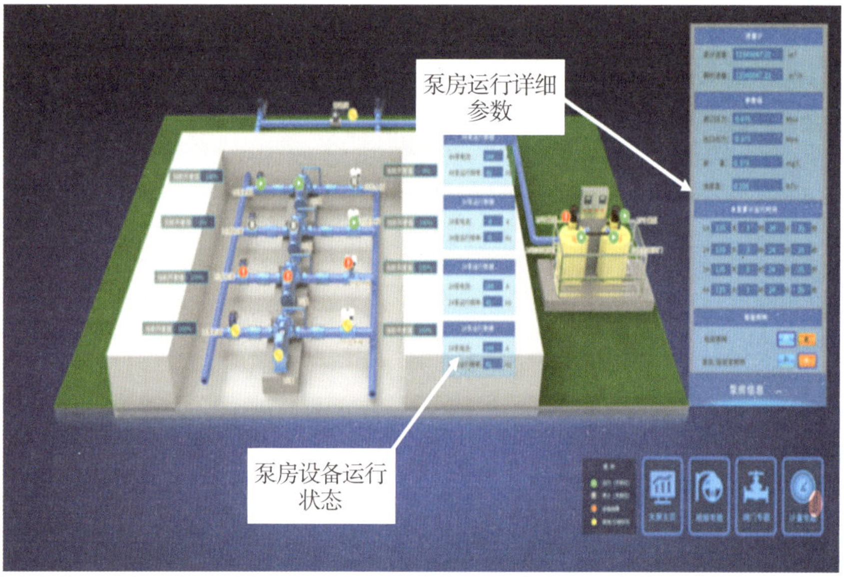

图1-23　远程监控中心平台

①24小时全天候实时智能访问泵房设备运行状态和参数。

②自动生成报表或曲线并打印。

3.2 球型、枪型摄像机

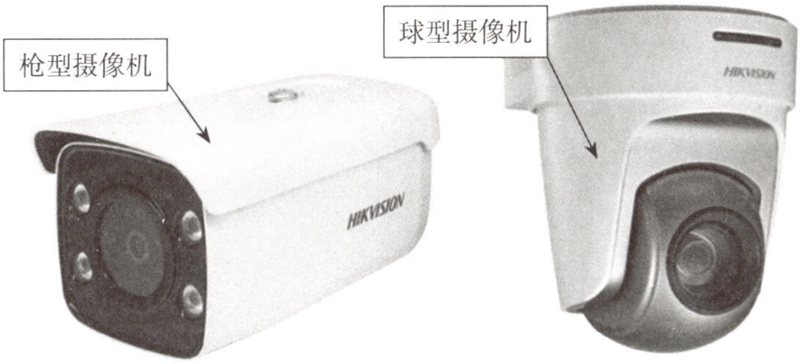

图1-24 球型、枪型摄像机

①迅速定位。

②连续追踪扫描。

③焦距 / 速度自动匹配。

④实现真正意义上的全方位无盲点监视。

⑤关键设备和区域进行实时监控。

3.3 硬盘录像机

图1-25 硬盘录像机

①视频存储。

②视频管理。

4 泵房安防门禁系统

4.1 门禁系统

图1-26 门禁系统

①验证通过方可打开防火门。

②同时向监控中心和手机通知有人员进入，严格限制泵房出入人员。

4.2 等电位和防雷接地

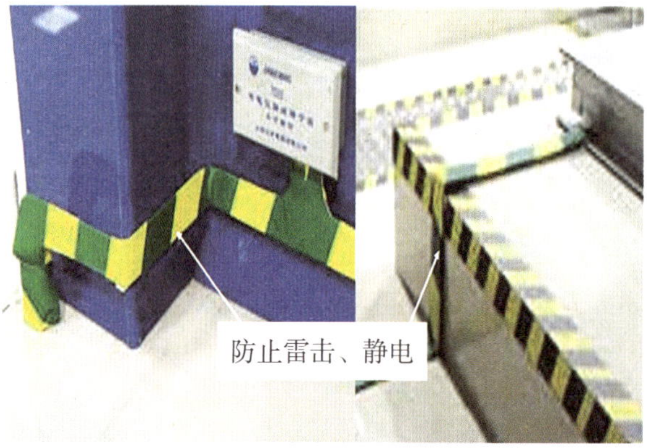

图1-27 等电位和防雷接地

①防止因电位差超过安全电压产生的电击伤害，更好地保护工作人员和设备。

4.3 排水沟坑

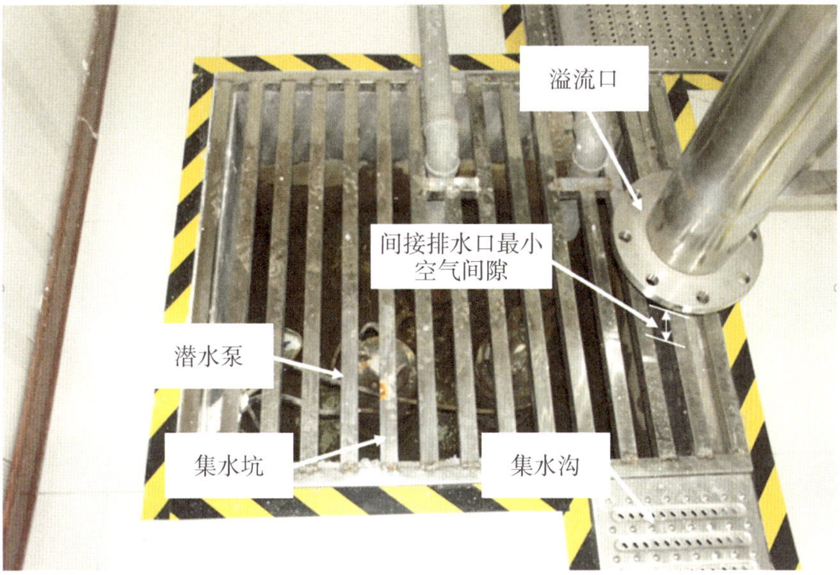

图1–28 排水沟坑

①废水、污水有组织汇流，集中收集。

② 304 不锈钢盖板。

4.4 潜水排污泵

图1–29 潜水排污泵

①根据水位自动控制水泵启停。

②输送废水。

5　水质安全保障系统

5.1　食品级过流部件

①供水管道、阀门、多功能流量计、卡箍连接密封件、供水设备、管件。

②水箱需有：卫生许可批件、饮用水安全检验报告。

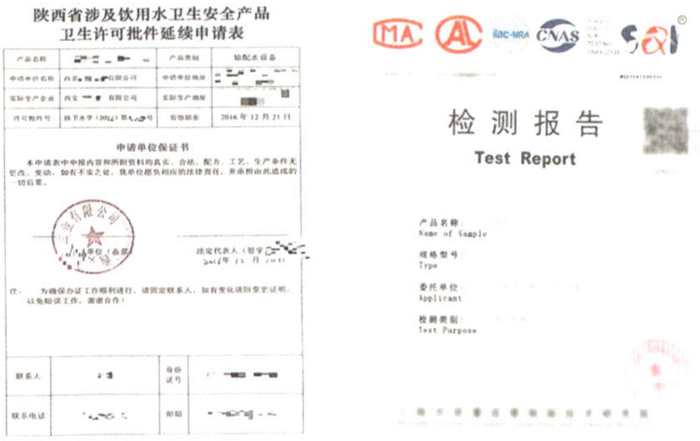

图1–30　卫生许可批件、饮用水安全检验报告

5.2　水质检测仪

24 小时监测余氯、浊度等水质参数。

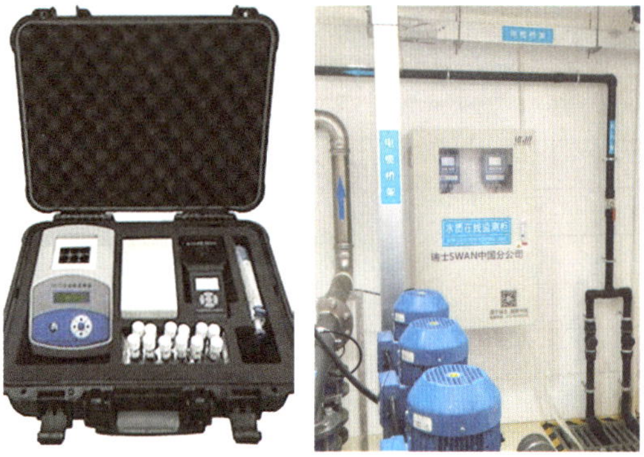

图1–31　水质检测仪

5.3 紫外线消毒仪

定期对供水进行消毒。

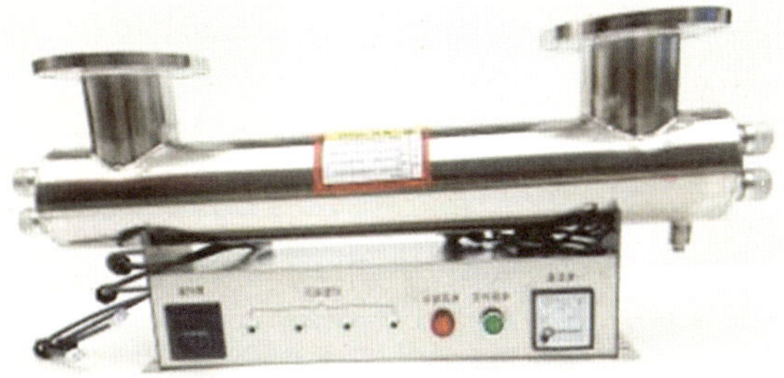

图1-32 紫外线消毒仪

5.4 不锈钢水箱应设“三防”

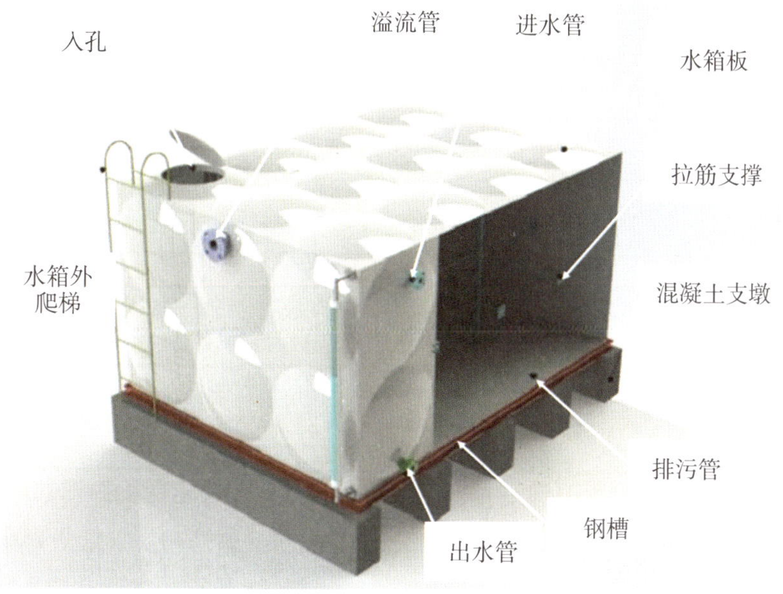

图1-33 不锈钢水箱构造

①措施 1：水箱人孔密封；紧固锁定设计；防破坏以及防止杂物、生物进入。

②措施 2：水箱通气孔；防蚊虫、灰尘进入。

③措施 3：水箱出水导管，防止底部形成死水区。

④措施 4：溢流口；防止蚊虫、鼠类、灰尘等进入。

5.5 挡鼠板

图1–34　挡鼠板

5.6 自动除湿机

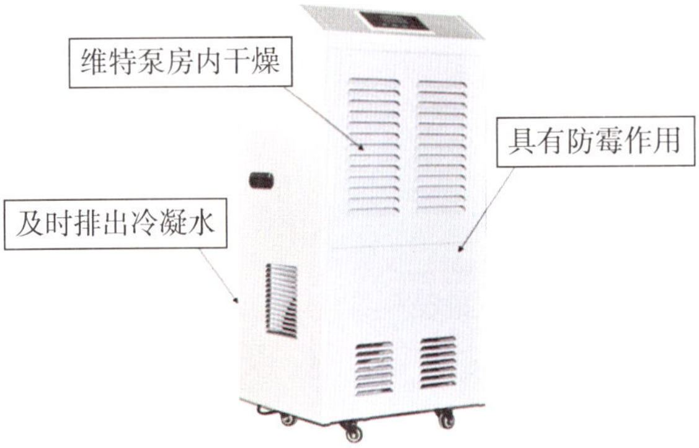

图1–35　自动除湿机

5.7 送排风系统

图1–36　送排风系统

6 消防安全系统

6.1 消防喷淋系统

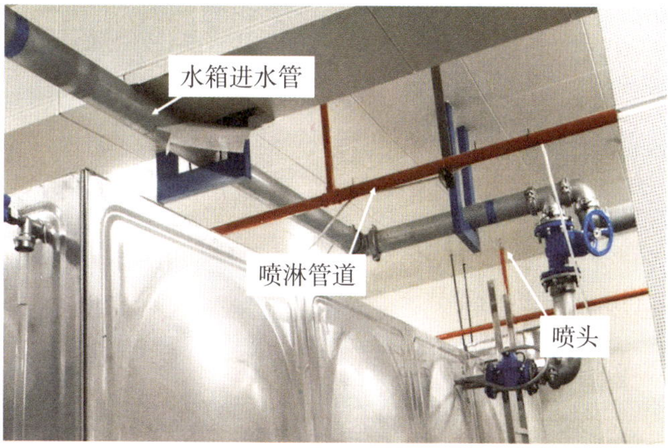

图1-37 消防喷淋系统

①火灾报警及消防系统联动。

②消除隐患。

6.2 灭火器

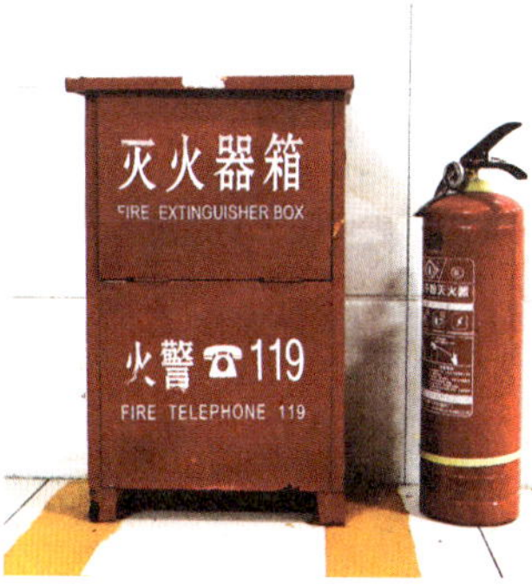

图1-38 灭火器

①手提式灭火器。

②使用方便。

6.3 烟感器

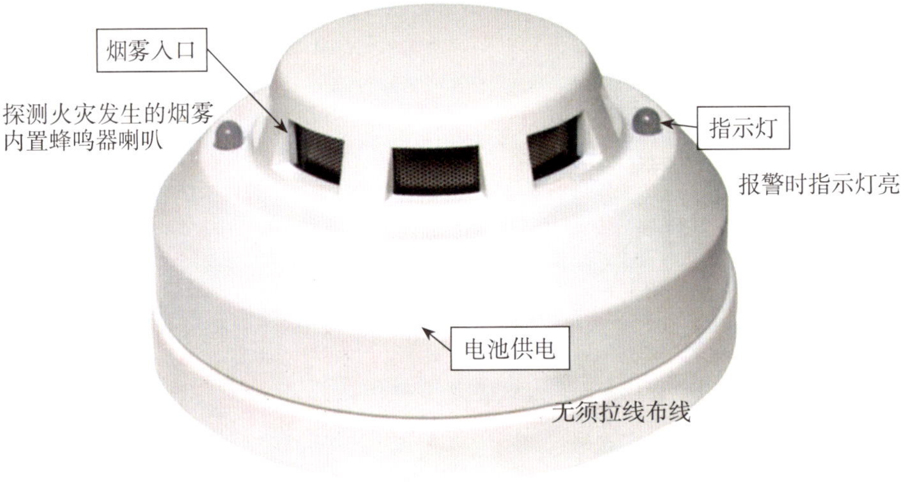

图1-39 烟感器

6.4 应急照明灯

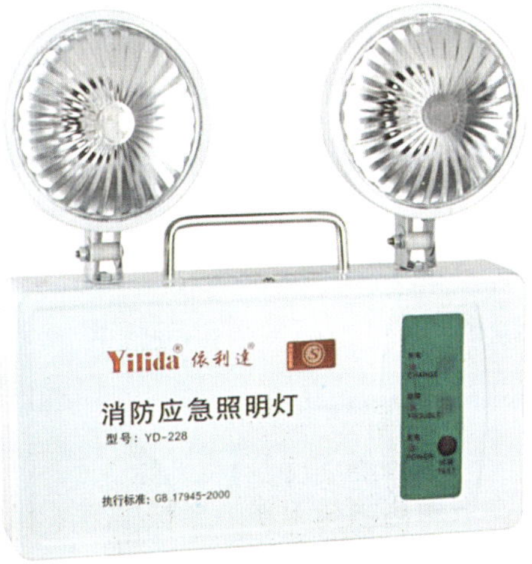

图1-40 应急照明灯

第二章 《二次供水技术规范》（DB 6101/T 3011—2018）图解

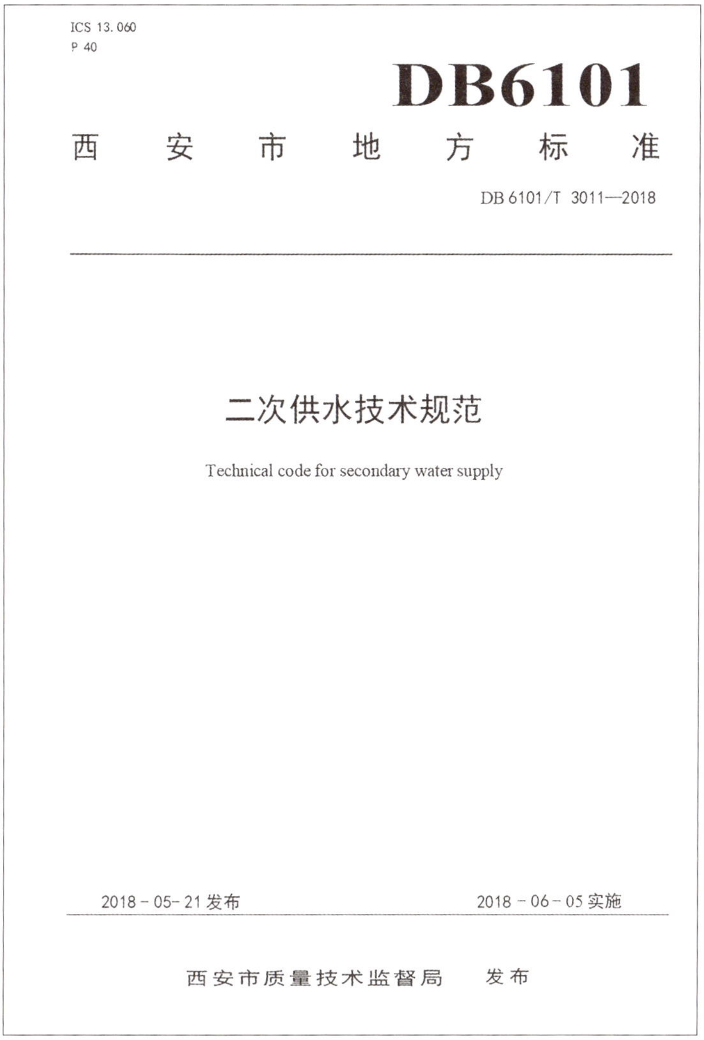

ICS 13. 060
P 40

DB6101

西　安　市　地　方　标　准

DB 6101/T 3011—2018

二次供水技术规范

Technical code for secondary water supply

2018－05－21 发布　　2018－06－05 实施

西安市质量技术监督局　发布

图2-1　2018年5月《二次供水技术规范》（DB 6101/T 3011—2018）发布实施

1 总则

二次供水是整个城镇供水的组成部分，是最终保障供水水质和供水安全的重要环节。近年来，随着城镇建设的快速发展和高层建筑数量的不断增多，二次供水的安全稳定特别是水质安全已经成为当前城镇供水安全中的薄弱环节。为保障西安市二次供水安全、卫生和社会公众利益，规范二次供水工程的设计、施工与验收，提高供水工程的建设质量和管理水平，根据行业发展的需要，同时与实际相结合，制定本图文说明。

二次供水技术规范图文说明便于设计者、管理者更好地理解二次供水技术规范，提高西安市二次供水工程的建设质量和管理水平，保障二次供水的安全稳定，科学合理地设计、施工、维护和管理二次供水设施。

2 二次供水基本规定

（1）民用与工业建筑用户对水压、水量要求超过市政公共供水或自建设施供水管网能力时，应建设二次供水设施。

（2）二次供水不得影响市政供水管网正常供水。

（3）新建二次供水设施应设置独立泵房，其供水管网、水箱（池）、水泵、控制系统和管理用房等不得与消防供水系统等设施混用。

（4）新建二次供水设施及其安防设施应与主体工程同时设计、同时施工、同时投入使用，二次供水安防设施应符合现行国家和行业标准。

（5）建设单位应按照水行政主管部门批准的二次供水设计文件进行施工安装，不得擅自修改设计，设计如需变更应报水行政主管部门审批。

（6）二次供水工程的设计、施工、监理等应由具有相应资质的单位承担，根据供水并网接入要求进行方案设计。

（7）二次供水设施应有防污染措施和运行安全保障措施，符合《建筑给水排水设计规范》GB 50015 的规定。

（8）二次供水的涉水产品及二次供水所采用的材料、设备均应符合《生活饮用水输配水设备及防护材料的安全性评价标准》GB /T 17219 的规定。

（9）二次供水设备应有铭牌标识、产品合格证、质量检验报告、涉水产品卫生许可批件等相关资料。

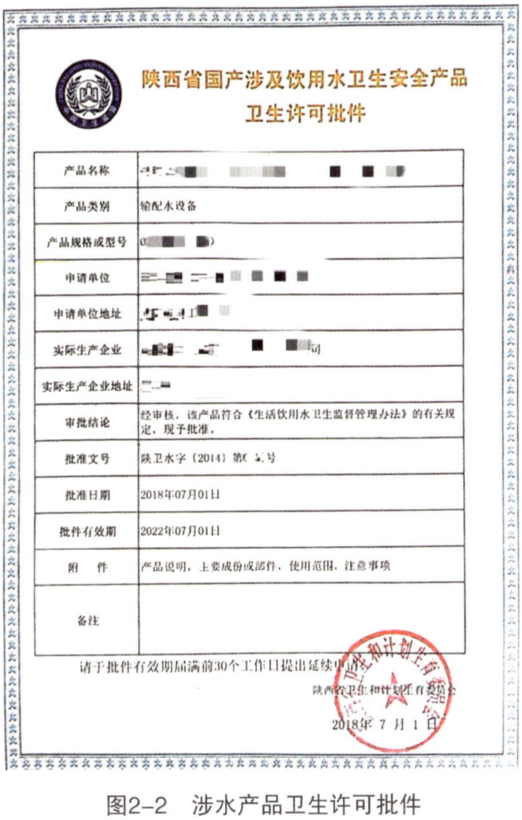
陕西省国产涉及饮用水卫生安全产品
卫生许可批件

产品名称	[redacted]
产品类别	输配水设备
产品规格或型号	[redacted]
申请单位	[redacted]
申请单位地址	[redacted]
实际生产企业	[redacted]
实际生产企业地址	[redacted]
审批结论	经审核，该产品符合《生活饮用水卫生监督管理办法》的有关规定，现予批准。
批准文号	陕卫水字〔2014〕第[redacted]号
批准日期	2018年07月01日
批件有效期	2022年07月01日
附　件	产品说明，主要成份或部件，使用范围，注意事项
备注	

请于批件有效期届满前30个工作日提出延续申请。

陕西省卫生和计划生育委员会

2018年7月1日

图2-2　涉水产品卫生许可批件

3　二次供水中对水质、水量、水压的要求

3.1　水质

二次供水水质需要符合《生活饮用水卫生标准》GB 5749 的规定。二次供水水量应根据民用与工业建筑的使用性质、规模、用水范围、用水器具及设备用水量进行计算确定。用水定额及计算方法，应符合《陕西省行业用水定额》DB 61/T 943 及国家现行标准的规定。

3.1.1　水质与预防水质污染

二次供水水质应符合现行国家标准《生活饮用水卫生标准》GB 5749 的规定。调试后必须对供水设备、管道进行冲洗和消毒。水池（箱）必须定期清洗消毒，每半年不得少于 1 次，并应同时对水质进行检测。

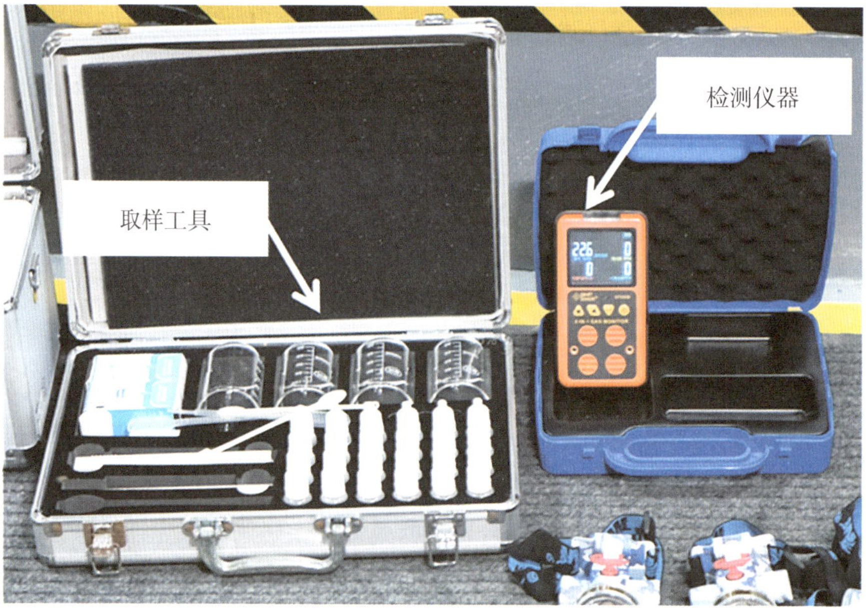

图2–3　水质现场检测

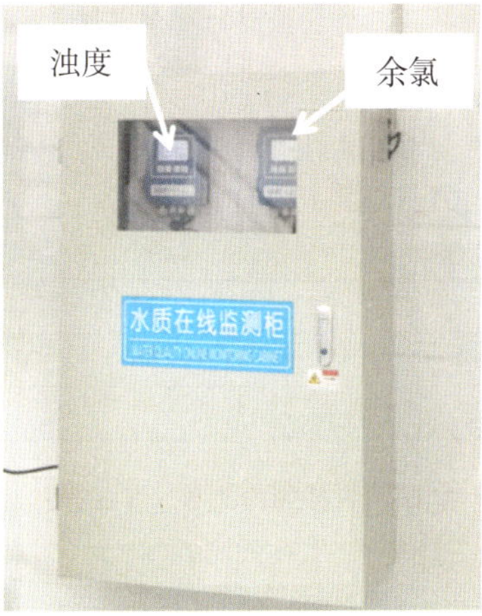

图2-4　水质在线监测

根据《建筑给水排水设计标准》（GB 50015—2019）和《二次供水工程技术规程》（CJJ 140—2010），为预防发生水质污染，在生活饮用水管道上某些具体部位设置倒流防止器：

（1）从城镇给水管网的不同管段接出两路及两路以上至小区或建筑物，且与城镇给水管形成连通管网的引入管上；

（2）从城镇生活给水管网直接抽水的生活供水加压设备进水管上；

（3）利用城镇给水管网直接连接且小区引入管无防回流设施时，向气压水罐、热水锅炉、热水机组、水加热器等有压容器或密闭容器注水的进水管上。

从小区或建筑物内的生活饮用水管道系统上接下列用水管道或设备时，应设置倒流防止器：

（1）单独接出消防用水管道时，在消防用水管道的起端；

（2）从生活用水与消防用水合用储水池中抽水的消防水泵出水管上。

生活饮用水管道系统上连接下列含有有害健康物质等有毒有害场所或设备时，必须设置倒流防止设施：

（1）储存池（罐）、装置、设备的连接管上；

（2）化工剂罐区、化工车间、三级及三级以上的生物安全实验室除按本条第 1 款设置外，还应在其引入管上设置有空气间隙的水箱，设置位置应在防护区外。

从小区或建筑物内的生活饮用水管道上直接接出下列用水管道时，应在用水管道上设置真空破坏器等防回流污染设施：

（1）当游泳池、水上游乐池、按摩池、水景池、循环冷却水集水池等的充水或补水管道出口与溢流水位之间应设有空气间隙，且空气间隙小于出口管径 2.5 倍时，在其充（补）水管上；

（2）不含有化学药剂的绿地喷灌系统，当喷头为地下式或自动升降式时，在其管道起端；

（3）消防（软管）卷盘、轻便消防水龙处；

（4）出口接软管的冲洗水嘴（阀）、补水水嘴与给水管道连接处。

生活饮用水管道与大便器（槽）、小便斗（槽）采用非专用冲洗阀不能直接连接。

建筑物内的生活饮用水水池（箱）体，应采用独立结构形式，不得利用建筑物的本体结构作为水池（箱）的壁板、底板及顶盖。生活饮用水水池（箱）与消防用水水池（箱）并列设置时，应有各自独立的池（箱）壁。

3.1.2　冲洗和消毒

二次供水设施的水池（箱）应设置消毒设备。消毒设备可选择臭氧发生器、紫外线消毒器、紫外光催化氧化设备和水箱自洁消毒器等，其设计、安装和使用应符合相关技术标准的规定。

其中臭氧发生器应设置尾气消除装置，紫外线消毒器应具备对紫外线照射强度的在线检测，并宜有自动清洗功能。水箱自洁消毒器宜外置。

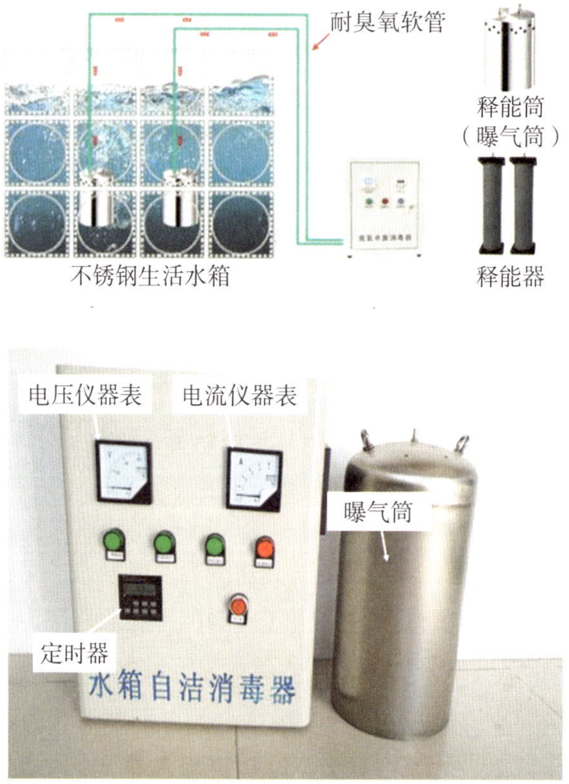

图2-5　（内置式）水箱自洁消毒器及其安装示意图

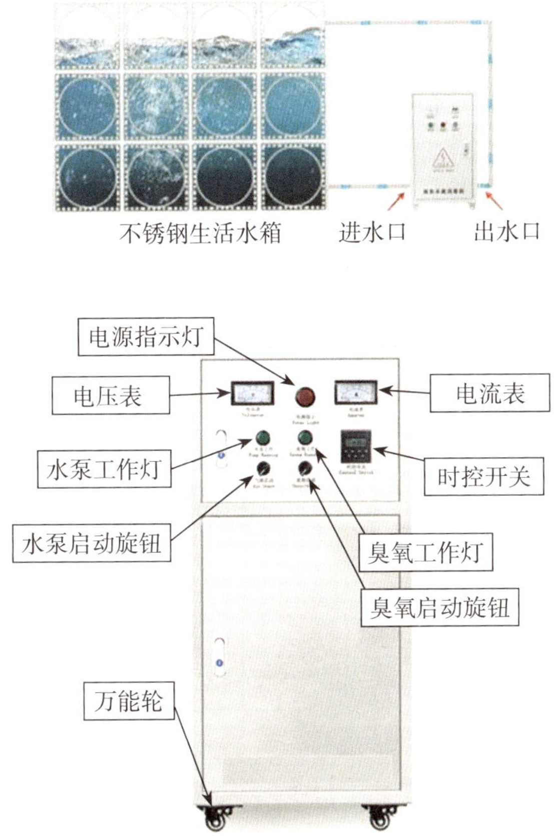

图2-6　（外置式）水箱自洁消毒器及其安装示意图

工程调试试验合格后应对二次供水设施进行冲洗和消毒。

冲洗前，对系统内不能冲洗或有碍冲洗的部件应加以保护或撤除后采用临时短管代替，待冲洗完成后复位。冲洗流速不应小于 1.5m/s，并应保证系统中所有部位都能得到冲洗，在系统最低点应设置排水口。

消毒时，应根据二次供水设施类型和材质选择相应的消毒剂，可采用 20 ～ 30mg/L 的游离氯消毒液浸泡 24h。冲洗、消毒后，系统出水水质应符合现行国家标准《生活饮用水卫生标准》GB 5749—2022 的规定。

表2-1　《生活饮用水卫生标准》GB 5749—2022生活饮用水消毒剂常规指标及要求

指标	与水接触时间 /min	出厂水和末梢水限值/（mg/L）	出厂水余量 /（mg/L）	末梢水余量 /（mg/L）
游离氯[n, d]	≥30	≤2	≥0.3	≥0.05
总氯[b]	≥120	≤3	≥0.5	≥0.05
臭氧[b]	≥12	≤0.3	—	≥0.02 如采用其他协同消毒方式，消毒剂限值及余量应满足相应要求
二氧化氯[d]	≥30	≤0.8	≥0.1	≥0.02

二次供水管道应避开毒物污染区及含腐蚀性物质的场所。当受到条件限制不能避开时，应采取防护措施。

3.2 水压

二次供水系统的供水压力需符合《建筑给水排水设计规范》GB 50015 的规定。进行二次供水时系统的水压应满足最不利点的用水器具或用水设备的正常使用，它与额定流量无对应关系。《建筑给水排水设计规范》GB 50015 第 3.2.12 对卫生器具的给水额定流量、当量、连接管公称尺寸和工作压力给了推荐参考值。

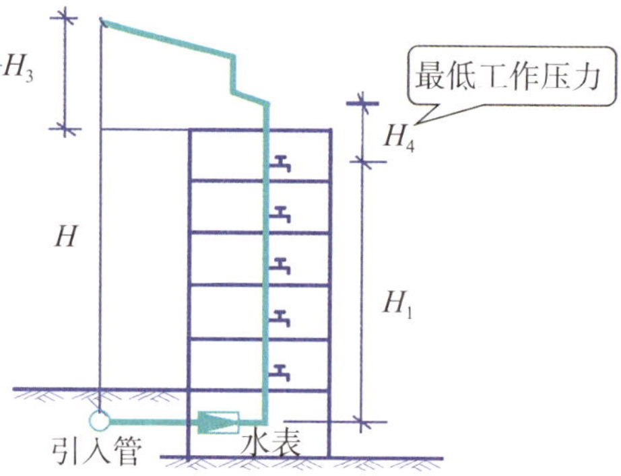

图2-7 最不利配水点的最低工作压力示意图

不设置高位水池（箱）的二次供水系统加压水泵的扬程可按下式计算：

$$H \geqslant H_1+H_2+0.01H_3$$

式中：H——水泵的扬程（m）；

H_1——最不利配水点与储水池（箱）最低水位的高程差（m）；

H_2——管道的扬程及局部水头损失（m）；

H_3——最不利配水点所需的最低工作压力（MPa）。

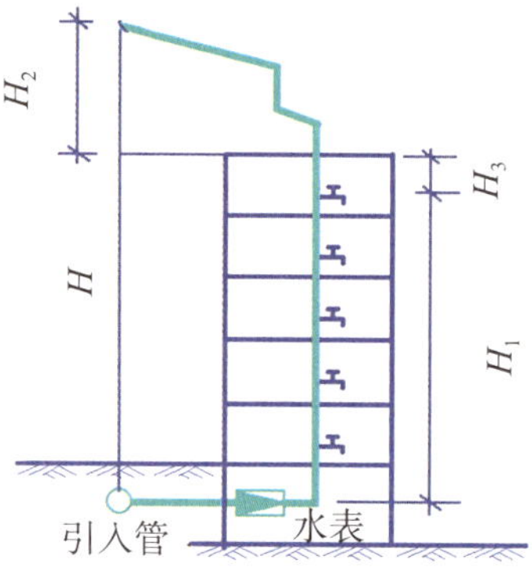

图2-8 不设置高位水池（箱）的二次供水系统加压水泵的扬程示意图

设置高位水池（箱）的二次供水系统加压水泵的扬程可按下式计算：

$$H \geqslant H_{11}+H_{22}+\frac{v^2}{2g}$$

式中：H——水泵的扬程（m）；

H_{11}——储水池（箱）最低水位与高位水池（箱）入口处的高程差（m）；

H_{22}——吸水管口至高位水池（箱）入口处管道的水头损失（m）；

v——水池（箱）入口流速（m/s）；

g——重力加速度（m/s²）。

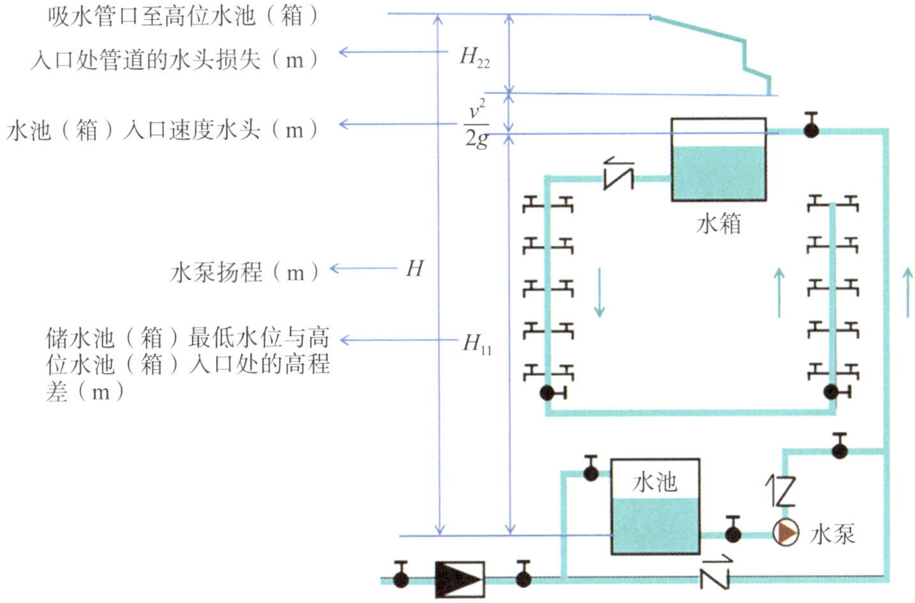

图2-9　设置高位水池（箱）的二次供水系统加压水泵的扬程示意图

高位水池（箱）与系统最不利配水点卫生器具和用水设备的高差，应满足系统最不利配水点卫生器具和用水设备最低工作水压要求，当不能满足时，应采取局部增压措施。

高位水池（箱）的设置高度可按下式计算：

$$Z_x \geqslant Z_b+H_x+0.01H_3$$

式中：Z_x——水池（箱）最低水位的标高（m）；

Z_b——最不利配水点的标高（m）；

H_x——由水池（箱）出口至最不利配水点的管路水头损失（m）；

H_3——最不利配水点所需的最低工作压力（MPa）。

叠压二次供水系统加压水泵的扬程可按下式计算：

$$H \geq H_1+H_2+H_3-H_0$$

式中：H——水泵的扬程（m）；

H_1——最不利点与水泵吸水管中心的高程差（m）；储水池（箱）最低水位；

H_2——管道的扬程及局部水头损失（m）；

H_3——最不利配水点所需的最低工作压力（MPa）；

H_0——城镇供水管网的最小可利用水压。

叠压二次供水系统加压水泵的扬程计算还应符合下列要求：

（1）水泵扬程在计算时应扣除城镇供水管网的最小可利用水压。

（2）城镇供水管网的最小可利用水压应为：供水管网与设备进水管连接处实际保证的最小供水压力，减去水泵吸水管道的沿程和局部水头损失之和，再加上水泵安装处与市政供水管道的几何高差。

（3）应以供水管网的最大可利用水压校核水泵的效率和超压情况。

叠压供水设备设定的停止直吸的水压，不应低于该处供水管网节点的叠压供水最小允许工作水压。

3.3 设计用水量

二次供水水量要根据小区及建筑物使用性质、规模、用水范围、用水器具及设备用水量进行计算确定。用水定额及计算方法应符合现行国家标准《建筑给水排水设计规范》GB 50015、《室外给水设计规范》GB 50013、《城市居民生活用水量标准》GB /T 50331 的有关规定。

根据《建筑给水排水设计规范》GB 50015 设计用水量要根据下列各项确定：

（1）居民生活用水量。

（2）公共建筑用水量。

（3）绿化用水量。

（4）水景、娱乐设施用水量。

（5）道路、广场用水量。

（6）公用设施用水量。

（7）未预见用水量及管网漏失水量。

（8）消防用水量。

（9）其他用水量。

表2-2　卫生器具的给水额定流量、当量、连接管公称尺寸和工作压力

序号	给水配件名称		额定流量/（L/a）	当量	连接管称公尺寸/mm	工作压力/MPa
1	洗涤盆、拖布盆、盥洗槽	单阀水嘴	0.15～0.20	0.75～1.00	15	0.100
		单阀水嘴	0.30～0.40	1.5～2.00	20	
		混合水嘴	0.15～0.20（0.14）	0.75～1.00（0.70）	15	
2	洗脸盆	单阀水嘴	0.15	0.75	15	0.100
		混合水嘴	0.15（0.10）	0.75（0.50）		
3	洗手盆	感应水嘴	0.10	0.50	15	0.100
		混合水嘴	0.15（0.10）	0.75（0.50）		
4	浴盆	单阀水嘴	0.20	1.00	15	0.100
		混合水嘴（含带淋浴转换器）	0.24（0.20）	1.2（1.0）		
5	淋浴器	混合阀	0.15（0.10）	0.75（0.50）	15	0.100～0.200
6	大便器	冲洗水箱浮球阀	0.10	0.50	15	0.050
		延时自闭式冲洗阀	1.20	6.00	25	0.100～0.150
7	小便器	手动或自动自闭式冲洗阀	0.10	0.50	15	0.050
		自动冲洗水箱进水阀	0.10	0.50		0.020
8	小便槽穿孔洗管（每米长）		0.05	0.25	15～20	0.015
9	净身盆冲洗水嘴		0.10（0.07）	0.50（0.35）	15	0.100
10	医院倒便器		0.20	1.00	15	0.100
11	实验室化验水嘴（鹅颈）	单联	0.07	0.35	15	0.020
		双联	0.15	0.75		
		三联	0.20	1.00		

根据《室外给水设计规范》GB 50013，设计用水量要根据下列各项确定：

（1）综合生活用水，包括居民生活用水和公共设施用水；

（2）工业企业用水；

（3）浇洒市政道路、广场和绿地用水；

（4）管网漏损水量；

（5）未预见用水；

（6）消防用水。

根据《城市居民生活用水量标准》GB / T　50331，城市居民生活用水量标准要符合表 2–3。

表2–3　城市居民用水量标准

地域分区	日用水量/［L/（人·d）］	适用范围
一	80～135	黑龙江、吉林、辽宁、内蒙古
二	85～140	北京、天津、河北、山东、河南、山西、陕西、宁夏、甘肃
三	120～180	上海、江苏、浙江、福建、江西、河北、湖南、安徽
四	150～220	广西、广东、海南
五	100～140	重庆、四川、贵州、云南
六	75～125	新疆、西藏、青海

在进行二次供水系统设计时，设计流量和管道水力计算要符合现行国家标准《建筑给水排水设计规范》GB 50015 的规定。

二次供水设施引入管设计流量，根据不同的供水方式，计算方式也会有所不同。

表2–4　不同供水方式的引入管设计流量计算方法

供水方式	计算方法
叠压供水	建筑物内的生活用水设计秒流量
除叠压供水之外	储水调节水箱（池）的设计补水量

注：设计补水量不宜大于建筑物最高日最大时用水量，且不得小于建筑物最高日平均时用水量。

管网叠压供水设备设定的停止直吸的水压要大于等于该处供水管网节点的叠压供水最小允许工作水压。

供水小区（单位）二次供水设施引入管设计流量应符合如图 2–10 所列的要求。

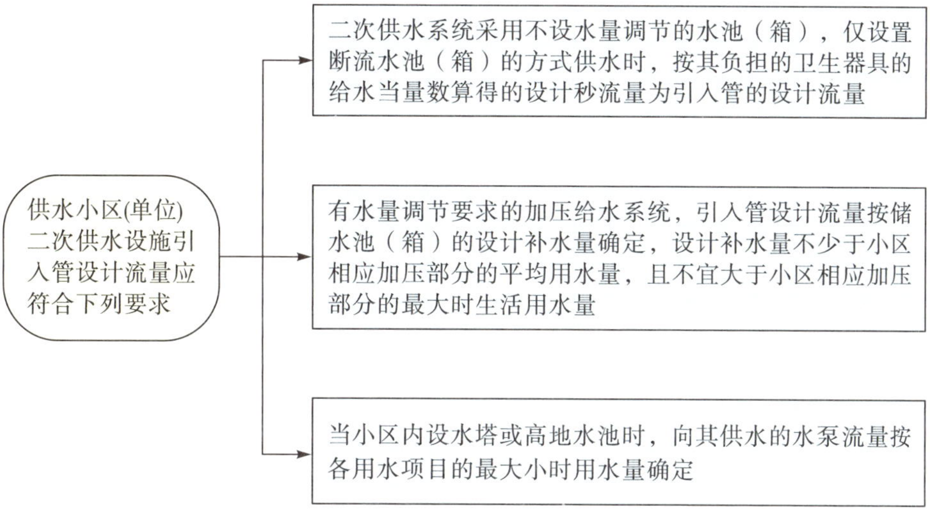

图2-10　供水小区引入管设计流量要求

单栋建筑物引入管设计流量应符合如图 2-11 所列的要求：

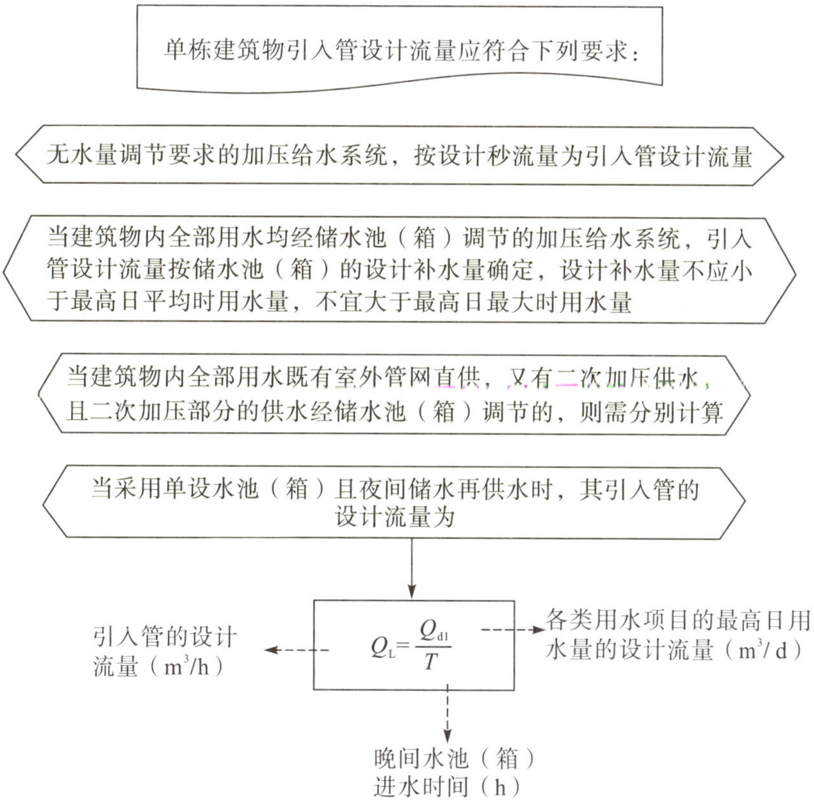

图2-11　单栋建筑物引入管设计流量要求

二次供水系统设计流量应根据不同的供水方式，采用相应的流量计算方法。

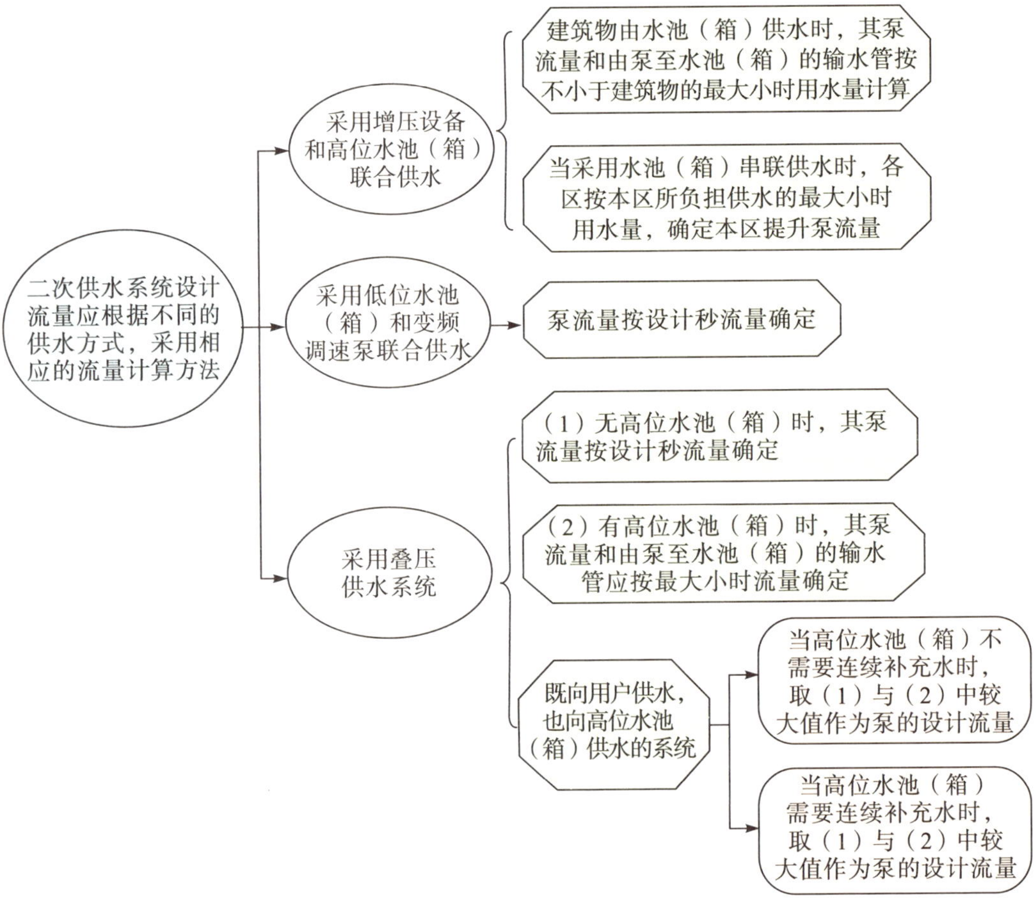

图2-12　设计流量计算方法

直接向用水点供水的泵后给水管或水池（箱）后至生活用水点的给水管按设计秒流量计。

叠压供水的选用应以小区或单体建筑设计总流量校核引入管管道的水流速度，并应符合表 2-5 的规定。

表2-5　引入管管道的水流速度

公称尺寸（DN）	100	150	200	250	300
水流速度/（m/s）	≤0.60	≤0.70	≤0.80	≤0.85	≤0.90

4　系统选择

依储存、加压及控制方式的不同，二次供水可分为水泵－水箱联合供水、气压供水、变频调速供水和管网叠压供水等几种基本类型。

其中变频调速供水依据电气自动控制方式的不同又可分为微机控制变频调速供水和数字集成全变频控制供水 2 种形式；管网叠压供水则是在变频调速供水的基础上又充分利用了前端管网的供水压力。

4.1　水泵－水箱联合供水

水泵－水箱联合供水是由低位水箱、水泵、管路、高位水箱（池）、液位传感器、电控系统、阀门、仪表等配套附件组成的给水增压系统。水泵从低位水箱（池）吸水，加压后供至高位水箱（池），高位水箱（池）再由重力供水至用户，见图 2–13。

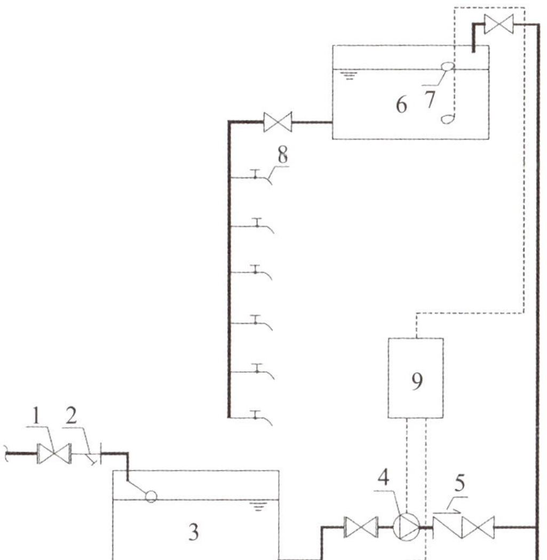

1—低位水箱（池）进水控制阀；2—过滤器；3—低位水箱（池）；4—水泵；5—倒流防止器；6—高位水箱（池）；7—液位传感器；8—用户端；9—电气控制柜

图2–13　水泵–水箱联合供水系统基本组成示意图

4.2 气压供水

气压供水系统由低位水箱（池）、水泵、气压水罐、管路、电控系统、阀门仪表等配套附件组成，见图 2–14。

依据设备中的气压水罐是否需要经常补气，气压供水设备又可分为隔膜式和补气式 2 种形式。

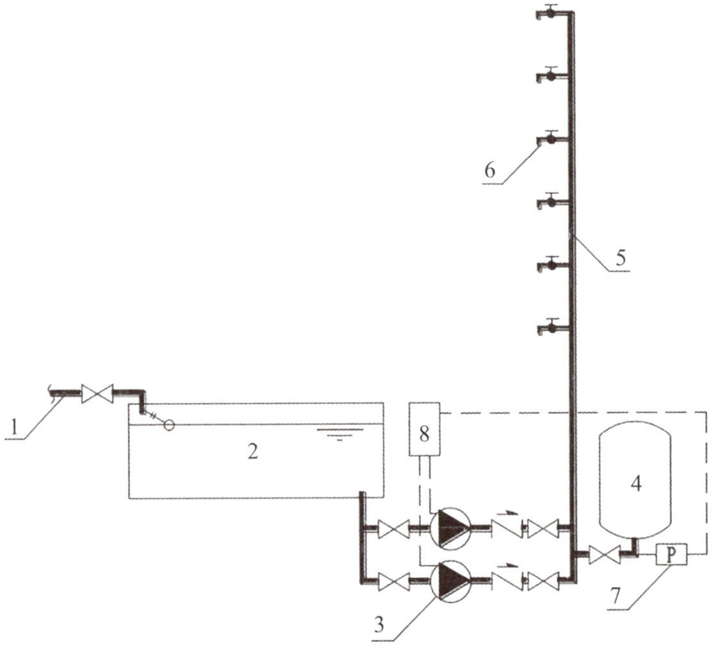

1—低位水箱（池）进水管；2—低位水箱（池）；3—水泵；4—气压水罐；5—二次增压供水管网；6—用水设施；7—压力传感器；8—电气控制柜（箱）

图2–14 气压供水系统基本组成示意图

4.3 变频调速供水

4.3.1 微机控制变频调速供水

微机控制变频调速供水系统中的给水增压设施以单片机、可编程控制器等微型计算机为主控单元进行自动控制，由水泵从水池、水箱、水井等调节装置中取水，通过变频器改变供电频率控制水泵电机转速，使水泵转速和流量可调节。设备主要由水泵、控制柜（含变频器）、压力监测仪表、管路、阀门等组成，见图 2–15。

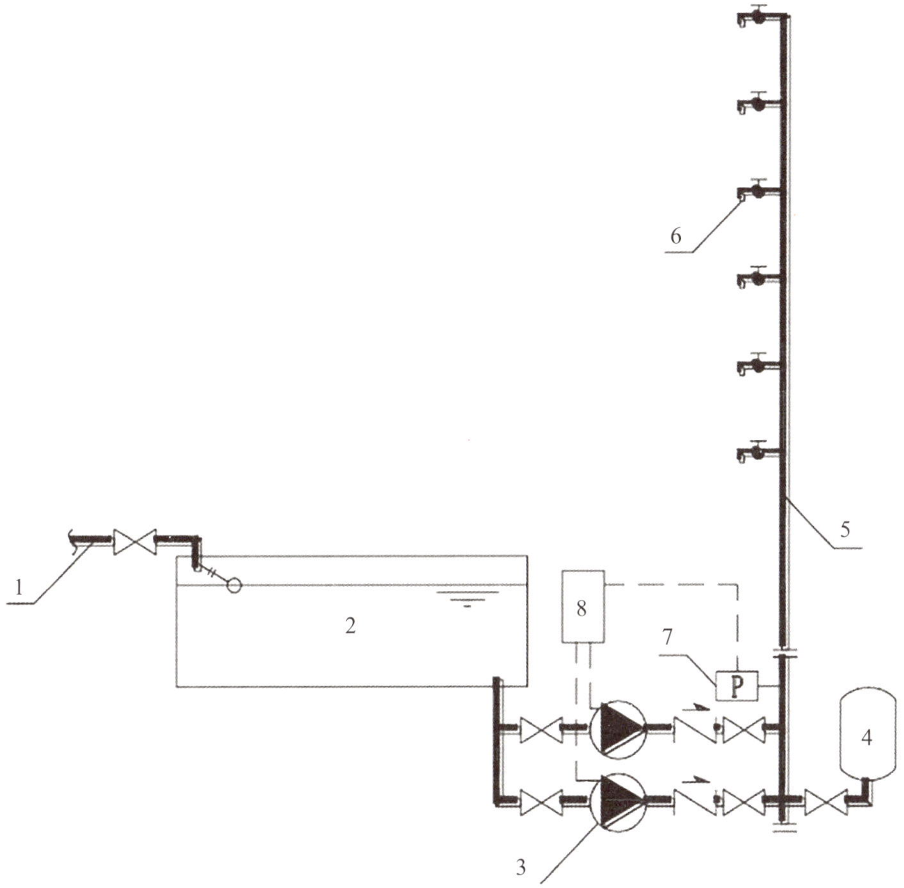

1—低位水箱（池）进水管；2—低位水箱（池）；3—水泵；4—气压水罐；
5—二次增压供水管网；6—用水设施；7—压力传感器；8—电气控制柜（箱）

图2-15　微机控制变频调速供水系统基本组成示意图

4.3.2　数字集成全变频控制供水

在数字集成全变频控制供水设备中，每台水泵均独立配置一台数字集成变频器或数字集成变频控制器，各变频器或变频控制器通过集中控制柜或总线技术实现相互通信、联动控制、协调工作，并可通过显示屏进行人机对话实现泵组运行参数的设定与调整，使泵组实现智能化全变频控制运行。

数字集成全变频控制供水设备由水泵、数字集成变频器或数字集成变频控制器、气压水罐、压力传感器、电气控制柜（或集中控制显示屏）、管路、阀门、仪表等配套附件组成。

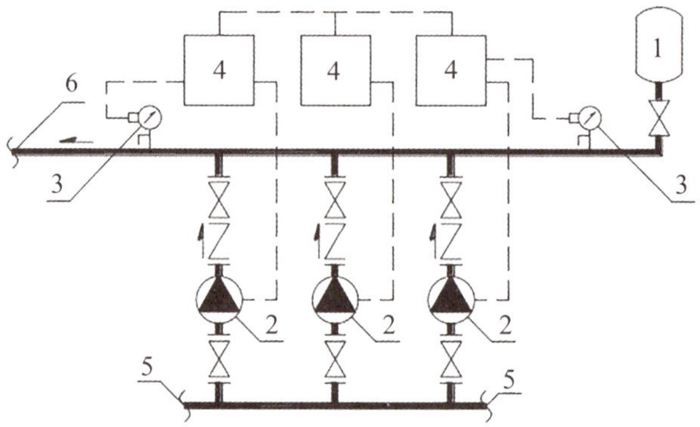

1—气压水罐；2—水泵；3—压力传感器；4—数字集成变频控制器；
5—接自进水管；6—接至用户管网

图2-16　配置有数字集成变频控制器的全变频控制供水设备基本组成示意图

4.4　管网叠压供水

管网叠压供水是指利用城镇供水管网压力直接增压或变频增压的二次供水方式。

叠压供水方式应有条件地使用，且当采用叠压供水方式时，不得造成该区域城镇供水管网的水压低于本地规定的最低供水服务压力，并需经当地水行政主管部门批准。

4.4.1　罐式管网叠压供水

罐式管网叠压供水系统的成套增压设备通常由倒流防止器阀组、真空抑制器（防负压装置）、不锈钢稳流罐、水泵、气压水罐、通用变频器或数字集成变频控制器、压力传感器、液位传感器、控制柜（或集中控制显示屏）、管路、阀门、仪表等配套附件组成。

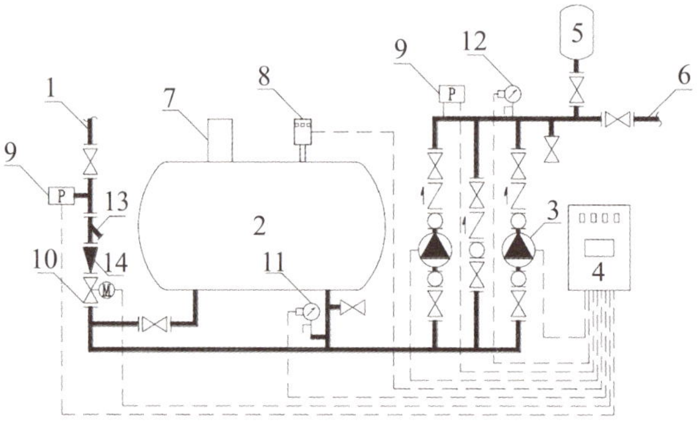

1—备进水管；2—稳流补偿罐；3—水泵机组；4—电气控制柜（箱）；5—气压水罐；
6—设备出水管；7—真空抑制器；8—液位控制器；9—压力传感器；10—强制关闭装置；
11—压力开关；12—超压保护装置；13—过滤器；14—倒流防止器

图2-17　微机控制变频调速罐式管网叠压供水设备基本组成示意图

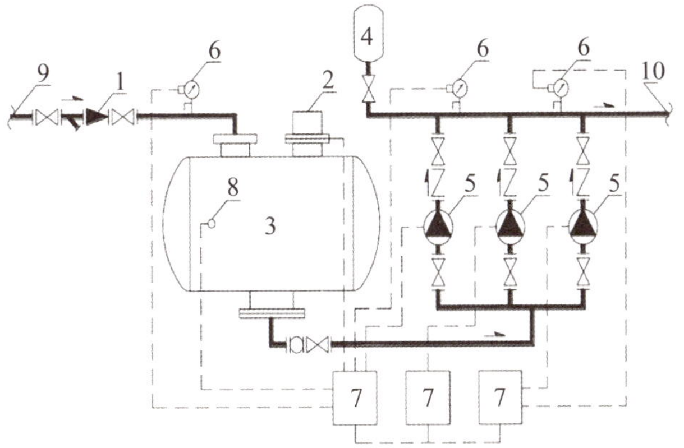

1—倒流防止器；2—真空抑制器；3—不锈钢稳流罐；4—气压水罐；5—水泵；6—传感器；
7—数字集成变频控制器；8—低水位传感器；9—接自市政管网；10—接至用户管网

图2-18 配置有数字集成变频控制器的全变频控制罐式管网叠压供水设备基本组成示意图

4.4.2 箱式管网叠压供水

箱式管网叠压供水系统的成套增压设备通常由倒流防止器阀组、叠压进水管制装置、不锈钢储水箱、水泵、通用变频器或数字集成变频控制器、气压水罐、压力传感器、液位传感器、控制柜（或集中控制显示屏）、水箱自洁消毒装置、管路、阀门、仪表等配套附件组成。

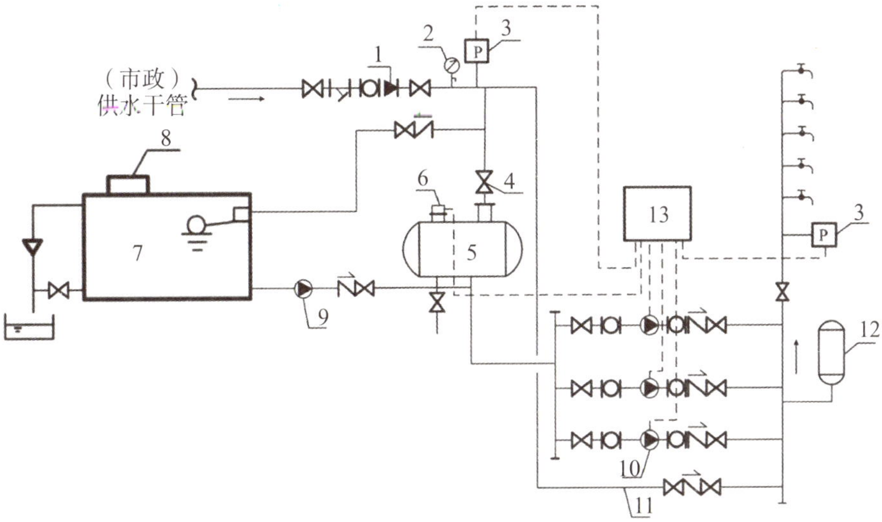

1—倒流防止器；2—压力表；3—压力传感器；4—阀门；5—稳流罐；6—防负压装置；7—水箱；
8—空气净化装置；9—补偿泵；10—泵组；11—旁通管（可选）；12—气压水罐；13—电气控制柜

图2-19 微机控制变频调速箱式管网叠压供水设备基本组成示意图

5　水泵及泵房

5.1　水泵

（1）水泵应选择低噪声、节能、维修方便的产品。

图2-20　水泵机组

（2）水泵机组正常运行时的噪声：单机功率 2.2kW 以下不大于 55dB（A），3 ～ 15kW 不大于 65dB（A），大于 15kW（含 15kW）时噪声不大于 75dB（A）；设备正常运行时，其噪声不应大于配套水泵机组的噪声。

（3）水泵机组应采取减振措施，振动应符合现行行业标准《泵的振动测量与评价方法》JB/T 8097 中的 B 级要求；对噪声和振动有更高要求的建筑，二次供水设施水泵的选择应符合相关要求。

表2–6　按中心高和转速分类的泵种类表

类别	中心高/mm		
	≤225	>225～550	>550
	转速/（r/min）		
第一类	≤180	≤1000	—
第二类	>1800～4500	>1000～1800	>600～1500
第三类	>4500～12000	>1800～4500	>1500～3600
第四类	—	>4500～12000	>3600～12000

表2–7　泵振动级别评判表

<table>
<tr><th colspan="2">振动烈度范围</th><th colspan="4">判定泵的振动级别</th></tr>
<tr><th>振动烈度级</th><th>振动烈度分级界</th><th>第一类</th><th>第二类</th><th>第三类</th><th>第四类</th></tr>
<tr><td rowspan="2">0.28</td><td></td><td rowspan="6">A</td><td rowspan="8">A</td><td rowspan="10">A</td><td rowspan="12">A</td></tr>
<tr><td rowspan="2">0.28</td></tr>
<tr><td rowspan="2">0.45</td></tr>
<tr><td rowspan="2">0.45</td></tr>
<tr><td rowspan="2">0.71</td></tr>
<tr><td rowspan="2">0.71</td></tr>
<tr><td rowspan="2">1.12</td><td rowspan="4">B</td></tr>
<tr><td rowspan="2">1.12</td></tr>
<tr><td rowspan="2">1.80</td><td rowspan="4">B</td></tr>
<tr><td rowspan="2">1.80</td></tr>
<tr><td rowspan="2">2.80</td><td rowspan="2">C</td><td rowspan="4">B</td></tr>
<tr><td rowspan="2">2.80</td></tr>
<tr><td rowspan="2">4.50</td><td rowspan="12"></td><td rowspan="2">C</td><td rowspan="4">B</td></tr>
<tr><td rowspan="2">4.50</td></tr>
<tr><td rowspan="2">7.10</td><td rowspan="10"></td><td rowspan="2">C</td></tr>
<tr><td rowspan="2">7.10</td></tr>
<tr><td rowspan="2">11.20</td><td rowspan="8"></td><td rowspan="2">C</td></tr>
<tr><td rowspan="2">11.20</td></tr>
<tr><td rowspan="2">18.00</td><td rowspan="6"></td></tr>
<tr><td rowspan="2">18.00</td></tr>
<tr><td rowspan="2">28.00</td></tr>
<tr><td rowspan="2">28.00</td></tr>
<tr><td rowspan="2">45.00</td></tr>
<tr><td></td></tr>
</table>

（4）应选用节能高效水泵，除增压设备和高位水箱（池）联合供水方式外，还应配置变频器。当水泵采用变频调速控制时，水泵额定转速时的工作点应位于水泵高效区的末端，并符合《清水离心泵能效限定值及节能评价值》GB 19762 的规定。

（5）用水量变化较大的用户，宜采用多台水泵并联供水。

（6）须合理配置各区域增压泵组，应设置备用水泵，备用泵的供水能力不应小于最大一台运行水泵的供水能力，且宜为同型号泵。

（7）每台水泵的出水管上，应装设压力表、止回阀、阀门和水锤消除装置。

（8）每组水泵宜设置单独的吸水管。

（9）水泵吸水口处变径应采用偏心管件，顶平安装。

（10）水泵应采用自灌式吸水，当因条件所限不能自灌吸水时应采取可靠的引水措施。

（11）水泵电机应采用F级绝缘或以上，IP55防护等级。

（12）设置在地下室的泵房，应采取防淹措施。集水坑的有效容积不应小于一台最大排水泵5min出水量。排水泵1h内启动次数不宜超过6次。

$$V=Q\cdot t$$

式中：

Q——一台最大排水泵额定流量；

t——5min。

5.2 泵房

（1）室外设置的泵房应符合现行国家标准《泵站设计标准》GB 50265—2022的有关规定。

（2）室内设置的泵房应符合下列规定。

1）不应毗邻起居室或卧室。宜设置在居住建筑之外或居住建筑的地下二层，当民用建筑首层为公建时，可设置在地下一层；条件不具备时，应采取有效的减振、降噪、隔音措施，并应符合现行国家标准《建筑给水排水设计标准》GB 50015的规定。

2）不应毗邻配变电所、电梯机房、通信机房等遇水可能引发故障或事故的房间。

3）上下左右不应有污水处理站、中水处理站、医疗用房、垃圾站，化学及生物实验室和物品库房等对水质、环境有影响的房间。

4）上层、左右不应有卫生间、浴室、盥洗室、厨房等用房。

5）不应与消防、卫生热水、采暖等其他机房合建。

6）应独立设置，出入口应从公共通道直接进入。泵房应有设备维护、检修、更换的进出通道，或预留设备吊装孔。

7）应设置用于贸易结算的用电计量装置。

8）用电负荷级别不应低于二级。

9）应安装防火防盗门，其尺寸应满足设备安装及维修的需要，窗户及通风孔应设防护格栅。

10）门窗孔洞、排风进风口、水箱（池）溢泄水口、通气管应设置防止蝇、虫、鼠等进入的措施。

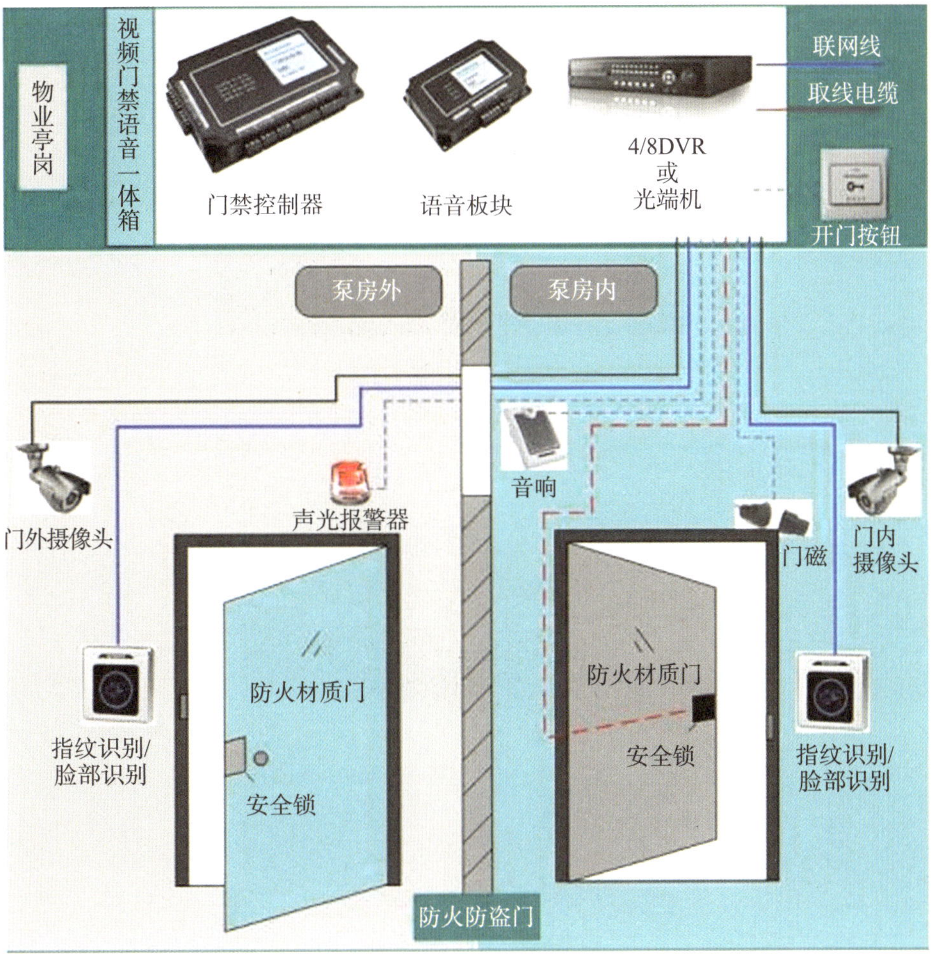

图2-21　防火防盗门

图2-22　防护格栅式窗户及通风孔

图2-23　溢水口防虫滤网

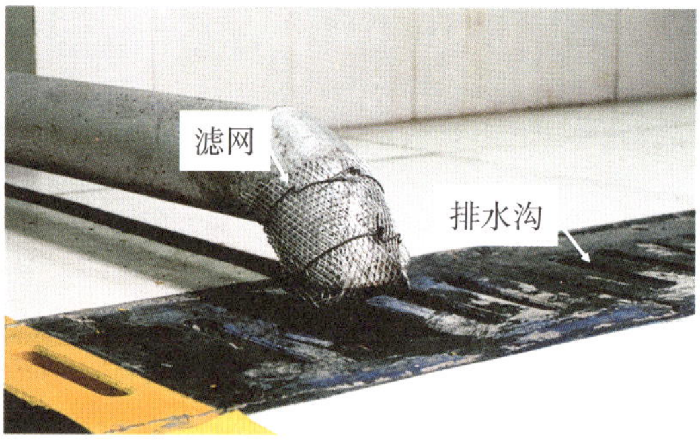

图2-24　泄水口防虫滤网

（3）泵房环境噪声应符合现行国家标准《声环境质量标准》GB 3096 和《民用建筑隔声设计规范》GB 50118 的规定。

表2-8　各类声环境功能区环境噪声等效声级限值

单位：dB（A）

<table>
<tr><th rowspan="2">类别</th><th colspan="3" rowspan="2">区域</th><th colspan="2">时段</th></tr>
<tr><th>昼间</th><th>夜间</th></tr>
<tr><td>0类</td><td colspan="3">康复疗养区等特别需要安静的区域</td><td>50</td><td>40</td></tr>
<tr><td>1类</td><td colspan="3">以居民住宅、医疗卫生、文化教育、科研设计、行政办公为主要功能，需要保持安静的区域</td><td>55</td><td>45</td></tr>
<tr><td>2类</td><td colspan="3">以商业金融、集市贸易为主要功能，或者居住、商业、工业混杂，需要维护住宅安静的区域</td><td>60</td><td>50</td></tr>
<tr><td>3类</td><td colspan="3">以工业生产、仓储物流为主要功能，需要防止工业噪声对周围环境产生严重影响的区域</td><td>65</td><td>55</td></tr>
<tr><td rowspan="2">4类</td><td>4a类</td><td rowspan="2">交通干线两侧一定距离之内，需要防止交通噪声对周围环境产生严重影响的区域</td><td>高速公路、一级公路、二级公路、城市快速路、城市主干路、城市次干路、城市轨道交通（地面段）、内河航道两侧区域</td><td>70</td><td>55</td></tr>
<tr><td>4b类</td><td>铁路干线两侧区域</td><td>70</td><td>60</td></tr>
<tr><td colspan="6">各类声环境功能区夜间突发噪声，其最大声级超过环境噪声限值的幅度不得高于15dB（A）</td></tr>
</table>

（4）泵房应采取减振防噪措施，并应符合现行国家标准《建筑给水排水设计规范》GB 50015 的规定。

建筑物内的给水泵房，应采用下列减振防噪措施：

1）应选用低噪声水泵机组。

2）吸水管和出水管上应设置减振装置。

3）水泵机组的基础应设置减振装置。

4）管道支架、吊架和管道穿墙、楼板处，应采取防止固体传声措施。

5）必要时，泵房的墙壁和天花应采取隔音吸音处理。

（5）泵房的消防及防火要求应满足《建筑设计防火规范》GB 50016 的规定。

图2–25　泵房内消防设施

（6）泵房内电控系统应与水泵机组、水箱、管道等输配水设备隔离设置，应采取防水、防潮措施，并应符合相关规定。

（7）二次供水设备的供电电源应满足《供配电系统设计规范》GB 50052 以及《民用建筑电气设计标准》GB 51348 的规定，保证供水设备的安全运行。

（8）泵房的内墙、地面、顶面应选用符合环保要求、易清洁的材料铺砌或涂覆。

（9）根据《西安市生活饮用水二次供水管理和卫生监督规定》（市政府令 142）第八条：

1）二次供水泵房应单独设置，不得与消防等泵房混用，泵房应有可贸易结算的独立用电计量装置。储水池应与消防水池分开，以便清洗与检修。

2）住宅与非住宅在同一建筑时，二次供水设施应当分别设置。

3）二次供水设施周围 30m 范围内，禁止堆放有毒、有害、易腐蚀物质，并禁止设置渗水厕所、渗水坑、粪坑、垃圾堆放点等污染源。

（10）泵房内应设置独立的有组织排水设施，泵房内地面应有不小于 1% 的坡度坡向排水设施，并应有防淹报警设施。

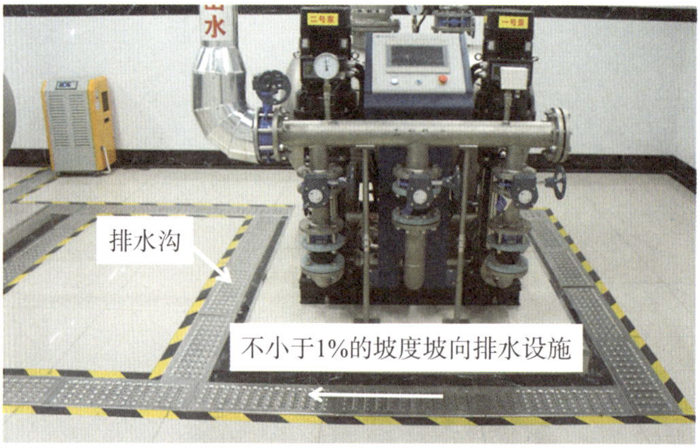

图2-26　泵房内排水沟

（11）泵房应设置通风、除湿、防水排污设备，保证泵房内通风良好，干燥整洁，不易生菌。

图2-27　通风、除湿装置

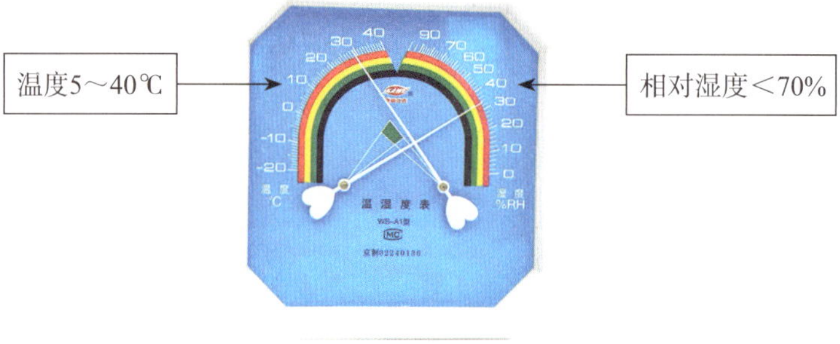

图2-28　泵房内环境温湿度检测表

（12）水泵基础高出地面的距离不应小于 0.1m。

图2–29　水泵基础高度示意图

（13）泵房内部照明系统应符合现行国家标准《建筑照明设计标准》GB 50034 的要求。

（14）水泵机组的布置应符合现行国家标准《建筑给水排水设计规范》GB 50015 的规定。

表2–9　水泵机组外轮廓面与墙和相邻机组之间的间距

电动机额定功率 / kW	水泵机组外轮廓面与墙面之间的最小间距 / m	相邻水泵机组外轮廓面之间的最小距离 / m
≤22	0.8	0.4
>22，<55	1.0	0.8
≥55，≤160	1.2	1.2

（15）泵房内严禁存放易燃、易爆、易腐蚀及可能造成环境污染的物品，泵房距污染源、污染物的距离应符合国家有关规定。

（16）泵房内应有设备维护检修的场地，宜设置设备备件储存的空间和起重设备。泵房维修场地的尺寸应符合现行国家标准《建筑给水排水设计标准》GB 50015 的相关规定。

（17）泵房配电设计应符合现行国家和行业标准。

（18）泵房应有操作规程、应急手册，各种设备设施标识明确。

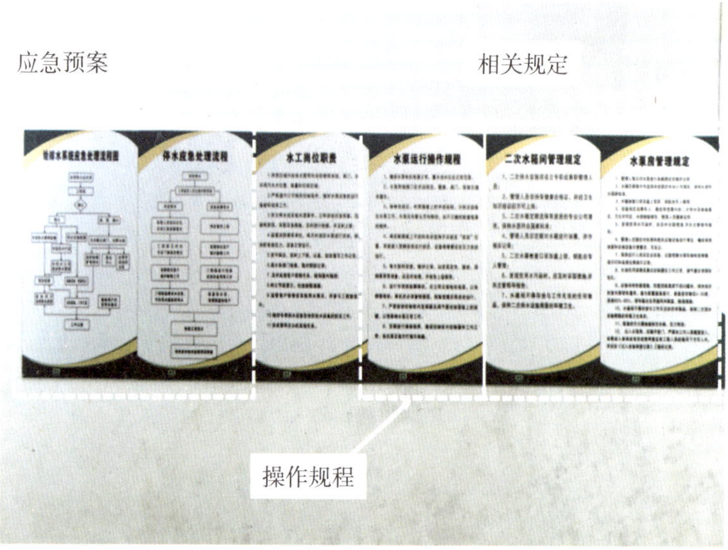

图2-30　操作规程、应急预案等管理制度

（19）泵房的机泵设备上应加装流量计及水质监测仪，数据能上传到管理平台。

（20）泵房应设置视频监控系统、出入口控制系统及报警系统，出入口控制系统及报警系统宜与视频监控系统联动。

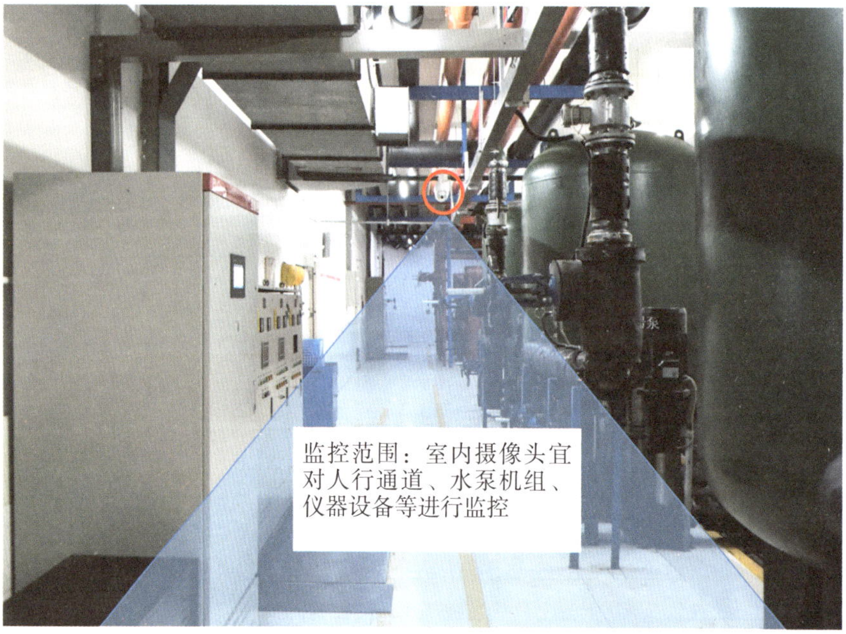

图2-31　监控摄像头

（21）泵房出入口应设置防鼠板，高度不低于0.50m。泵房出入口应设置挡水门槛，高度不低于0.15m。

图2-32　挡鼠板

（22）水泵机组宜设在水池（箱）的侧面或下方。

（23）泵房承重结构必须满足主要设备、水箱、增压水泵机组、电气控制柜安装及运行承重要求。

（24）当住宅小区分期建设时，泵房宜按小区终期规模一次性预留空间，设备分期安装或更换。

（25）泵房内应预留对外通信进出路径。

6　设备、设施与系统

6.1　一般规定

二次供水设备、设施必须确保质量合格，宜选用成套设备，其选型应满足安全卫生、节能环保、便于维护管理的要求。

二次供水设备、设施生产许可、质量合格和质量保证文件应齐全。管网叠压给水设备还应具备法定的产品质量检验机构出具的检验合格报告和卫生许可批件。水箱、电控柜、水泵、阀门、消毒设备等应设有规范的标牌，并标明下列内容：生产厂家、注册商标、生产日期、出厂编号；水箱、压力水容器应标明有效容积和材质；水泵应标明流量、扬程、转速、功率；管道、阀门应标明口径、材质和工作压力。

禁止使用高耗能产品和国家已明令禁止、淘汰的产品与设备。

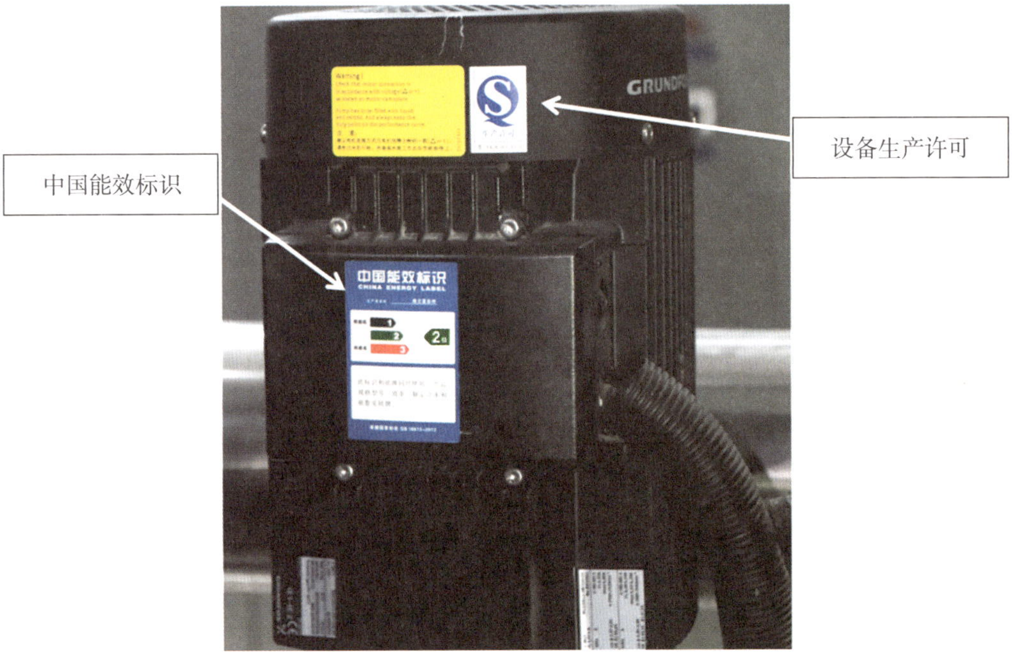

图2–33　中国能效标识

图2-34　中国节能认证

6.2　水箱（池）

二次供水水箱应选用 0Cr18Ni9 以上不锈钢材料，宜采用组合式水箱。当储水容积大于 100m^3 时可采用钢筋混凝土水池，水池内壁可采用卫生计生行政部门许可的防腐内衬材料处理。

水箱（池）宜独立设置，且结构合理、内壁光洁，不渗漏。当水箱容积大于 50m^3 时，宜分为容积基本相等的两格或以上，之间应设置连通管和隔离阀；水箱（池）能独立工作，并应设导流装置。

水箱高度不宜超过 3m。当水箱高度大于 1.5m 时，水箱内外应设置不锈钢爬梯。水箱人孔高出水箱顶部不应小于 0.1m。圆形人孔直径不应小于 0.7m，方形人孔每边长不应小于 0.6m。

水箱（池）应设进水管、出水管、溢流管、泄水管、通气管、人孔和信号装置。水箱（池）出水管上应留有水质取样孔。水箱（池）应有液位监控装置，具备溢流报警和传输、控制功能。

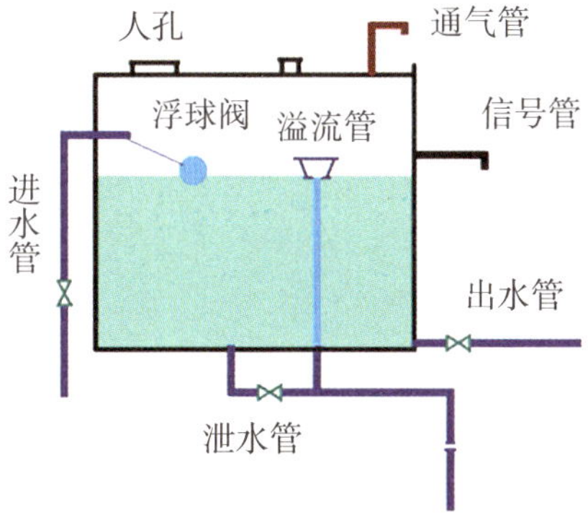

图2-35　水箱示意图

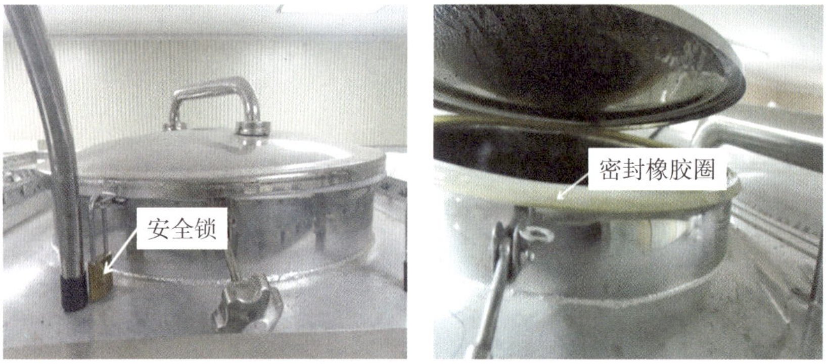

图2-36　水箱顶部的圆形人孔

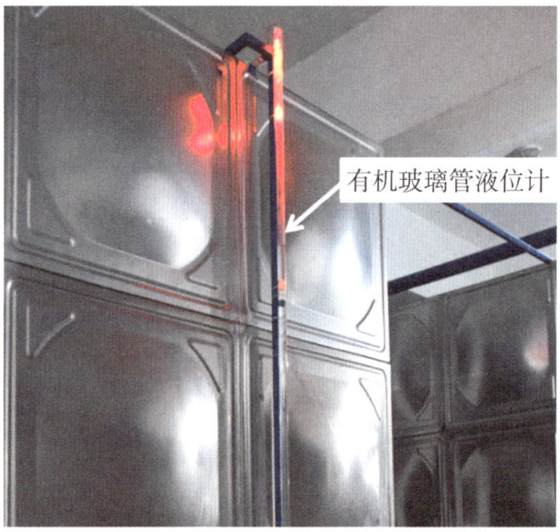

图2-37　有机玻璃管液位计

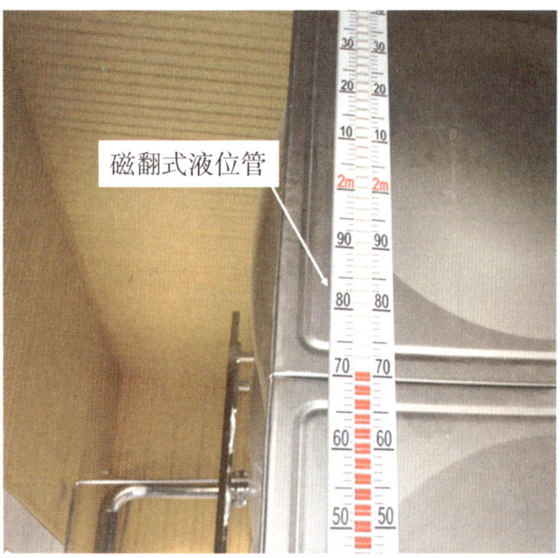

图2-38　磁翻板液位计

建筑物内水箱侧壁与墙面间距不宜小于 0.7m，安装有管道的侧面，净距不宜小于 1.0m、检修距离不小于 0.6m；水箱与室内建筑凸出部分间距不宜小于 0.5m；水箱顶部与楼板间距不宜小于 1.0m，且与梁底距离不小于 0.5m；水箱底部应架空，距地面不宜小于 0.5m，并应具有排水条件。

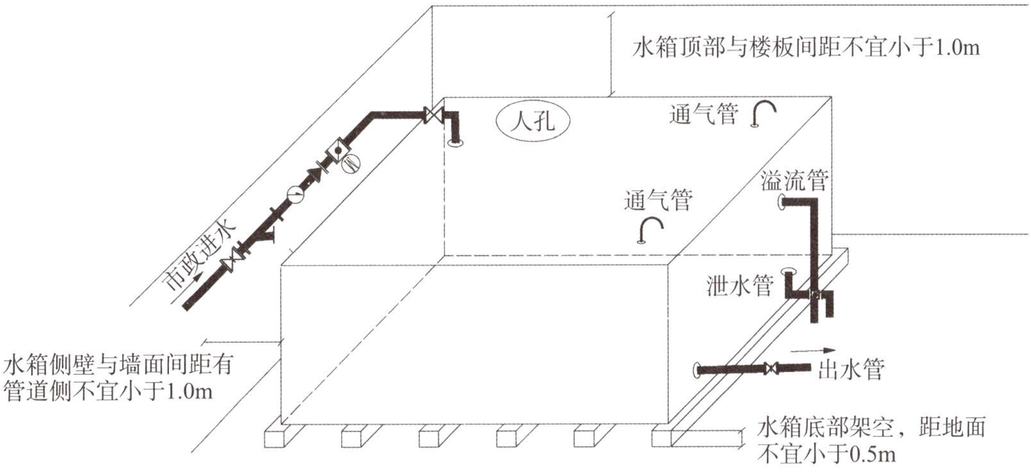

图2-39　水箱安装示意图

水箱应设置在维护方便、通风良好的房间内。并且距离污染源、污染物的距离要符合现行国家标准《建筑给水排水设计规范》GB 50015 的规定。

6.3　压力容器

压力容器应符合现行国家标准《压力容器》GB 150 的规定。材料宜选用不锈钢材料，焊接材料应与压力水容器材质相匹配，焊缝应进行酸洗钝化等抗氧化处理。

二次供水气压给水设备宜采用隔膜式。气压罐的有效容积应与水泵允许启停次数相匹配。

隔膜气压罐 ϕ800
（简单压力容器）

设计压力：1.0MPa　　设计温度：100℃

容积：$0.8m^3$　　工作介质：空气

制造许可证号：TS22××××　　产品编号：×××××-×××

制造日期：××年××月　　推荐使用寿命：×年

制造单位：×××制造有限公司

图2-40　隔膜气压罐铭牌

6.4 配电柜及控制柜

配电柜与控制柜应符合现行国家标准《建筑电气工程施工质量验收规范》（GB 50303—2015），并结合其他相关标准规范执行，且选用取得国家强制认证的合格产品。配电柜与控制柜宜单独设置。配电柜及控制柜内主要元器件必须选用具有 CCC 认证的产品，配电柜整机成套设备必须具有 CCC 认证，且性能可靠，运行稳定，环境适应性高，使用耐久。

配电柜及控制柜至少需要拥有以下功能：

（1）配电柜有电源、电流、电压显示。

（2）配电柜按钮、开关等易于操作且功能标志齐全。

（3）控制柜有水泵、阀门启 / 停状态显示，泵的频率显示。

（4）控制柜面板应有液晶显示界面。

（5）控制柜有设定压力、实际压力、流量、频率显示。

（6）控制柜应具备现场自动及远程启停功能，且各种状态设备启停应自如且能正常工作。

（7）控制柜应具备远程数据传输功能，数据包括：设备的进出口压力、流量、吨水耗电、水质在线（浊度、消毒剂残留、水温、pH 值等测定）、视频监控等。

（8）控制柜应具备远程监控设备故障报警功能，现场有故障声、光报警显示。

（9）控制柜应具备统计、查询、分析功能。

（10）控制柜应具备断网断电数据储存功能。

图2–41　PLC控制柜

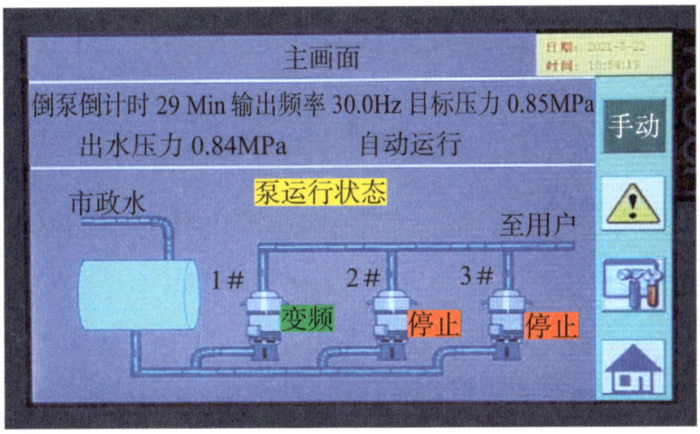

图2–42　控制柜控制界面（示意）

变频调速应符合现行行业标准《微机控制变频调速给水设备》CJ/T352 的规定。机泵设备宜单独设电度表（或其配电柜上有电度统计功能），电能数据上传至自控系统，在自控系统中，对机泵效率、供水能耗等指标进行统计分析，掌握泵组运行效率。

6.5　消毒设备

二次供水设施的水池（箱）应设置消毒设备。

消毒设备应安全、卫生、环保、节能、便于安装检修、有效、耐用和经济运行。

消毒设备可选择紫外线消毒器、紫外光催化氧化设备和水箱自洁消毒器等，其设计和安装使用应符合国家现行相关技术标准的规定。

紫外线消毒器应满足国家行业标准《生活饮用水紫外线消毒器》CT/J204 的有关规定，应具备对紫外线照射强度的在线检测功能，并宜有自动清洗功能。

水箱自洁消毒器宜外置。

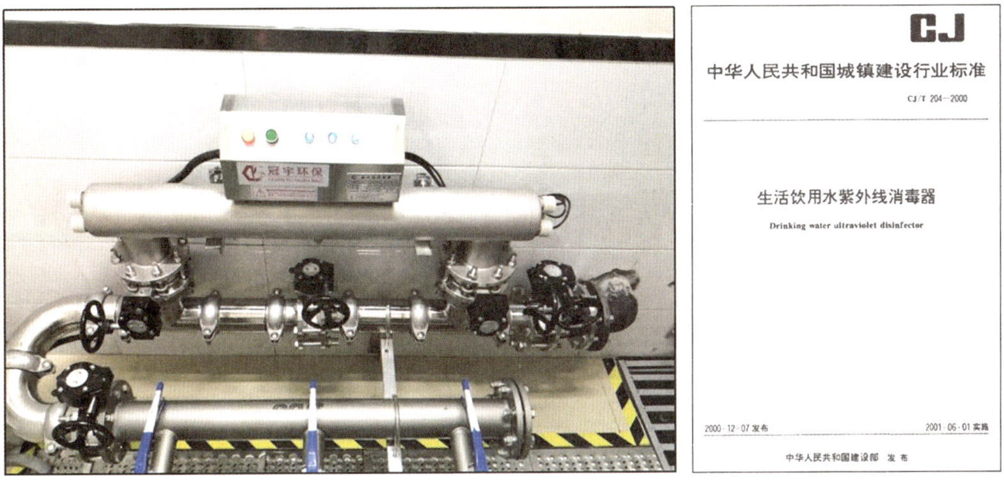

图2–43　紫外线消毒器、《生活饮用水紫外线消毒器》

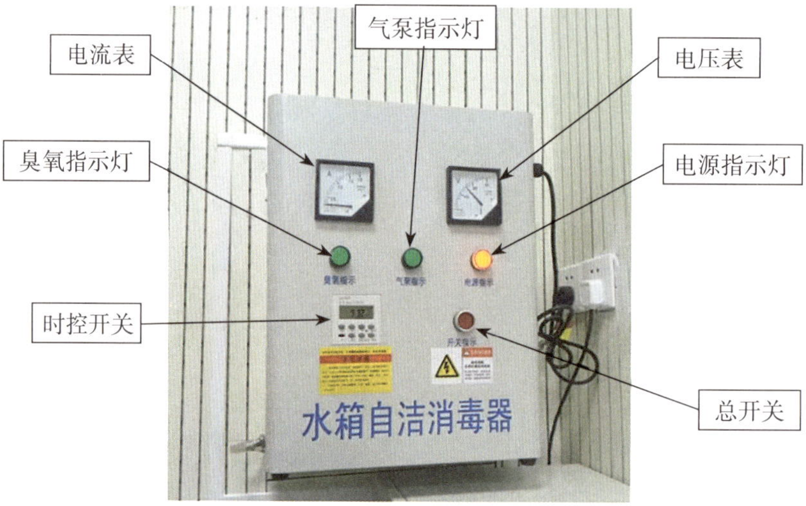

图2-44　水箱自洁消毒器

6.6　监测仪表

二次供水系统在相应位置要设置自动监测仪表。根据检测数据判断二次供水情况是否正常。其中自动监测仪器包括电磁流量计（电磁水表）、压力变送器、压力开关、磁翻板液位计、浊度仪、水质在线监测柜、pH 仪等。

电磁流量计应为分体式，二次仪表需安装在仪表保护箱内，并满足如下要求：

（1）必须具有计量器具批准证书、制造计量器具许可证。

（2）输出全部电隔离，具备通信输出功能。

（3）传感器和变送器可以成套实现在线标定。

对于压力变送器而言要求 4 ～ 20mA 输出，且带现场液晶显示。如图 2–45 所示。

检测仪表的量程应为工作点测量值的 1.5 ～ 2 倍。

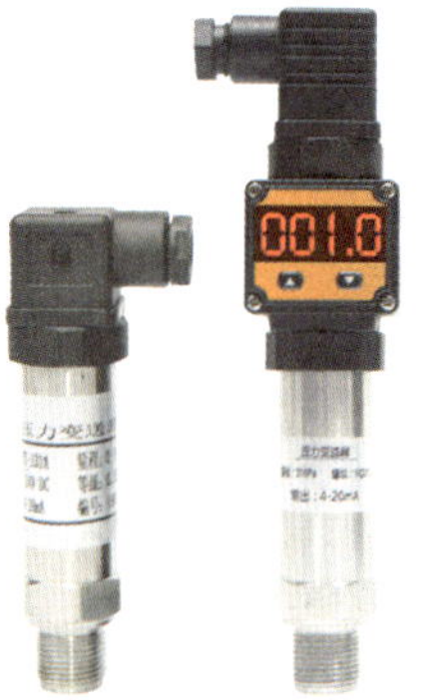

图2-45　压力变送器

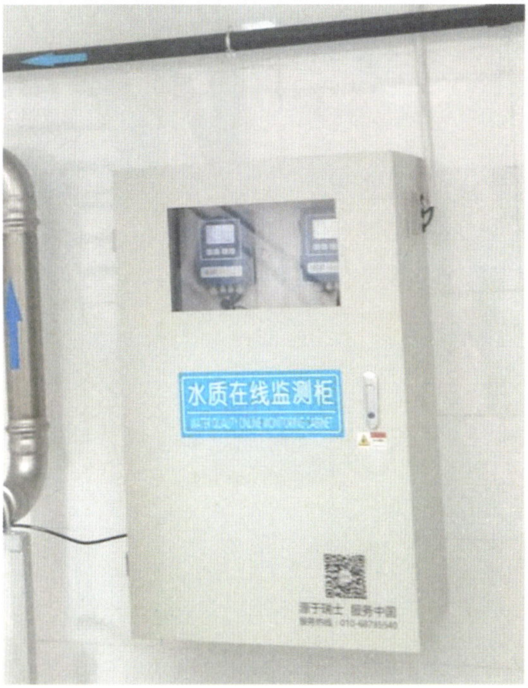

图2-46　水质在线监测柜

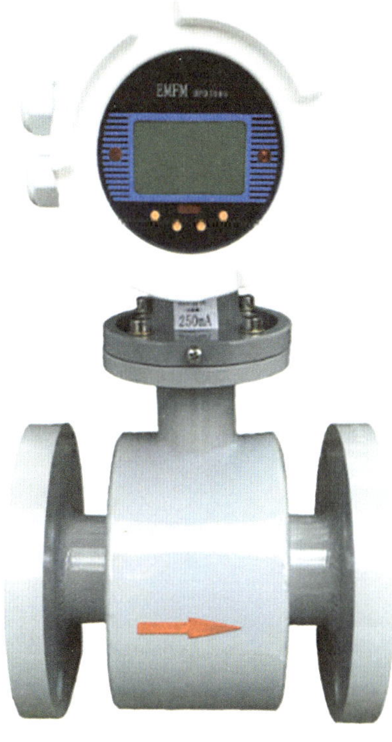

图2-47　电磁流量计

6.7 二次供水自控系统

6.7.1 二次供水自控系统的组成

二次供水泵房自控系统包括：泵房现场自动化控制系统、远程中控平台及专用 VPN 网络。

二次供水泵房自控系统构架组成如图 2–49 所示，应包括前端设备、数据采集系统、通信传输网络、数据管理、调度控制。

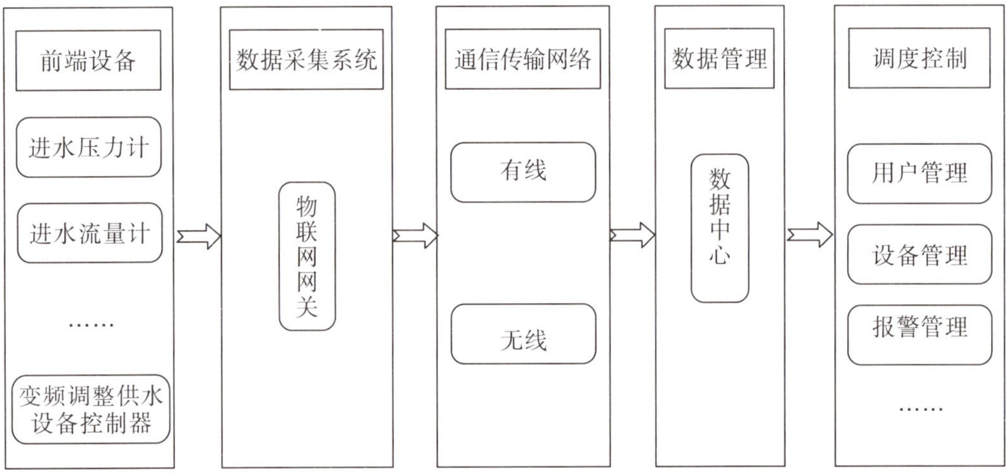

图2–48　二次供水泵房自控系统构架示意图

在数据处理完进入调度控制系统后，可远程查看、调整泵房内设备参数或状态。

控制设备的配电及控制遵从国家标准《通用用电设备配电设计规范》GB 50055。

6.7.2 二次供水自控系统

泵房应设现场自控系统、远程监控系统。并且可以通过现场控制柜上的选择开关切换或者通过远程切换对二次供水系统现场控制和远程控制两种模式进行切换。

自动控制或联锁控制的设备，应有手动控制及解除自动控制的措施；远程控制的设备，应有就地控制和解除远程控制的措施；当突然启动可能危及周围人员安全时，应在机械旁装设启动预告信号和应急断电开关或自锁式按钮。

自控系统应具备组态画面显示功能，应实现对水质、水压、液位、电压、电流、频率、水泵启 / 停及故障、手动 / 自动状态信号等参数的实时采集和传输。具有备用泵的故障自投和轮换互投功能。

二次供水系统自控设备应有人机对话、汉化界面、图标明显、显示清晰、便于操作、数据存储等功能。同时能够提供标准通信接口和网络接口，保证传输网络通畅。

二次供水控制设备（设备控制系统）应采用 PLC 控制，并提供标准的通信协议和接口，并应符合下列要求：

（1）每套控制器应由机架、CPU、电源、通信模块、输入模块、输出模块等组成。

（2）应支持包括 Modbus、Profibus-DP、Ethernet、CANopen、DeviceNet、Arcnet 在内的任一种通信协议。

（3）应能与其他系统（如变频器等）进行通信，且无须增加任何其他硬件设施。

（4）备用 I/O 点应为实际使用量的 20%。

6.7.3 二次供水变频调速控制系统

变频调速控制时，宜采用全变频调速控制。另外，为了防止水泵低效运行，宜设置气压罐、小流量泵、高位水箱等小流量运行控制，以达到节能的目的。设备中的备用泵可设定为故障自投和轮换互投，也可自动进行小流量运行控制。

二次供水变频调速控制系统应具有以下功能：

（1）设备应能自动进行小流量运行控制。

（2）故障报警，保护、控制信号设定、调整和调试等功能。

（3）温度控制排热风扇的自动启动 / 关闭。

（4）变频器功率因数应不小于 0.95；过载能力应为允许过载电流在 120% 的额定输出电流下连续运行 60s。

6.8 电气控制

电气控制设备应有过载、短路、过压、缺相、欠压、过热和缺水等故障报警及自动保护功能。对可恢复的故障应能自动或手动消除，恢复正常运行。

图2-49 电气控制柜

最好采用双电源或双回路供电方式对设备进行供电，满足设备不间断运行。控制的金属柜体上要进行接地保护。

6.9 安防系统

泵房应设门禁系统、入侵报警系统、视频监控系统等安防子系统。安防系统应符合现行国家和行业标准，安防系统设备应单独安装在一个机柜内，各子系统应能独立运行，并应与远程中控室的安全防范系统联网。由在线UPS不间断电源供电，UPS电源容量应能保证系统连续正常工作时间不小于1h。

安防系统出入口控制及入侵报警系统的报警信号均宜具备声光报警功能。安防系统出入口控制、视频监控及入侵报警信号均应传输至远程中控平台，进行管理、控制、存储和显示。同时视频监控系统图像应以现场保存为主，具备远程同步存储、监看、回放视频功能。现场图像保存时间宜为30d，异常图像应永久保存，远程中控平台的图像保存时间不少于30d。监控采用的摄像头宜采用网络云台360°摄像头，像素不低于130万像素，分辨率不低于1920×1080，必须具备红外夜视功能。

图2-50 声光报警

图2-51 网络云台360° 摄像头

7　管道、附件

7.1　管道材料的选择

二次供水使用的管道及附件应该具有耐腐蚀、寿命长、水头损失小、安装方便、便于维护的特点。材质要使用卫生环保的材质，并应符合相应的压力等级。管材、配件应符合现行国家和行业标准。不同管径的管材及配件宜按表 2–10 和表 2–11 确定。对于高层建筑来说给水立管不宜采用塑料管。

表2–10　不同管径室外埋地管道的管材及配件材料选用

管径/mm	选用管材及配件名称	相关标准
DN≤100	不锈钢给水管及配件	GB /T 12771
		GB /T 19228
	外镀锌内涂（衬）塑给水复合管及管件	CJ/T 120
	内外涂环氧给水复合钢管及配件	CJ/T 120
	钢网骨架PE复合管及配件	CJ/T 189
	PE管及管件	GB /T 13663
100＜DN≤300	球墨铸铁管及配件	GB /T 13295
	PE管及管件	GB /T 13663
	不锈钢给水管及配件	GB /T 12771
	钢网骨架PE复合管及配件	CJ/T 189
DN＞300	球墨铸铁管及配件	GB /T 13295
	螺旋焊或卷制直缝焊钢管及配件	GB 50268
	PE管及管件	GB /T 13663

表2–11　建筑给水立管管材及配件材料的选择

选用管材及配件名称	相关标准
不锈钢给水管及配件	GB /T 12771、GB /T 19228
给水钢塑复合压力管	CJ/T 183、CJ/T 253
紫铜管及配件	JG/T 3031
内外涂环氧给水复合钢管及配件	CJ/T 120
外镀锌内衬塑给水复合管及管件	CJ/T 120
内衬不锈钢复合钢管及管件	CJ/T 192

7.2 管道连接方式

管道、附件及连接方式应根据不同管材，按相应技术要求确定。

目前管道工程常用的连接方式有螺纹连接、焊接连接、法兰连接、承插连接、沟槽连接等形式。

螺纹连接：是一种广泛使用的可拆卸的固定连接，具有结构简单、连接可靠、装拆方便等优点。常用于低压流体输送，一般公称通径 150mm 以下，工作压力在 1.6MPa 以下。

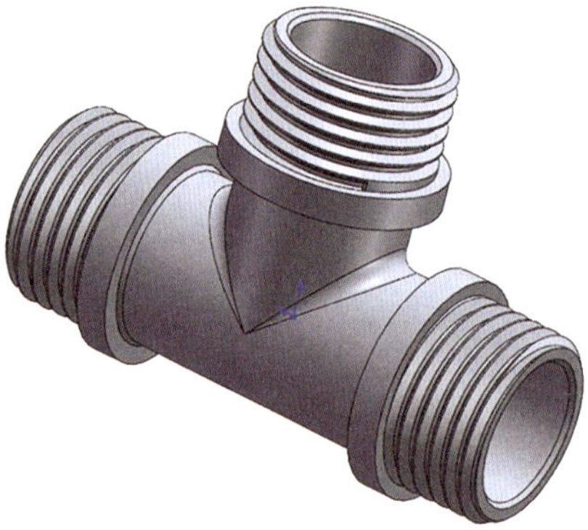

图2-52　螺纹连接

焊接连接：焊接连接是管道工程中最重要且应用最广泛的连接方式。其主要优点是：接口牢固耐久，不易渗漏，接头强度和严密性高，进行焊接连接后不需要经常治理。

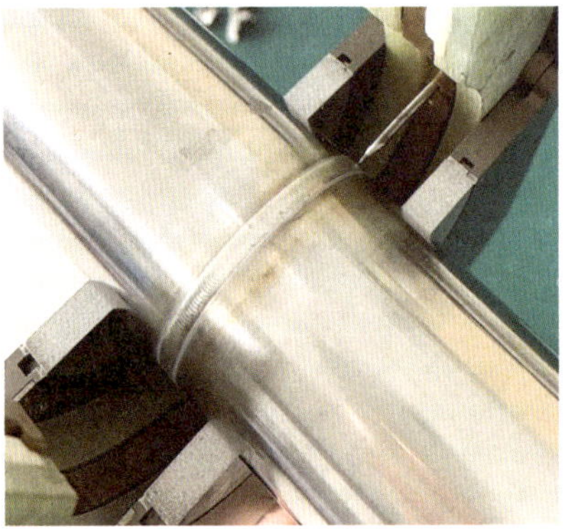

图2-53　焊接连接

法兰连接：法兰连接是将垫片放入一对固定在两个管口上的法兰的中间，用螺栓拉紧使其紧密结合起来的一种可拆卸的接头。

图2–54　法兰连接

承插连接：管道的承插连接分为铸铁管的承插连接和非金属管的承插连接。其中铸铁管的承插连接方式分为机械式接口和非机械式接口。机械接口利用压兰和管端上法兰连接，将橡胶密封圈压紧在铸铁承插口间隙内，使橡胶圈压缩而与管壁紧贴形成密封，非机械接口根据填料的不同，分为石棉水泥接口、自应力水泥接口、青铅接口、橡胶圈接口。

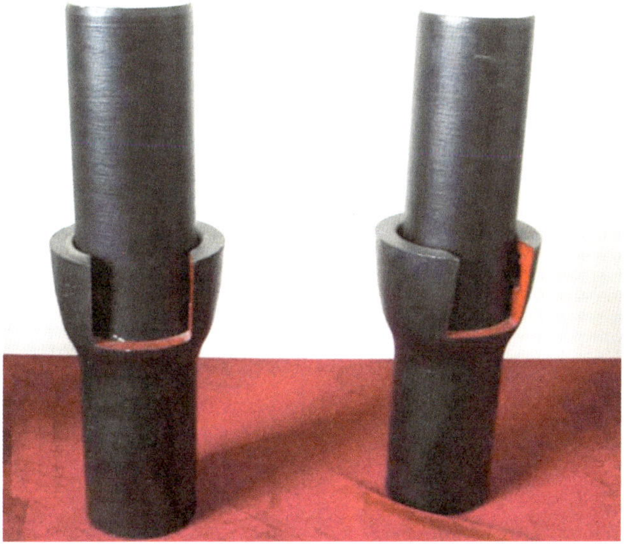

图2–55　承插连接

沟槽连接：沟槽式管接口是在管材、管件等管道接头部位加工成环形沟槽，用卡箍件、橡胶密封圈和紧固件等组成的套筒式快速接头。

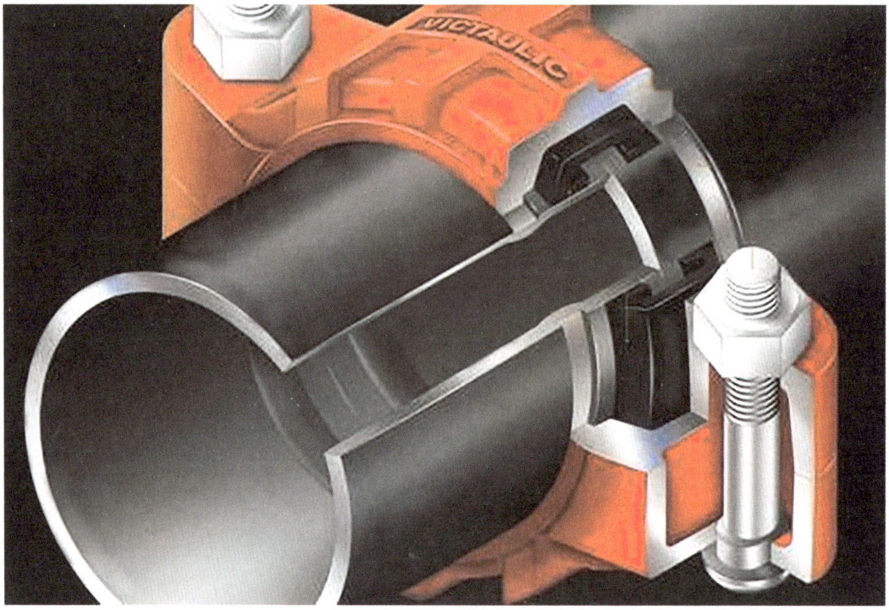

图2-56　沟槽连接

卡压连接：适合用于不锈钢水管的一种连接方式。卡压式管件内置橡胶密封圈，密封性比螺纹管件、热熔管件更为可靠。连接使用专用的卡压工具安装，也非常简单。

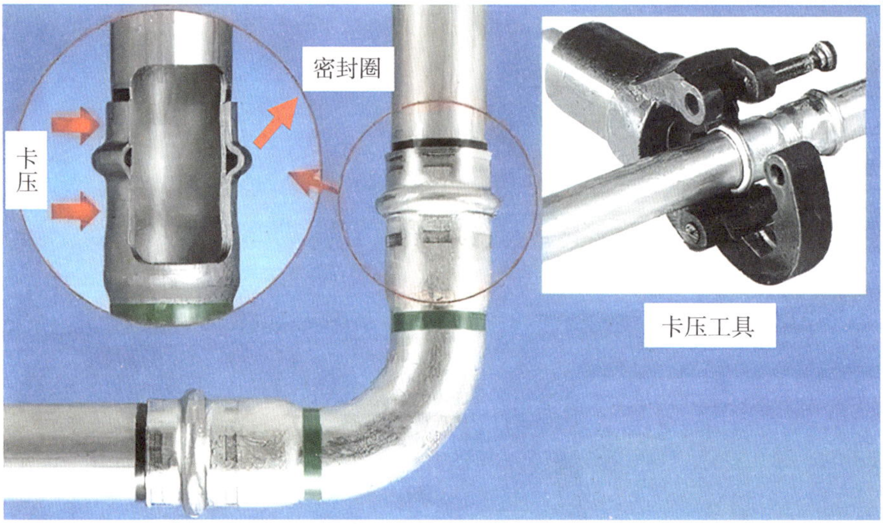

图2-57　卡压连接

环压连接：用专用工具将特种密封圈连同管件与管材圆周挤压为一体。将圆筒状宽带密封圈套在管材上，插入环压式管件的承口，用专用工具从外部沿承口圆周方向施压，使承口连同管材一起下凹变形并压缩承口的密封段，达到管材管件紧固密封的一种连接方式。主要用于口径 DN15 至 DN150 各种管路连接。

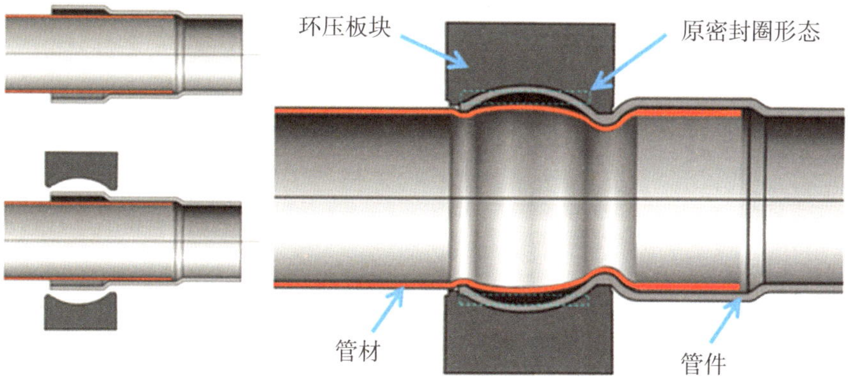

图2-58　环压连接

7.3　管道附件

管道、附件及连接方式应根据不同管材，按相应技术要求确定。根据管径、承受压力及安装环境等条件，采用水力条件好、启闭灵活、耐腐蚀、寿命长的阀门，宜选用阀体为球墨铸铁，阀杆、阀芯为不锈钢或铜材质的阀门。

阀门应设置在易操作和方便检修的位置。

室外埋地敷设管道上的阀门宜设置在阀门井内，也可采用直埋阀门。

当二次供水管道的压力高于配水点允许的最高使用压力时，应设置减压装置。

减压阀的设置应符合下列规定：

（1）减压阀的减压比不宜大于 3 ： 1，并应避开气蚀区。

（2）当减压阀的气蚀校核不合格时，可采用串联减压方式或采用双级减压阀等减压方式。

（3）阀后配水件处的最大压力应按减压阀失效情况下进行校核，其压力不应大于配水件的产品标准规定的公称压力的 1.5 倍；当减压阀串联使用时，应按其中一个失效情况下计算阀后最高压力。

（4）当减压阀阀前压力大于或等于阀后配水件试验压力时，减压阀宜串联设置；当减压阀串联设置时，串联减压的减压级数不宜大于 2 级，相邻的 2 级串联设置的减压阀应采用不同类型的减压阀。

（5）当减压阀失效时的压力超过配水件的产品标准规定的水压试验压力时，应设置自动泄压装置；当减压阀失效可能造成重大损失时，应设置自动泄压装置和超压报警装置。

（6）当有不间断供水要求时，应采用两个减压阀并联设置，宜采用同类型的减压阀。

（7）减压阀前的水压宜保持稳定，阀前的管道不宜兼作配水管。

（8）当阀后压力允许波动时，可采用比例式减压阀；当阀后压力要求稳定时，宜采用可调式减压阀中的稳压减压阀。

（9）当减压差小于 0.15MPa 时，宜采用可调式减压阀中的差压减压阀。

（10）减压阀出口动静压升应根据产品制造商提供的数据确定，当无资料时可按 0.10MPa 确定。

（11）减压阀不应设置旁通阀。

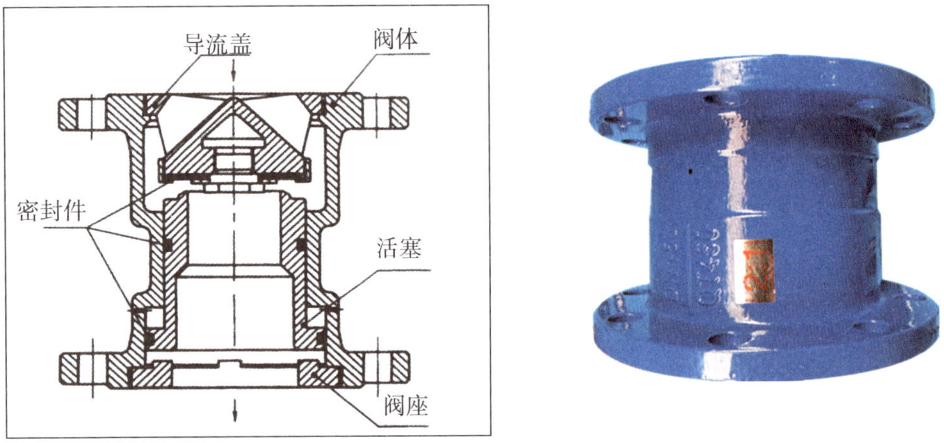

图2–59　比例式减压阀

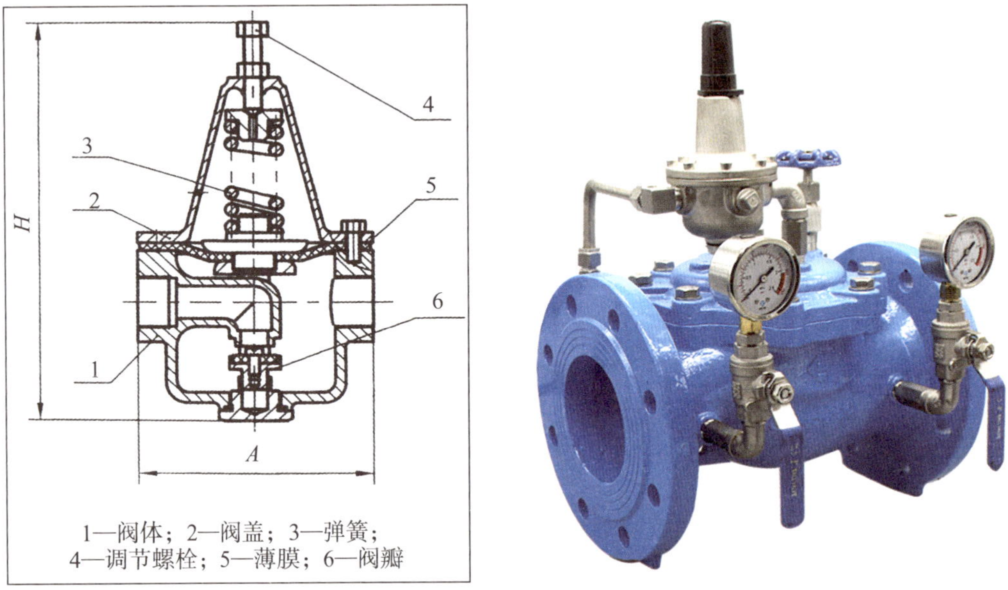

1—阀体；2—阀盖；3—弹簧；
4—调节螺栓；5—薄膜；6—阀瓣

图2–60　直接作用可调式减压阀

二次供水管道自动排气装置的设置应符合《建筑给水排水设计规范》GB 50015 的规定。水箱（池）进水液位控制阀门的启闭不能对管网的压力稳定造成不良影响。

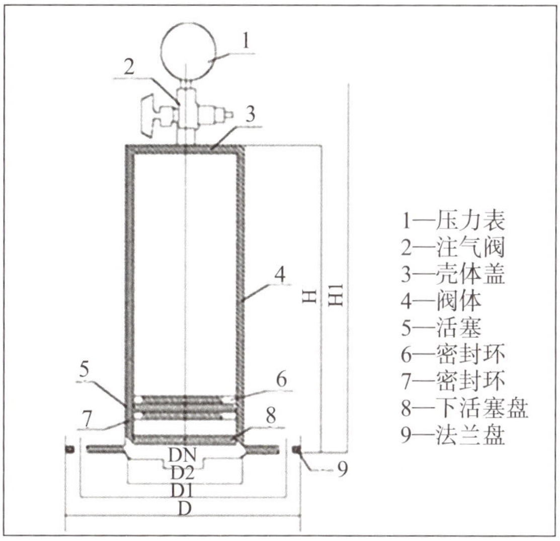

图2-61　水锤吸纳器

倒流防止器设置位置应符合下列规定：

（1）应安装在便于维护、不会结冻的场所。

（2）不应装在有腐蚀性和污染的环境。

（3）具有排水功能的倒流防止器不得安装在泄水阀排水口可能被淹没的场所。

（4）排水口不得直接接至排水管，应采用间接排水，间接排水的最小空气间隙应按表 2-12 确定。

表2-12　间接排水口最小空气间隙

单位：mm

间接排水管管径	排水口最小空气间隙
≤25	50
32～50	100
＞50	150
生活饮用水储水箱排水口	≥150

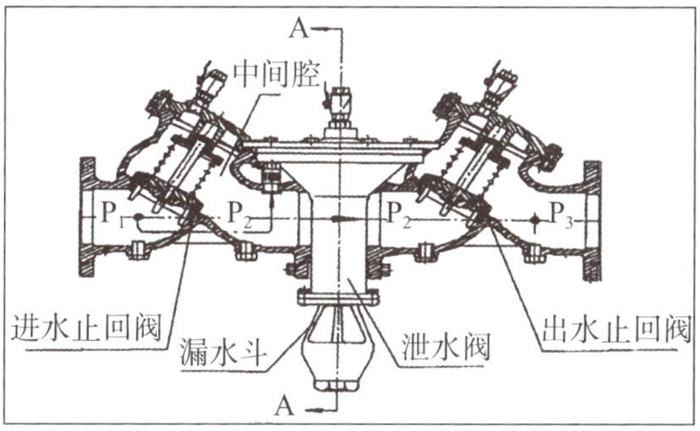

图2-62　减压型倒流防止器

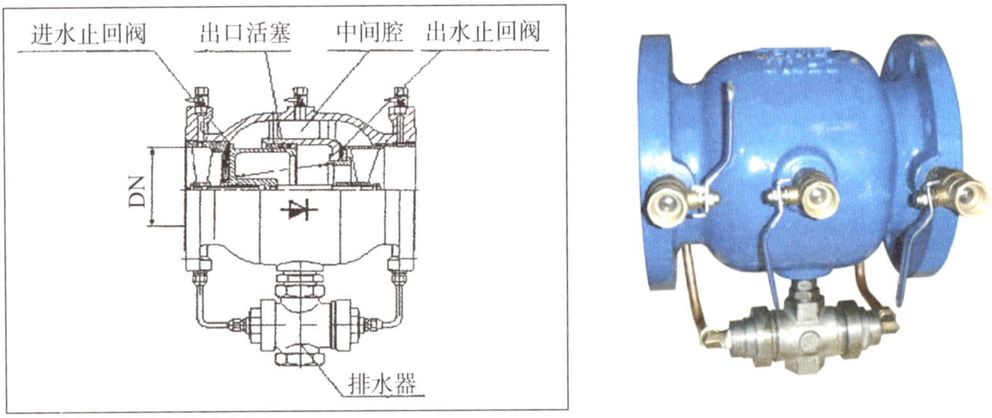

图2-63　低阻力倒流防止器

供水管道的过滤器滤网应采用耐腐蚀材料，滤网目数应为20～40目，下列部位应设置供水管道过滤器：

（1）减压阀、自动水位控制阀等阀件前。

（2）供水设备的进水管处。

（3）水量调节装置应满足下列要求：

1）根据市政管网压力变化，结合自控系统调节市政管网进水量及水箱补给水量。

2）满足最高点管路设计压力，与泵的最大输出流量匹配。

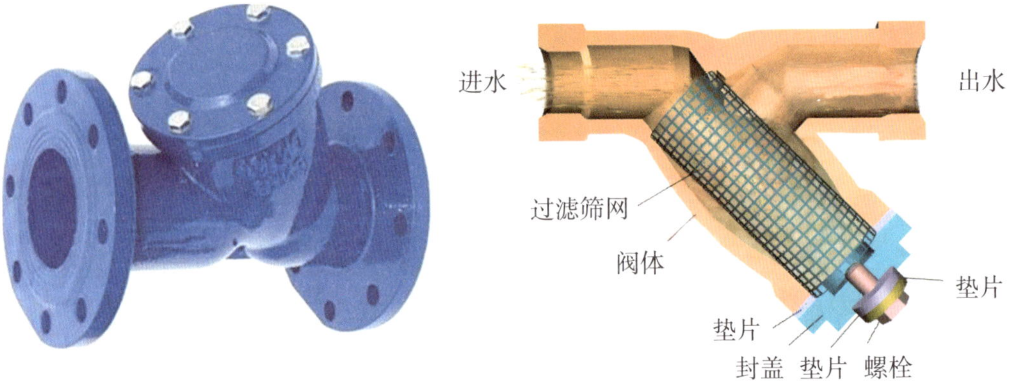

图2-64　常见过滤器

阀门压力试验应按现行国家标准《通用阀门压力试验》GB /T 13927执行。

7.4　管道敷设

二次供水管道敷设应符合《二次供水工程技术规程》CJJ140的规定：

（1）管道敷设应符合现行国家标准《建筑给水排水及采暖工程施工质量验收规范》GB 50242及有关标准的规定。

（2）二次供水的建筑物引入管与污水排出管的管外壁水平净距不宜小于 1.0m，引入管应有不小于 0.003 的坡度，坡向室外管网或阀门井、水表井；引入管的拐弯处宜设支墩；当穿越承重墙或基础时，应预留洞口或钢套管；穿越地下室外墙处应预埋防水套管。

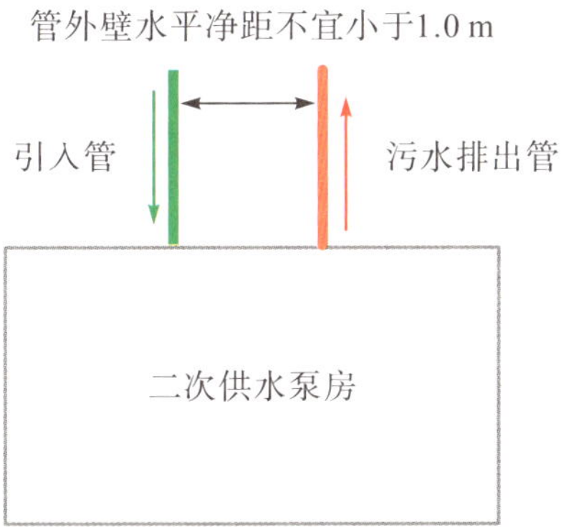

图2-65　引入管与污水排出管净距要求

图2-66　防水套管及其安装

（3）住宅建筑内贸易结算水表前的供水管道必须设置在建筑的公共部位。

（4）二次供水管道宜刷色漆，并标明二次供水，对于分区供水的管道可用文字标明加以区分。

（5）室外地埋管道上方 0.2m 处沿管线宜平铺二次供水标识带，并标明水流方向。

（6）二次供水室外管道与建筑物外墙平行敷设的净距不宜小于 1.0m，且不得影响建筑物基础；供水管与污水管的最小水平净距应为 0.8m，交叉时供水管应在污水管上方，且接口不应重叠，最小垂直净距应为 0.1m，达不到要求的应采取保护措施。

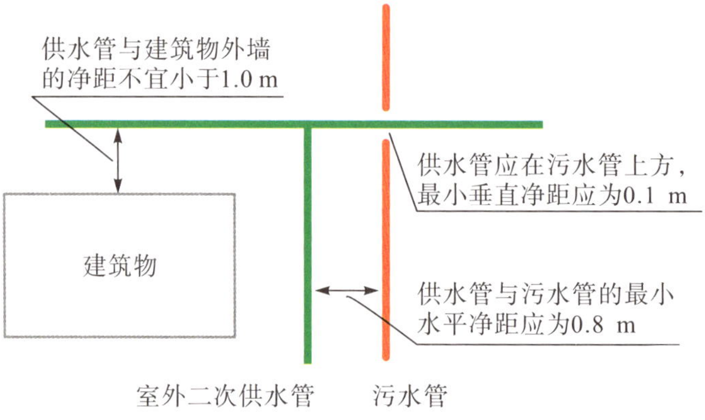

图2-67　室外二次供水管相关净距要求

（7）埋地金属管应做加强防腐层处理措施，加强防腐层做法应符合国家现行标准《建筑给水排水及采暖工程施工质量验收规范》GB 50242 的规定。当采用卡箍连接时，应对标准连接件采取保护措施。

（8）埋地钢塑复合管不宜采用沟槽式连接方式。

（9）管道安装时管道内和接口处应清洁无污物，安装过程中应严防施工碎屑落入管中，施工中断和结束后应对敞口部位采取临时封堵措施。

图2-68　管口临时封堵措施

（10）钢塑复合管套丝时应采取水溶性润滑油，螺纹连接时，宜采取聚四氟乙烯生料带等材料，不得使用对水质产生污染的材料。

（11）井盖与井座固定牢固，应保证机动车碾过时无明显振动响声。

（12）湿陷性黄土地区场地内的管道敷设应符合现行国家标准《湿陷性黄土地区建筑标准》GB 50025 的规定。

（13）二次供水室外供水管道管顶最小覆土深度不应小于土壤冰冻线以下 0.15m；行车道下的管线覆土深度不宜小于 0.70m。

8 施工安装与工程调试验收

8.1 施工安装一般规定

（1）二次供水工程应按批准的设计文件和审查合格的施工图进行施工安装。修改设计应有原设计单位出具的设计变更文件。如设计方案有重大变更或修改，还需重新进行施工图审查。

（2）二次供水工程的施工应编制施工组织设计或施工方案，经批准后方可实施。

（3）施工队伍、施工场地及施工机具应具备安全施工条件。

（4）二次供水工程材料设备管理、施工过程质量控制及分部（分项）工程安装验收应按现行国家标准《建筑给水排水及采暖工程施工质量验收规范》GB 50242 相应条款执行。

8.2 施工中的设备管理

（1）建筑给水、排水所使用的主要材料、成品、半成品、配件、器具和设备必须具有中文质量合格证明文件，规格、型号及性能检测报告应符合国家技术标准或设计要求。进场时应做检查验收，并经监理工程师核查确认。

（2）所有材料进场时应对品种、规格、外观等进行验收。包装应完好，表面无划痕及外力冲击破损。

（3）主要器具和设备必须有完整的安装使用说明书。在运输、保管和施工过程中，应采取有效措施防止损坏或腐蚀。

（4）阀门安装前，应做强度和严密性试验。试验应在每批（同牌号、同型号、同规格）数量中抽查 10%，且不少于一个。对于安装在主干管上起切断作用的闭路阀门，应逐个做强度和严密性试验。

（5）阀门的强度和严密性试验，应符合以下规定：阀门的强度试验压力为公称压力的 1.5 倍；严密性试验压力为公称压力的 1.1 倍；试验压力在试验持续时间内应保持不变，且壳体填料及阀瓣密封面无渗漏。

（6）管道上使用冲压弯头时，所使用的冲压弯头外径应与管道外径相同。

8.3 设备安装

二次供水设备的安装应符合相关标准的规定：

（1）设备的安装应按工艺要求进行，压力、液位、电压、频率等监控仪表的安装位置和方向应正确，精度等级应符合国家现行有关标准的规定，不得少装、漏装。

（2）材料和设备在安装前应核对、复验，并做好卫生清洁及防护工作。阀门安装前应进行强度和严密性试验。

（3）设备基础尺寸、强度和地脚螺栓孔位置应符合设计和产品要求。

（4）设备安装位置应满足安全运行、清洁消毒、维护检修要求。

（5）水泵安装应符合现行国家标准《压缩机、风机、泵安装工程施工及验收规范》GB 50275 的规定。

（6）电控柜（箱）的安装应符合现行国家标准《建筑电气工程施工质量验收规范》GB 50303 的规定。

（7）管道和设备安装前，必须清除内部污垢和杂物，安装中断或完毕时，敞口处应采取临时封闭措施。

（8）安装供水设施的房间内不应有污染，不得存放易燃、易爆及腐蚀性物品。

图2-69 严禁堆放易燃、易爆及腐蚀性物品

8.4 工程调试与验收

8.4.1 设备调试

设备调试应按《二次供水工程技术规程》CJJ 140 执行：

（1）设施完工后应按原设计要求进行系统的通电、通水调试。

（2）管道安装完成后应分别对立管、连接管及室外管段进行水压试验。系统中不同材质的管道应分别试压。水压试验必须符合设计要求，不得用气压试验代替水压试验。

（3）暗装管道必须在隐蔽前试压及验收。热熔连接管道水压试验应在连接完成24h后进行。

（4）金属管、复合管及塑料管管道系统的试验压力应符合现行国家标准《建筑给水排水及采暖工程施工质量验收规范》GB 50242的规定。各种材质的管道系统试验压力应为管道工作压力的1.5倍，且不得小于0.60MPa。

（5）对不能参与试压的设备、仪表、阀门及附件应拆除或采取隔离措施。

（6）储水容器应做满水试验。

（7）消毒设备应按照产品说明书进行单体调试。

（8）系统调试前应将阀门置于相应的通、断位置，并将电控装置逐级通电，工作电压应符合要求。

（9）水泵应进行点动及连续运转试验，当泵后压力达到设定值时，对压力、流量、液位等自动控制环节应进行人工扰动试验，且均应达到设计要求。

（10）系统调试模拟运转不应少于30min。

（11）调试后必须对供水设备、管道进行冲洗和消毒。

（12）冲洗前对系统内易损部件应进行保护或临时拆除，冲洗流速不应小于1.5m/s。消毒时，应根据二次供水设施类型和材质选择相应的消毒剂，可采用20～30mg/L的游离氯消毒液浸泡24h。

（13）冲洗、消毒后，系统出水水质应符合现行国家标准《生活饮用水卫生标准》GB 5749的规定。

8.4.2　试压试水

试压试水应符合《二次供水工程技术规程》CJJ 140和《建筑给水排水及采暖工程施工质量验收规范》GB 50242的规定：

（1）管道试压。

金属及复合管给水管道系统在试验压力下观测10min，压力降不应大于0.02MPa，然后降到工作压力进行检查，应不渗不漏；塑料管给水系统应在试验压力下稳压1h，压力降不得超过0.05MPa，然后在工作压力的1.15倍状态下稳压2h，压力降不得超过0.03MPa，同时检查各连接处不得渗漏。当设计未注明时，各种材质的给水管道系统试验压力均为工作压力的1.5倍，但不得小于0.6MPa。

（2）阀门试压。

表2-13 阀门试压表

公称直径DN / mm	最短试验持续时间 / s		
	严密性试验		强度试验
	金属密封	非金属密封	
50	15	15	15
65～200	30	15	60
250～450	60	30	180

（3）水箱（池）试验。

水箱（池）应做满水试验，检验其是否渗漏。密闭储水箱与系统连接在一起时，水压试验应与系统一致，以其工作压力的 1.5 倍进行水压试验。

（4）通水试验。

供水系统交付使用前必须进行通水试验并做好记录。检验方法：观察和开启阀门、水嘴等放水。

（5）暗设管道必须在隐蔽前试压及验收。热熔连接管道，水压试验时间应在连接完成 24h 后进行。

（6）对于不能参与试压的设备、仪表、阀门及附件应撤除或采取隔离措施；如设置有临时盲板，应具有突出于法兰的边耳，并应设明显标志，记录临时盲板的数量。

8.4.3 工程验收

（1）工程验收应符合二次供水技术规范 DB 6101/T 3011—2018 的规定，并结合其他相关标准规范执行：

表2-14 验收内容

序号	验收项目
1	设备安装
2	电气安装
3	环境噪声
4	泵房、水箱（池）、水泵、阀门、电控装置、消毒设备、压力水容器等二次供水设备
5	泵房内、外部环境
6	水箱（池）周边环境
7	排水环境
8	安全防范
9	机电抗震

建设单位在委托具有资质的检测单位出具水质检测合格报告后，方可组织相关单位进行验收，验收合格并经试运行确认安全可靠后，方可投入使用。

二次供水设施并入市政供水管网应确保不对周边用水、水质等造成影响。

建设单位竣工验收完成后，应履行二次供水工程竣工查验行政审批程序。并及时向管理单位移交相关资料，移交清单见表 2–15。

表2–15　二次供水设施竣工资料清单

序号	资料名称
1	主管部门批文
2	设计方案备案意见书（含设计变更的备案意见书）
3	工程质量验收资料
4	工程施工监理资料（包括建造资料）
5	施工方案、施工图纸、设计变更、施工技术说明
6	竣工图纸及机、电、自动化、安防等主要竣工图纸（包括电子版光盘）
7	重大事故处理记录
8	工程所包括设备、材料的合格证、质保卡、说明书、涉水产品卫生许可批件及设备的安装调试、性能鉴定等资料
9	系统试压、冲洗、消毒、调试检查记录
10	水质检测报告
11	环境噪声监测报告
12	其他相关资料

第三章 《二次供水蓄水设施清洗消毒技术规范》（DB 6101/T 3050—2019）图解

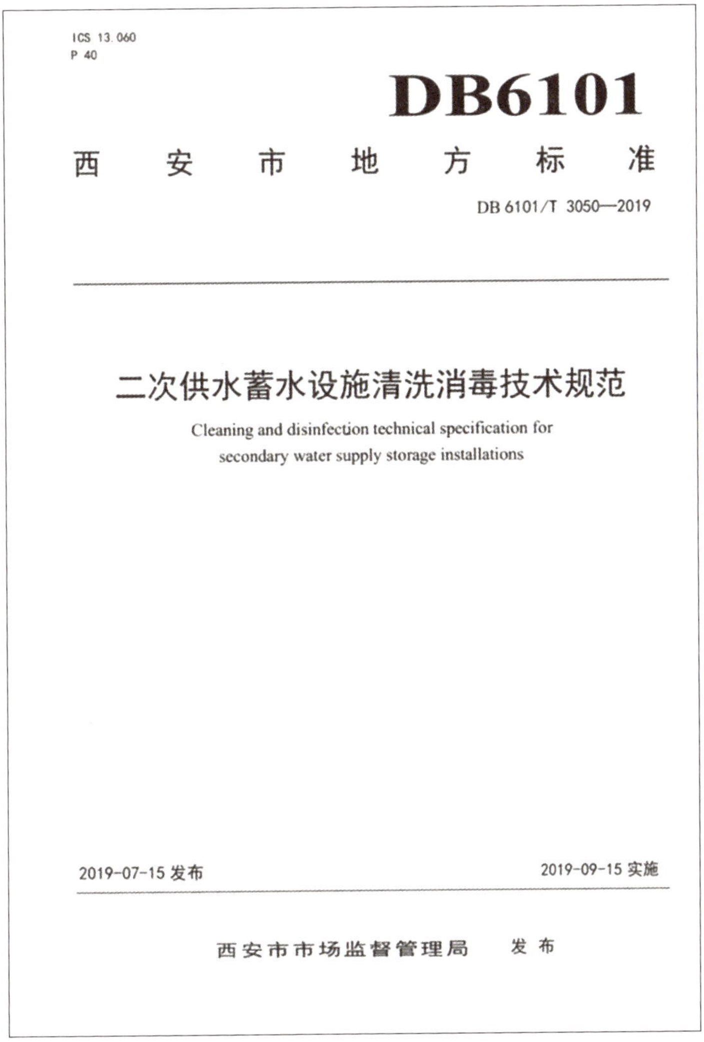
ICS 13.060
P 40

DB6101

西　安　市　地　方　标　准

DB 6101/T 3050—2019

二次供水蓄水设施清洗消毒技术规范

Cleaning and disinfection technical specification for
secondary water supply storage installations

2019-07-15 发布　　2019-09-15 实施

西安市市场监督管理局　发布

图3-1　2019年7月《二次供水蓄水设施清洗消毒技术规范》（DB 6101/T 3050—2019）发布实施

1 清洗、消毒、检测

二次供水蓄水设施每 6 个月应进行不少于 1 次的清洗消毒。

新建二次供水蓄水设施第一次进行清洗消毒，或水箱（池）内的水受到污染时，应对与水箱（池）相连的给水管道进行冲洗消毒。清洗消毒过程应采取有效的节水及环保措施。其所用的消毒剂、清洗剂和除垢剂等涉水产品应具备法定的《涉及饮用水卫生安全产品卫生许可批件》。

水箱（池）清洗消毒后，二次供水设施管理单位（以下简称管理单位）应委托有水质检验资质的单位对水质进行检测。

检验完成应提供如图 3-3 所示的检验报告。二次供水水质检测机构应取得相关市场监督管理部门的资质认定或国家实验室认证，且该机构的资质认定项目应包括《二次供水设施卫生规范》GB 17051—1997 所规定的二次供水水质检测项目。

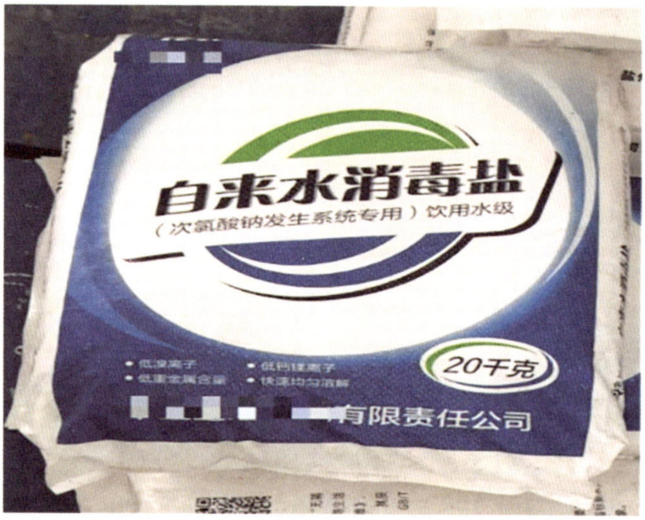

消毒产品生产企业卫生许可证（样式）

消毒产品生产企业卫生许可证

（　　）卫消证字（　　）第　　号

单位名称
法定代表人（负责人）
注册地址
生产地址
生产方式
生产项目
生产类别
有效期限　　　　年　　月　　日　　至　　　　年　　月　　日

注：本许可证只对许可批准时的生产条件负责，不是对企业所生产产品的许可，不代表对企业生产产品卫生质量的认可。应在卫生许可证有效期届满前30个工作日之前提出延续申请。

卫生行政机关（公章）
批准日期 年　　月　　日

图3-2　消毒剂及卫生许可证样式

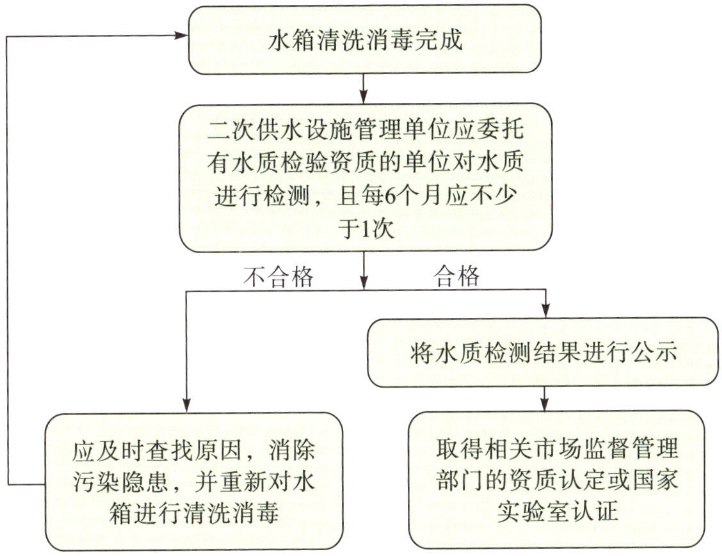

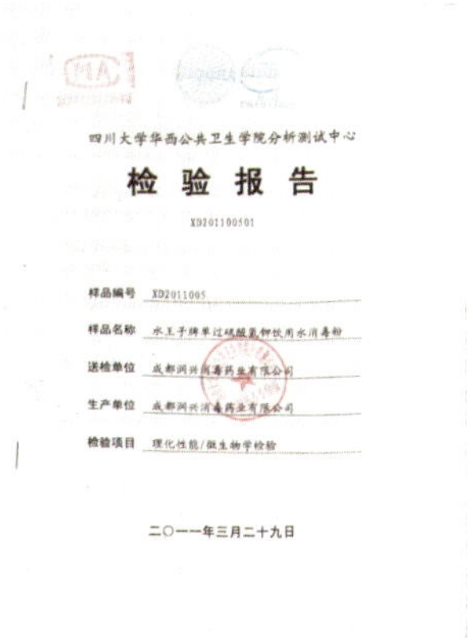
四川大学华西公共卫生学院分析测试中心

检 验 报 告

XD201100501

样品编号 XD2011005

样品名称 水王子牌单过硫酸氢钾饮用水消毒粉

送检单位 成都润兴消毒药业有限公司

生产单位 成都润兴消毒药业有限公司

检验项目 理化性能/微生物学检验

二○一一年三月二十九日

图3–3　检验报告

7　设施的水质卫生标准

7.1　水质指标

7.1.1　必测项目：色度、浊度、嗅味及肉眼可见物、pH、大肠菌群、细菌总数、余氯。

7.1.2　选测项目：总硬度、氯化物、硝酸盐氮、挥发酚、氰化物、砷、六价铬、铁、锰、铅、紫外线强度

7.1.3　增测项目：氨氮、亚硝酸盐氮、耗氧量。

7.2　水质卫生标准

7.2.1　必测项目，选测项目的标准见GB5749。紫外线强度大于70uW/cm^2。

7.2.2　增测项目标准采用最高容许增加值见表1。

表1

项目	0.02最高容许增加值，mg/L1.0
氨氮	0.1
亚硝酸盐氮	0.02
耗氧量	1.0

图3–4　规定的二次供水水质检测项目

2　二次供水设施保洁单位

保洁单位应签订二次供水蓄水设施保洁合同，接受市水行政主管部门的监督检查，接到已签订保洁合同用户的二次供水水质污染的报告，须立即向卫生行政管理部门和市水行政主管部门报告，并在24h内派人处理。

保洁单位应配备清洗消毒机、高压水枪、抽水泵等设备和防护服等防护用品（如图3-5所示）。保洁单位应选用不易折断、掉毛（纱）、霉变的工具，不得使用造成水箱（池）内壁磨损及可能引起二次污染的工具。

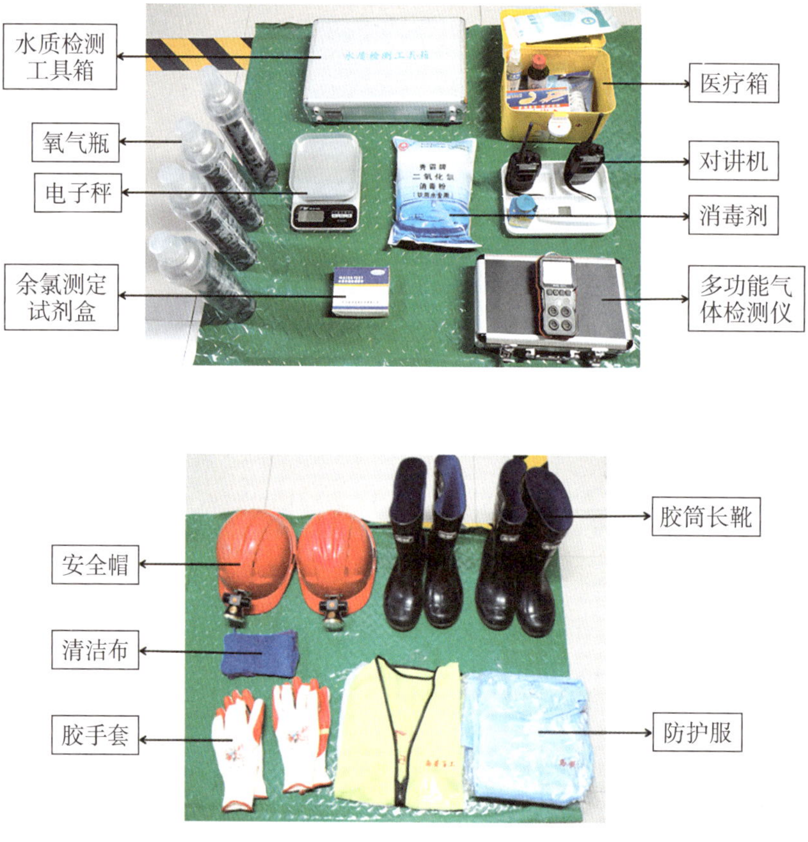

图3-5　设备及防护用品

西安市二次供水清洗消毒管理
监督检查表

西安兴弘水利建设工程有限公司：

经西安市二次供水管理中心检查评分组对你单位的经营资质、人员管理、清洗设备、安全管理、档案管理等共计11项29个管理指标进行现场检查及资料查验，你单位内部管理和现场组织作业等各项指标均符合《西安市生活饮用水二次供水管理和卫生监督规定》（西安市人民政府令第142号）、《二次供水蓄水设施清洗消毒技术规范》（DB6101/T3050-2019）的规定和要求。

请你单位继续遵守法规及规范要求，保证清洗消毒质量、做好优质服务，确保我市二次供水水质安全。

检查编号：2021年第016号

2021年6月7日至2022年6月6日

西安市二次供水管理中心

西安市二次供水管理中心 6101970075335

图3-6 监督检查表

3　人员资质

保洁单位人员应取得健康证明，经过卫生、消毒、二次供水等专业知识及作业安全知识等培训并考核合格后方可上岗。

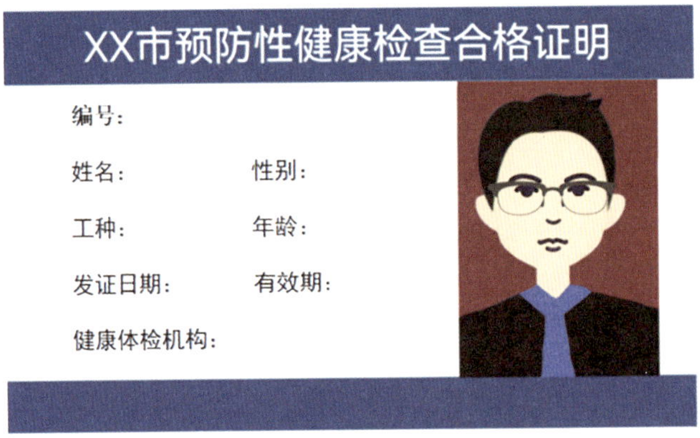
XX市预防性健康检查合格证明

编号：

姓名：　　性别：

工种：　　年龄：

发证日期：　　有效期：

健康体检机构：

图3-7　健康证明

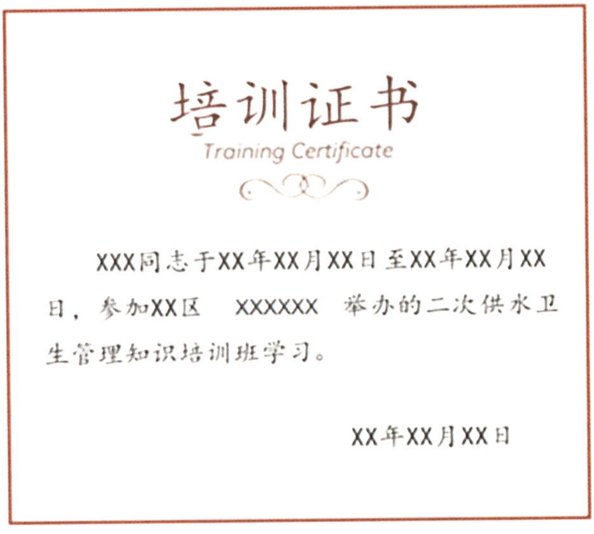
培训证书

Training Certificate

XXX同志于XX年XX月XX日至XX年XX月XX日，参加XX区　XXXXXX　举办的二次供水卫生管理知识培训班学习。

XX年XX月XX日

图3-8　岗前培训证书

4 清洗消毒

4.1 清洗前的准备

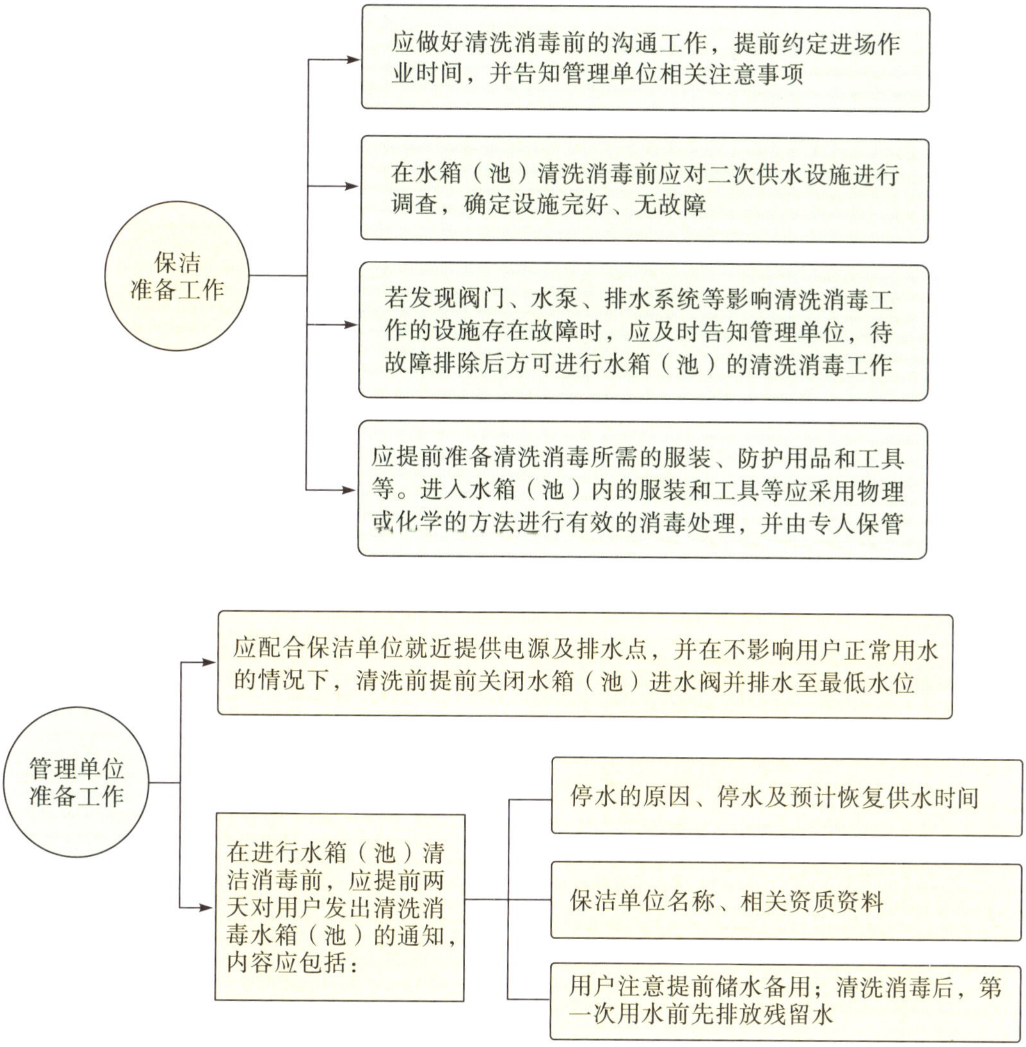

图3-9　清洗前的准备工作

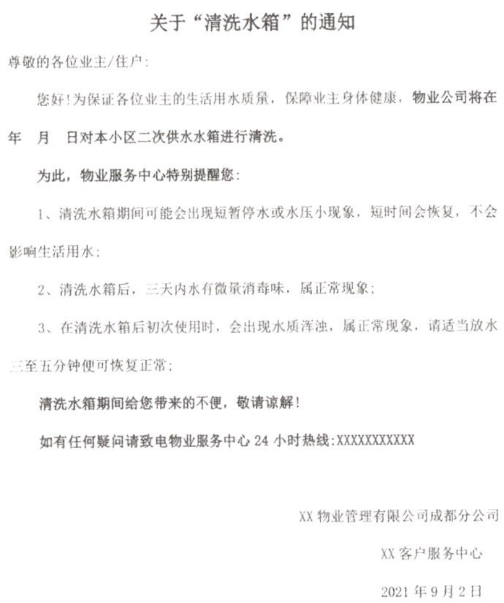
关于“清洗水箱”的通知

尊敬的各位业主/住户：

您好！为保证各位业主的生活用水质量，保障业主身体健康，物业公司将在年 月 日对本小区二次供水水箱进行清洗。

为此，物业服务中心特别提醒您：

1、清洗水箱期间可能会出现短暂停水或水压小现象，短时间会恢复，不会影响生活用水；

2、清洗水箱后，三天内水有微量消毒味，属正常现象；

3、在清洗水箱后初次使用时，会出现水质浑浊，属正常现象，请适当放水三至五分钟便可恢复正常；

清洗水箱期间给您带来的不便，敬请谅解！

如有任何疑问请致电物业服务中心 24 小时热线：XXXXXXXXXXX

XX 物业管理有限公司成都分公司

XX 客户服务中心

2021 年 9 月 2 日

a.通知用户

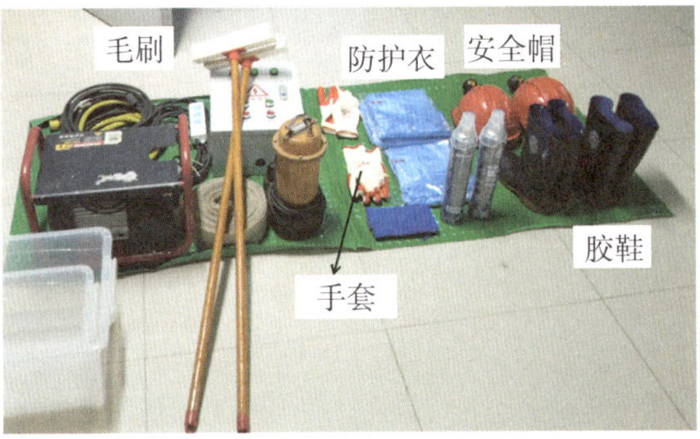

b.工具准备

图3-10　清洗消毒前准备

4.2　清洗、消毒主要内容

（1）水箱（池）的清洗消毒顺序。

由高、低位水箱（池）供水的水箱，应按照“先低位、后高位”的顺序清洗；由多个水箱（池）串联供水的水箱，应按照“先源头、后末端”的顺序清洗。

（2）水箱（池）的清洗要求。

清洗水箱（池）内壁宜采用人工洗刷和高压水枪冲洗相结合的方式，在清洗过程中宜用充气橡胶球堵住水池出水管口。水箱（池）排空到 0.3 ～ 0.5m 水深时，关闭水箱（池）的泄水阀，开始清洗消毒作业。

图3-11　人工洗刷

图3-12　高压水枪冲洗

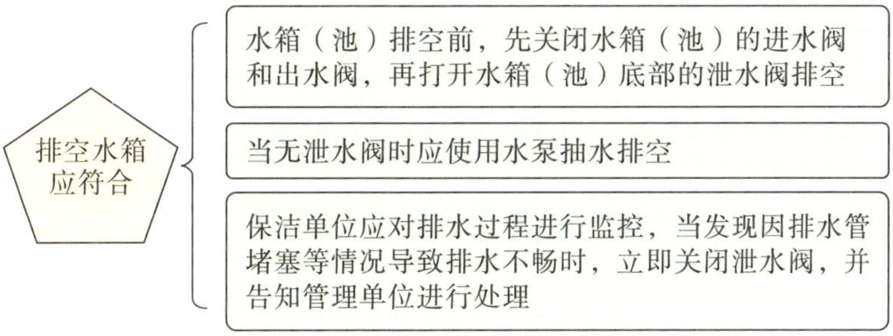

图3-13　排空水箱操作流程

（3）消毒要求。

消毒时使用的消毒剂应是水溶性。水箱（池）消毒方式主要有喷洒式消毒方式和浸泡式消毒方式。

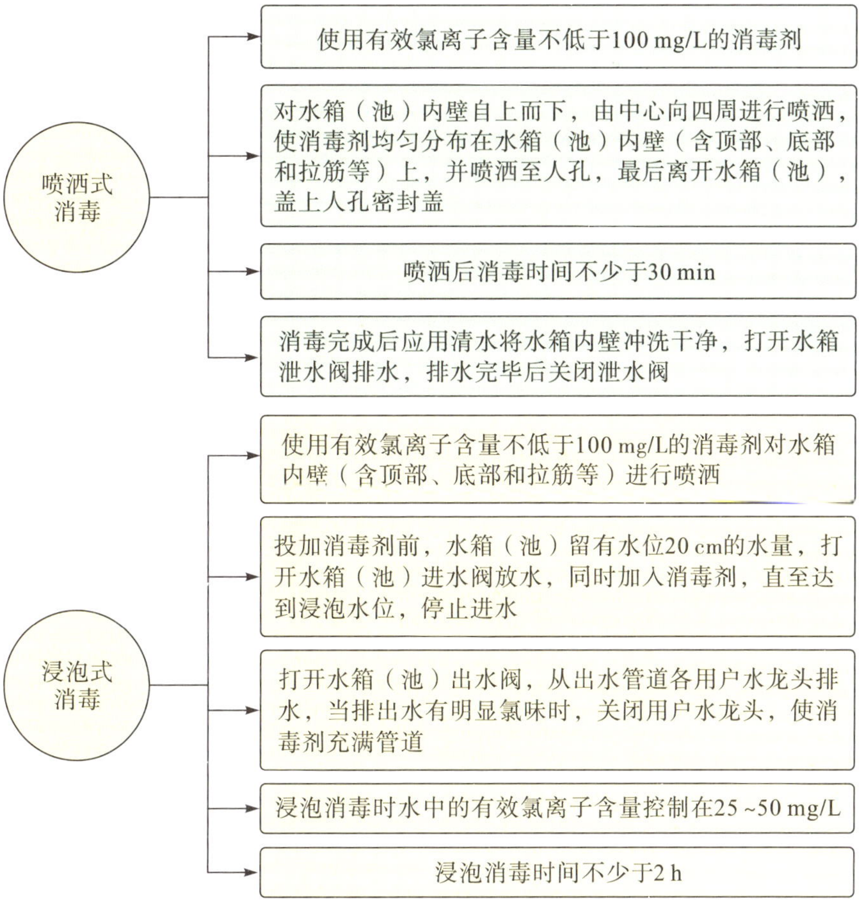

图3-14　消毒操作流程

消毒完成后应用清水将水箱(池)内壁冲洗干净，打开水箱(池)泄水阀排空水箱(池)内积水，然后关闭泄水阀，打开水箱（池）进水阀放水至满水位，再打开各用户水龙头排水，排至无明显消毒剂气味时关闭水龙头。

（4）水箱（池）清洗消毒的基本流程。

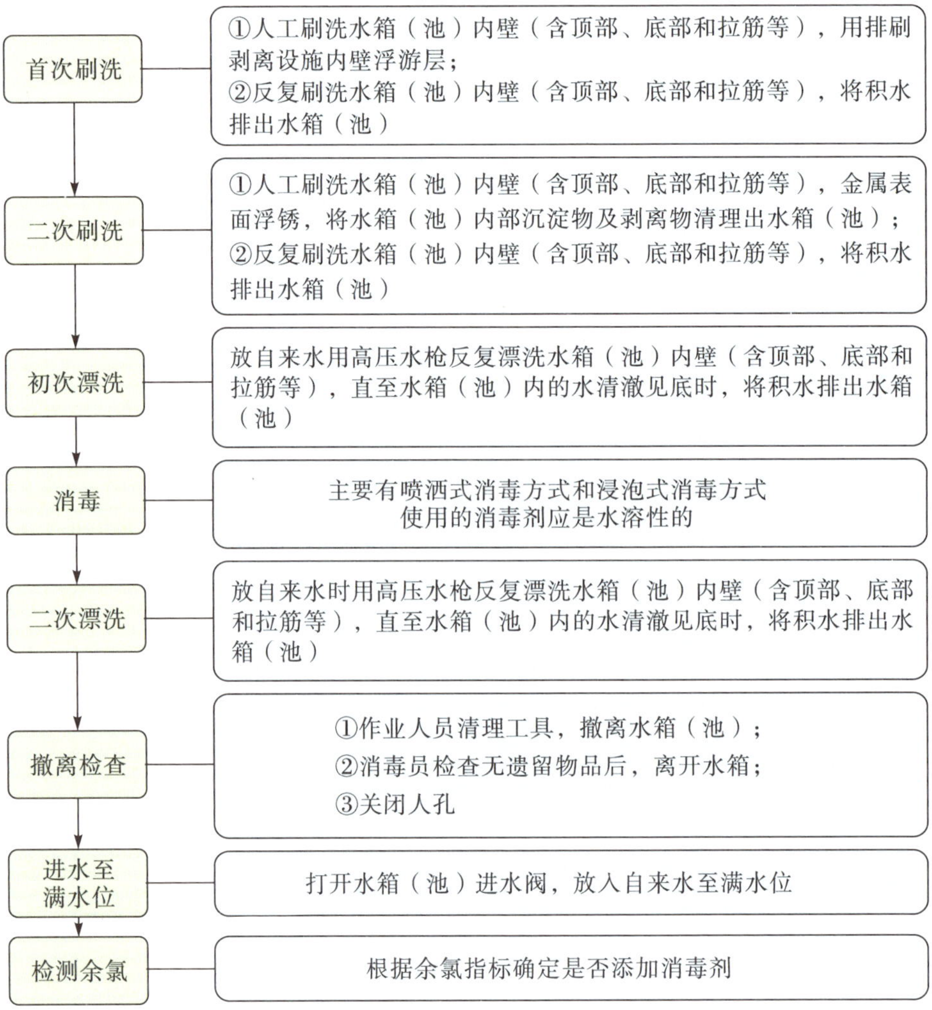

图3-15　水箱（池）清洗消毒的基本流程

图3-16　检查余氯测试盒

5 水箱（池）的四孔维护

保洁单位应对人孔上锁，并将钥匙交由管理单位保管。且人孔边缘应加有密封条，最后盖上人孔密封盖。

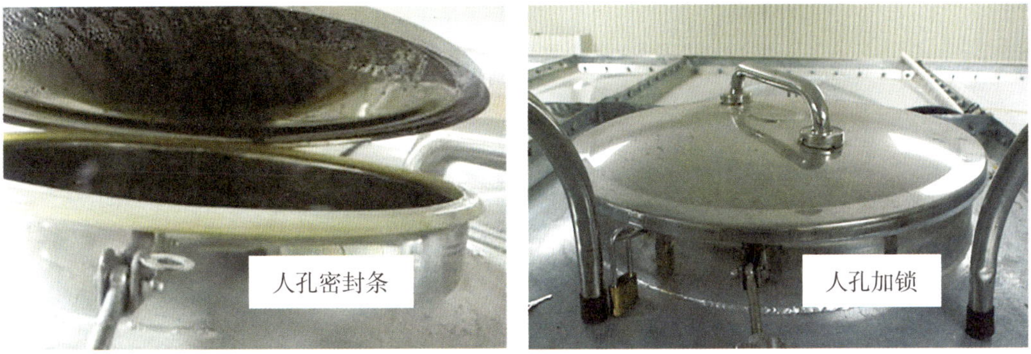

图3-17 人孔密封条及密封盖

通气管口、溢流管口和泄水管口应用规格不低于 20 目的不锈钢网密封，并加以固定；当露天水箱（池）的通气管口向上时，应采取有效的防雨、防尘、防投异物等安全措施。

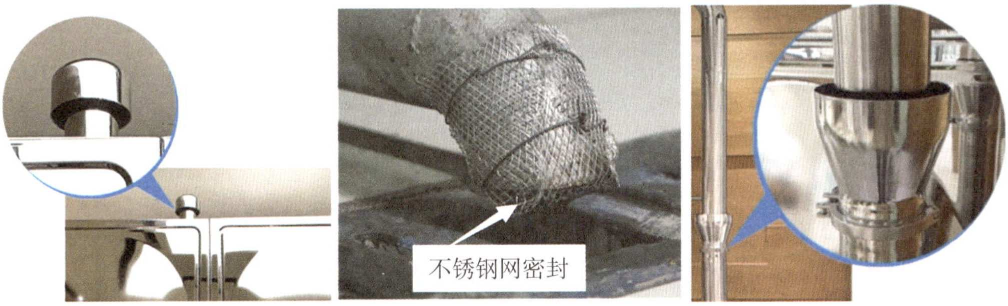

图3-18 通气管、溢流管和泄水管口防虫结构

6 验收

水箱（池）清洗消毒完毕后，保洁单位应邀请二次供水设施管理单位采用目视的方法进行现场验收。

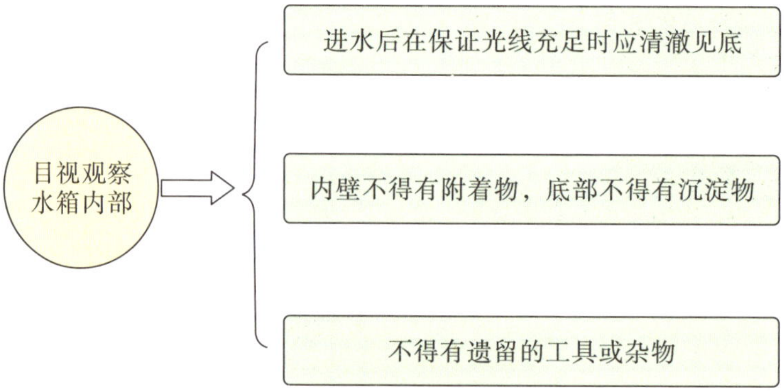

图3-19　目视观察内容

图3-20　清洗完毕后水箱内部

清洗消毒工作完成，恢复供水前，管理单位应检查浮球阀和水位控制器工作正常，进水阀、出水阀已开启，泄水阀已关闭；开启供水系统时应检查泵体是否进气，是否需要进行排气；确保水泵恢复到正常使用状态，四孔已进行防护处理，并采取有效的防污染措施。待水箱（池）水位达到出水位后，即可恢复供水。

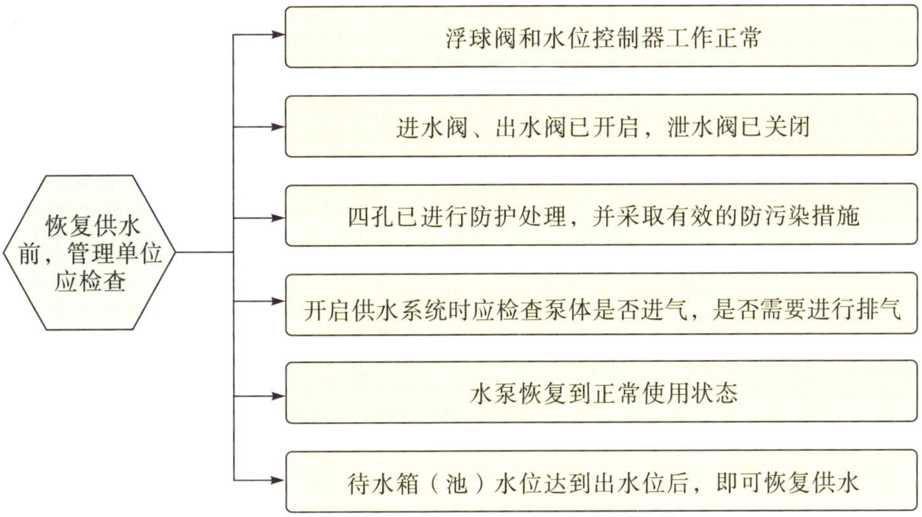

图3–21　恢复供水前，管理单位应检查项目

管理单位完成现场验收后，应在《保洁报告单》相应位置填写验收意见，并签字盖章。

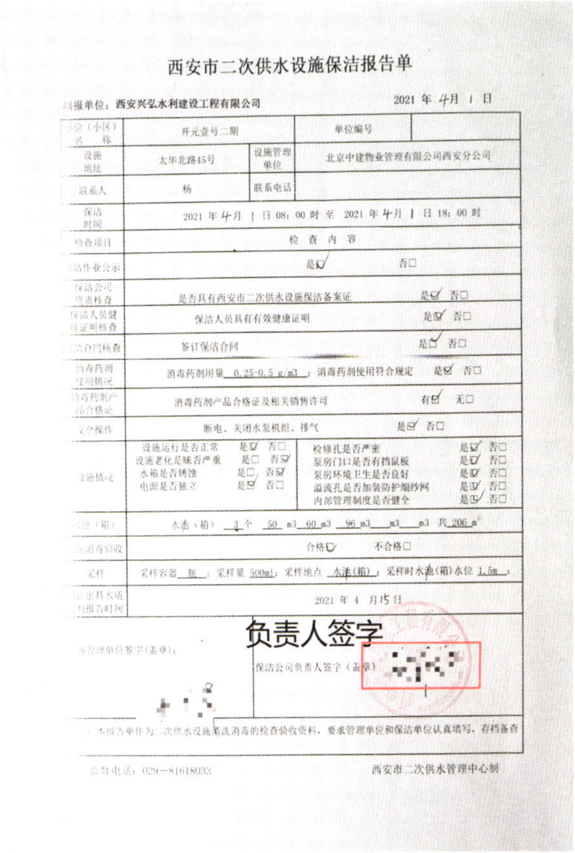

西安市二次供水设施保洁报告单

填报单位：西安兴弘水利建设工程有限公司　　2021 年 4月 1 日

位（小区）名称	开元壹号二期	单位编号	
设施地址	太华北路45号	设施管理单位	北京中建物业管理有限公司西安分公司
联系人	杨	联系电话	
保洁时间	2021 年 4月 1 日 08：00 时 至 2021 年 4月 1 日 18：00 时		
检查项目	检 查 内 容		
洁作业公示	是☑　否☐		
保洁公司资质核查	是否具有西安市二次供水设施保洁备案证　是☑ 否☐		
保洁人员健康证明核查	保洁人员具有有效健康证明　是☑ 否☐		
洁合同核查	签订保洁合同　是☑ 否☐		
消毒药剂使用情况	消毒药剂用量 0.25-0.5 g/m3 ；消毒药剂使用符合规定　是☑ 否☐		
消毒药剂产品合格证	消毒药剂产品合格证及相关销售许可　有☑ 无☐		
安全操作	断电、关闭水泵机组、排气　是☑ 否☐		
设施情况	设施运行是否正常　是☑ 否☐ 设施老化是锈否严重　是☐ 否☑ 水箱是否锈蚀　是☐ 否☑ 电源是否独立　是☑ 否☐	检修孔是否严密　是☑ 否☐ 泵房门口是否有挡鼠板　是☑ 否☐ 泵房环境卫生是否良好　是☑ 否☐ 溢流孔是否加装防护细纱网　是☑ 否☐ 内部管理制度是否健全　是☑ 否☐	
水池（箱）	水池（箱） 3 个 50 m3 60 m3 96 m3 ＿ m3 ＿ m3 共 206 m³		
洗消毒验收	合格☑　不合格☐		
采样	采样容器 瓶 ；采样量 500ml；采样地点 水池(箱) ；采样时水池(箱)水位 1.5m ；		
出具水质检测报告时间	2021 年 4 月15日		
管理单位签字(盖章)：	负责人签字 保洁公司负责人签字（盖章）		

注：本报告单作为二次供水设施清洗消毒的检查验收资料，要求管理单位和保洁单位认真填写，存档备查

监督电话：029－81618033　　西安市二次供水管理中心制

图3–22　保洁报告单

7　水质验收

水箱（池）完成清洗消毒后24h内，应进行水质检验。水质检验时应选择离水箱（池）出水口最近的取水点为采样点；当采样点装有滤网、过滤器等过滤装置时，拆卸后再进行取样检测。水样采集过程应有管理单位在场监督。水箱（池）完成清洗消毒后按要求取样检测不合格的，需再次检测。

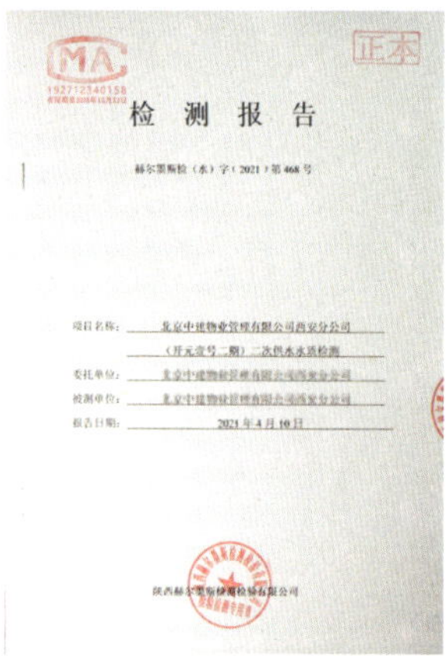
正本

检 测 报 告

赫尔墨斯检（水）字（2021）第468号

项目名称：北京中建物业管理有限公司西安分公司（开元壹号二期）二次供水水质检测

报告日期：2021年4月10日

图3-23　水质检验报告

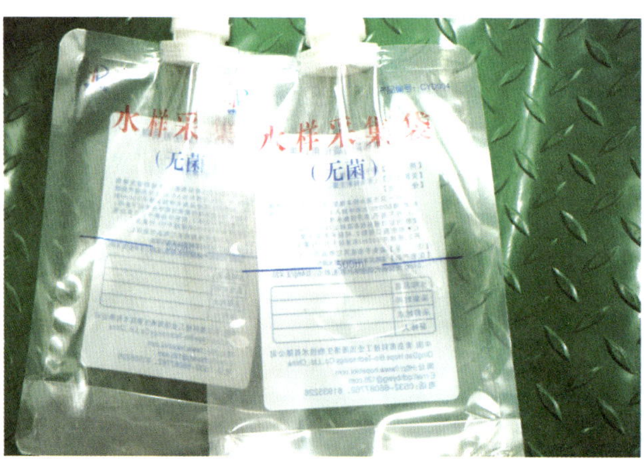

图3-24　水样采集袋

8　作业安全管理

清洗消毒人员进入水箱（池）内作业前，应确保水泵机组电源关闭及水箱（池）内通风状况良好。当自然通风无法满足要求时，应用抽风机或电风扇等设备保持水箱（池）内空气流通。

图3-25　保洁现场通风设备

水箱（池）外应设有清洗消毒监护人员，监护人员必须与水箱（池）内人员保持不间断的联络。

水箱（池）清洗消毒时，作业人员应佩戴必要的防护用品，如防护衣裤、胶手套、长筒胶靴、口罩、护目镜等。进出水箱（池）时应使用爬梯。

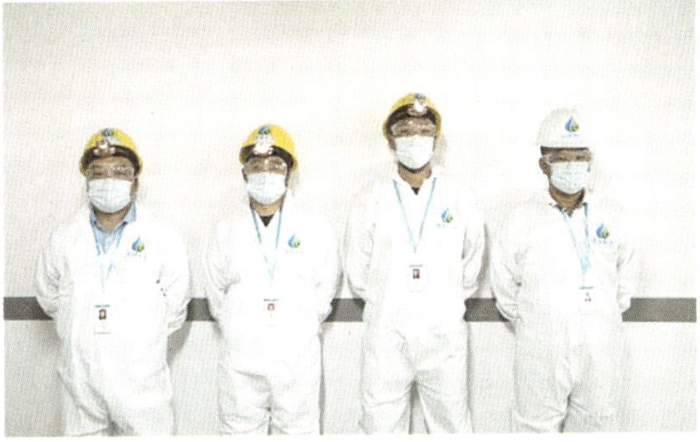

图3-26　作业人员佩戴防护用品

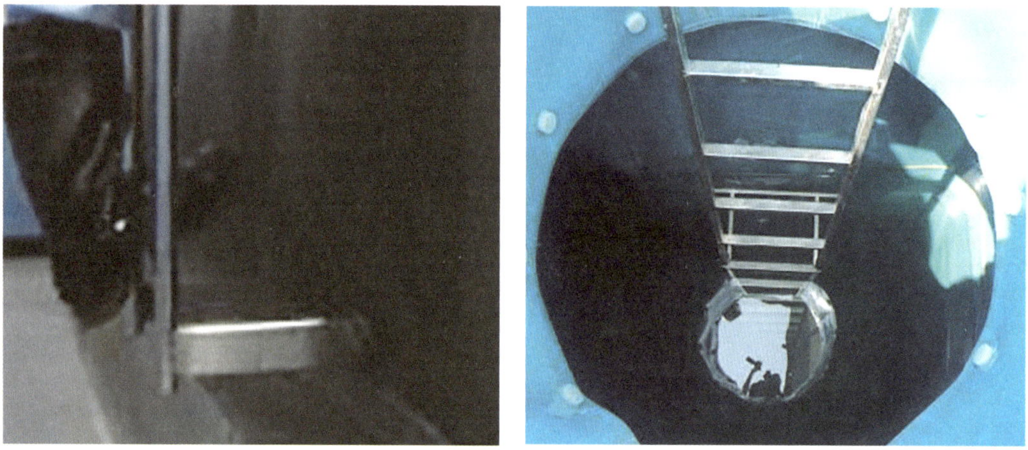

a.外爬梯　　　　b.内爬梯

图3-27　进出水箱使用爬梯

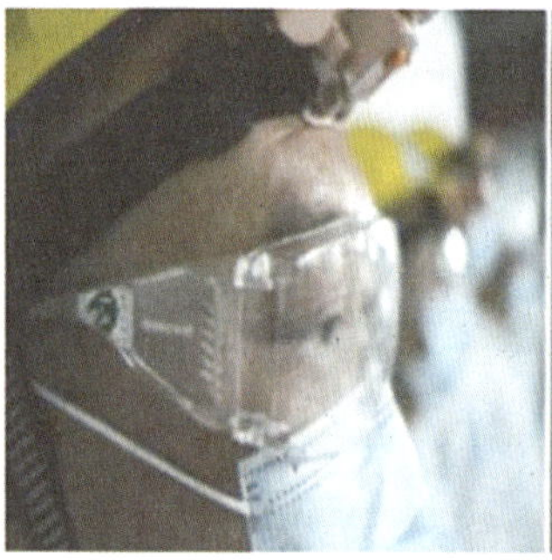

护目镜

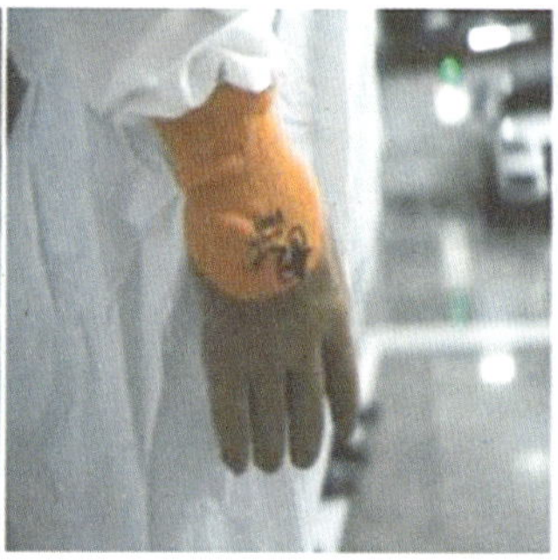

胶手套

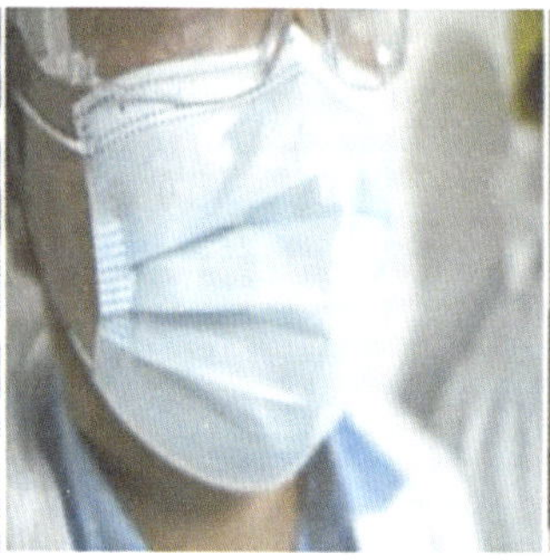

口罩

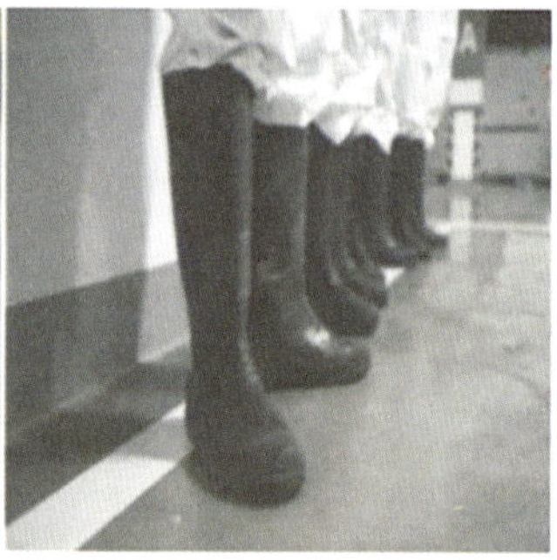

胶筒长靴

图3-28　防护用品

清洗消毒人员应避免长时间接触次氯酸钠消毒剂。当出现接触次氯酸钠消毒剂引起的皮肤灼伤时，应用大量清水冲洗。

水箱（池）关闭人孔前，应确保水箱（池）内无清洗消毒作业人员。

雷雨天气不应进行高位的水箱（池）清洗消毒作业。

9 档案管理

管理单位应建立水箱（池）清洗消毒管理档案，档案应包括：

（1）保洁单位资质证明及保洁合同。

（2）清洗消毒作业人员的上岗证、健康证明和卫生、消毒、二次供水、安全等专业知识培训考核合格证明。

（3）水箱（池）清洗消毒的《保洁报告单》。

（4）水样采集记录。

（5）水箱（池）清洗消毒后的水质检验报告。

（6）涉水产品卫生批件。

保洁单位应建立相应管理单位水箱（池）清洗消毒管理档案，档案应包括：

（1）与管理单位签订的保洁合同。

（2）清洗消毒作业人员的上岗证、健康证明和卫生、消毒、二次供水、安全等专业知识培训考核合格证明。

（3）水箱（池）清洗消毒《保洁报告单》。

（4）水样采样单。

（5）水箱（池）清洗消毒后的水质检验报告。

（6）管理单位服务回访记录。

（7）管理单位投诉及处理结果记录。

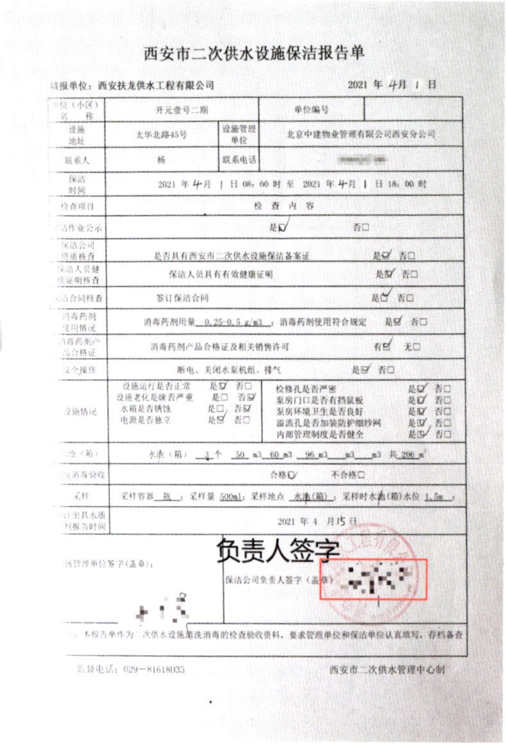

西安市二次供水设施保洁报告单

填报单位：西安扶龙供水工程有限公司　　　　2021年4月1日

单位（小区）名称	开元壹号二期	单位编号	
设施地址	太华北路45号	设施管理单位	北京中建物业管理有限公司西安分公司
联系人	杨	联系电话	
保洁时间	2021年4月1日08:00时至2021年4月1日18:00时		
检查项目	检查内容		
保洁作业公示	是☑ 否☐		
保洁公司资质核查	是否具有西安市二次供水设施保洁备案证 是☑ 否☐		
保洁人员健康证明核查	保洁人员具有有效健康证明 是☑ 否☐		
保洁合同核查	签订保洁合同 是☑ 否☐		
消毒药剂使用情况	消毒药剂用量 0.25-0.5 g/m3；消毒药剂使用符合规定 是☑ 否☐		
消毒药剂产品合格证	消毒药剂产品合格证及相关销售许可 有☑ 无☐		
安全操作	断电、关闭水泵机组、排气 是☑ 否☐		
设施情况	设施运行是否正常 是☑ 否☐ 设施老化是否严重 是☐ 否☑ 水箱是否锈蚀 是☐ 否☑ 电源是否独立 是☑ 否☐	检修孔是否严密 是☑ 否☐ 泵房门口是否有挡鼠板 是☑ 否☐ 泵房环境卫生是否良好 是☑ 否☐ 溢流孔是否加装防护细纱网 是☑ 否☐ 内部管理制度是否健全 是☑ 否☐	
水池（箱）	水池（箱）3个 50 m3 60 m3 96 m3 __m3 __m3 共206 m³		
清洗消毒验收	合格☑ 不合格☐		
采样	采样容器 瓶；采样量 500ml；采样地点 水池（箱）；采样时水池（箱）水位 1.5m；		
出具水质检测报告时间	2021年4月15日		

设施管理单位签字（盖章）：

负责人签字

保洁公司负责人签字（盖章）

注：本报告单作为二次供水设施清洗消毒的检查验收资料，要求管理单位和保洁单位认真填写，存档备查

监督电话：029-81618033　　　　西安市二次供水管理中心制

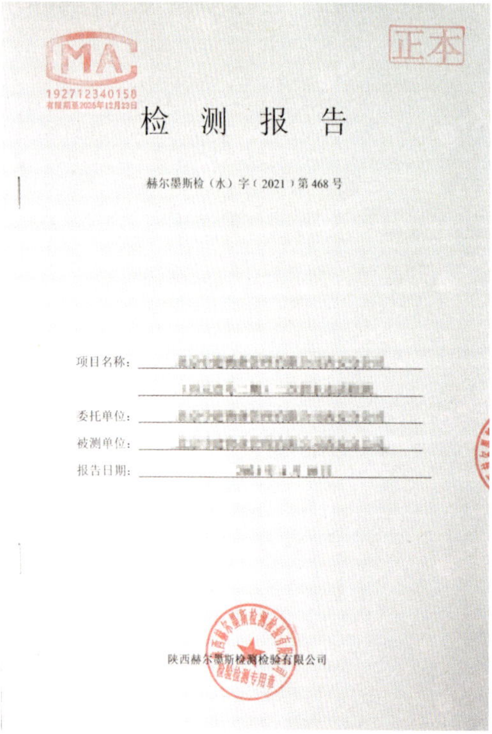

MA
192712340158
有效期至2026年12月23日

正本

检　测　报　告

赫尔墨斯检（水）字（2021）第468号

项目名称：

委托单位：

被测单位：

报告日期：

陕西赫尔墨斯检测检验有限公司

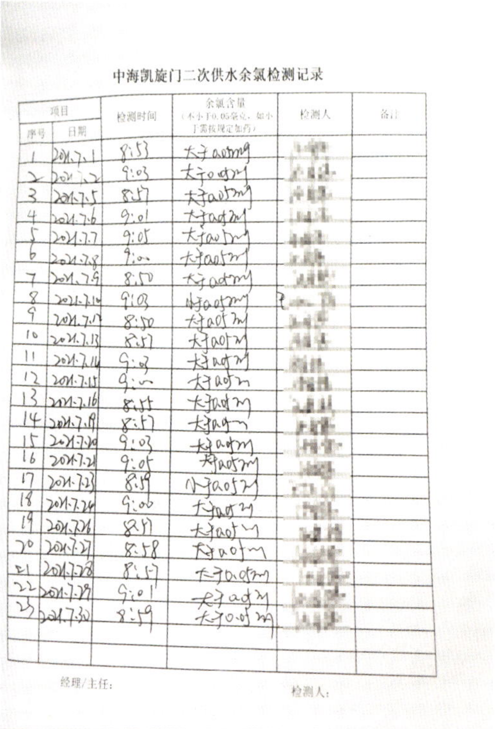

中海凯旋门二次供水余氯检测记录

序号	日期	检测时间	余氯含量（不小于0.05毫克，如小于需按规定加药）	检测人	备注
1	2021.7.1	8:53	大于0.05mg		
2	2021.7.2	9:03	大于0.05mg		
3	2021.7.5	8:57	大于0.05mg		
4	2021.7.6	9:01	大于0.05mg		
5	2021.7.7	9:05	大于0.05mg		
6	2021.7.8	9:00	大于0.05mg		
7	2021.7.9	8:50	大于0.05mg		
8	2021.7.10	9:03	小于0.05mg		
9	2021.7.12	8:50	大于0.05mg		
10	2021.7.13	8:57	大于0.05mg		
11	2021.7.14	9:03	大于0.05mg		
12	2021.7.15	9:00	大于0.05mg		
13	2021.7.16	8:55	大于0.05mg		
14	2021.7.19	8:57	大于0.05mg		
15	2021.7.20	9:03	大于0.05mg		
16	2021.7.21	9:05	大于0.05mg		
17	2021.7.23	8:59	小于0.05mg		
18	2021.7.24	9:06	大于0.05mg		
19	2021.7.26	8:57	大于0.05mg		
20	2021.7.27	8:58	大于0.05mg		
21	2021.7.28	8:57	大于0.05mg		
22	2021.7.29	9:01	大于0.05mg		
23	2021.7.30	8:59	大于0.05mg		

经理/主任：　　　　检测人：

图3–29　档案部分内容

第四章 《二次供水运行维护管理技术规范》（DB 6101/T 3085—2020）图解

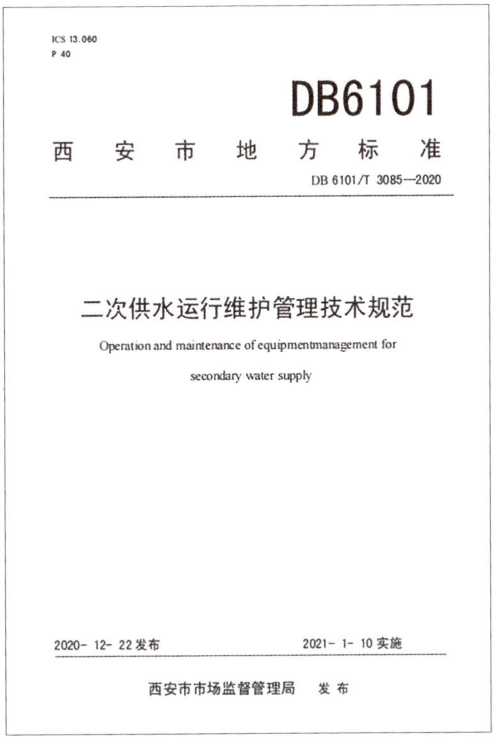

ICS 13.060
P 40

DB6101

西 安 市 地 方 标 准

DB 6101/T 3085—2020

二次供水运行维护管理技术规范

Operation and maintenance of equipmentmanagement for secondary water supply

2020- 12- 22 发布　　2021- 1- 10 实施

西安市市场监督管理局　发 布

图4-1　2020年12月《二次供水运行维护管理技术规范》（DB 6101/T 3085—2020）发布实施

西安市二次供水主要有 3 种方式，一种是通过不锈钢水箱、变频设备以及离心式水泵来实现加压供水；另一种为叠压供水，能够利用市政管网剩余压力，采用无负压设备完成供水；除此之外还有市政管网直接供水。二次供水设施应根据实际情况进行合理设计和建设。在二次供水设施管理方面，由于缺乏相关监督和统一管理，容易造成清洗消毒不到位、权责不合理、维护不够等相关问题。为了保障二次供水效果、确保市政管网运行的安全与稳定，应加强对二次供水的管理。

1 移交与验收

移交二次供水设施前，必须完成竣工验收并确保验收合格。然后将二次供水设施移交给负责运行、维护和管理的二次供水设施管理单位。

若产权发生变更，原产权人应与二次供水设施管理单位办理产权变更手续；若是移交管理权，则应由产权人与二次供水设施管理单位签订移交委托管理协议。另外，若后期管理单位发生变更，应按照规定的程序进行。

移交的设施设备应符合相关规范要求。建设单位应在移交前完成竣工验收备案工作，并提供规范有效的设计文件。二次供水施工图设计还需经过专业机构审查并获得相关的设计审查意见。

在二次供水设施竣工后，建设单位应组织验收，并邀请供水行政管理部门、卫生健康行政管理部门参加。未经验收或验收不合格的设施设备不得投入使用。竣工验收合格后，建设单位应在 3 个月内将工程档案资料移交城乡建设档案机构并向当地供水行政主管部门备案。

2　运行管理

2.1　机构和人员

二次供水管理单位应配备专业人员进行维护和管理，各部门人员应分工明确，权责清晰。相关人员需经专业培训合格后方可上岗。此外，管理单位应配备应急处理队伍，及时处理二次供水突发事件。

2.2　管理制度

二次供水设施管理单位应制定安全管理制度、设备操作规章制度、卫生管理制度、从业人员管理制度、外来人员登记制度、巡查检查登记制度。各项管理制度要内容全面，并张贴于二次供水泵房内。

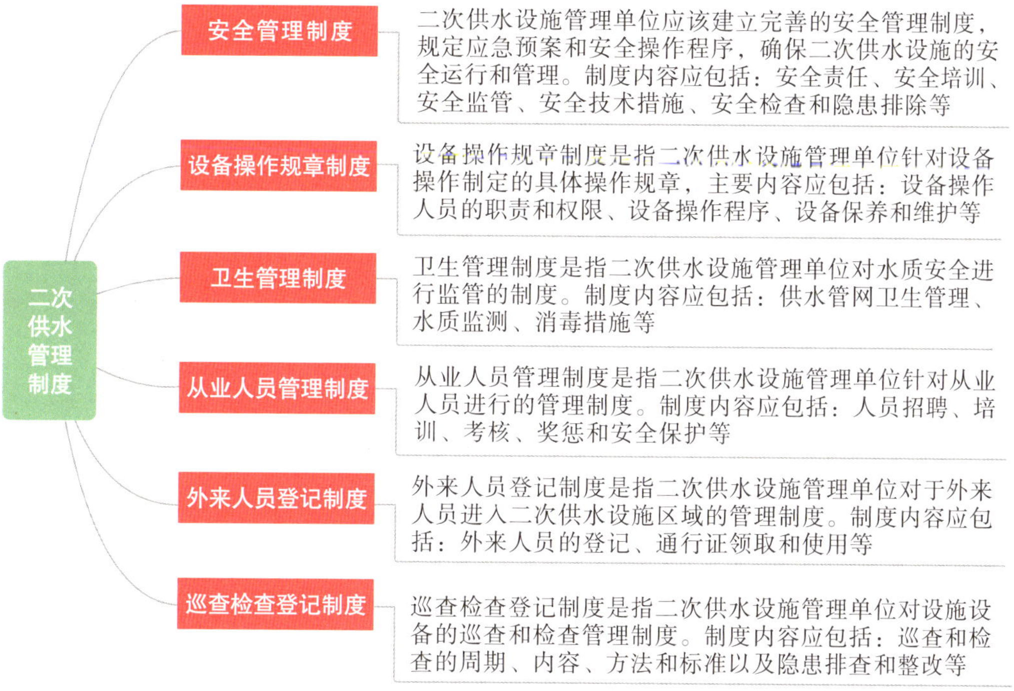

图4-2　二次供水管理制度

2.3 运行管理

泵房运行管理：

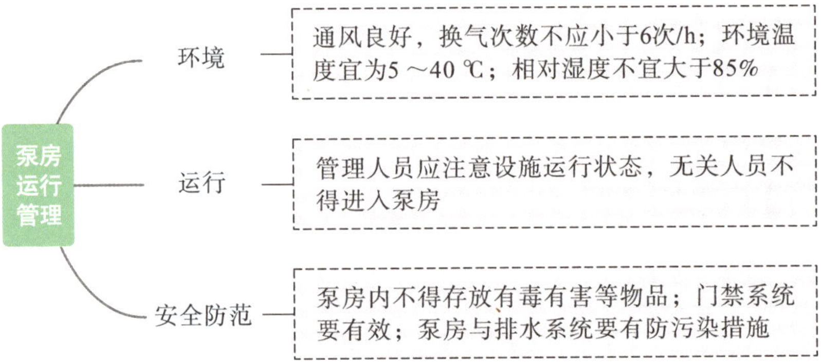

图4-3　泵房运行管理

（1）通风和照明环境：泵房应该保持良好的通风和照明环境，确保空气流通、干净卫生、排水系统完善。

（2）安全防范：泵房内不得存放有毒、有害、易燃、易爆、易腐蚀及可能造成环境污染的物品。泵房的温度、湿度应严格控制，门锁及门禁系统应处于有效状态。

（3）自动运行：二次供水设备应置于自动运行位置，相关管理人员应熟悉设备操作流程，注意设施运行状态，无关人员不得进入泵房或操作设备。

（4）温度要求：泵房内的温度不应低于 5℃，避免水泵机组在低温环境下运行。泵房的墙体、顶棚以及门窗应具有保温、隔热措施，确保水泵机组处于合适的温度环境下。

（5）防污染措施：泵房与市政排水系统之间必须设置有效的防污染措施，防止水污染的发生。

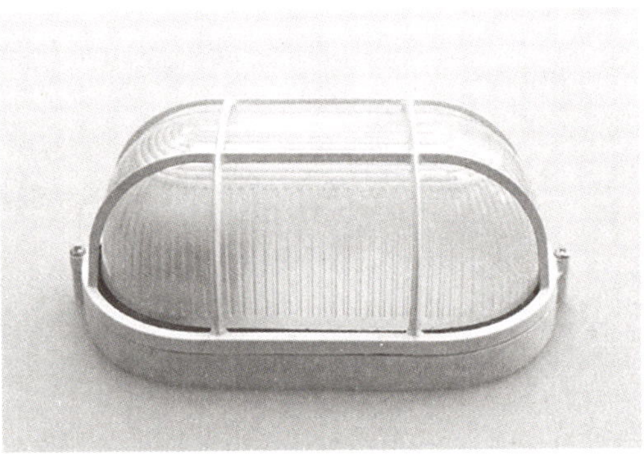

图4-4　防潮LED灯

图4-5　轴流风机

图4–6　除湿机

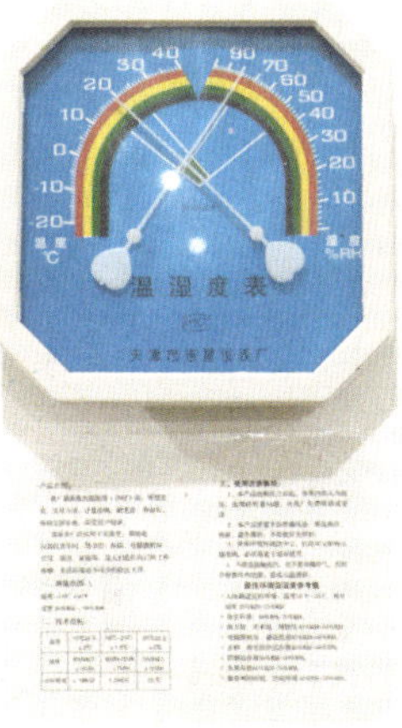

图4–7　温度湿度计

蓄水设施运行管理：

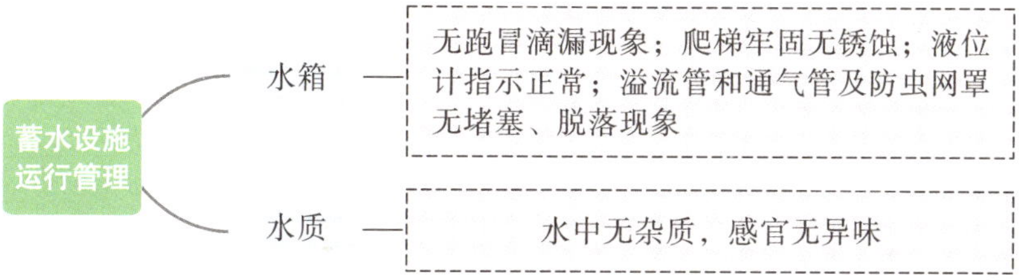

图4–8　蓄水设施运行管理

（1）二次供水蓄水设施本体及相关附属设施应完好无损，封闭严密，运行正常，无跑冒滴漏现象出现，内、外爬梯应牢固，无锈蚀、无开焊。

（2）水质正常，水中无杂质、无漂浮物，感官测试无异味，液位保持正常水平，液位计指示正确，性能良好。

（3）泄水口不得与排污口直连。

图4–9　水箱内部

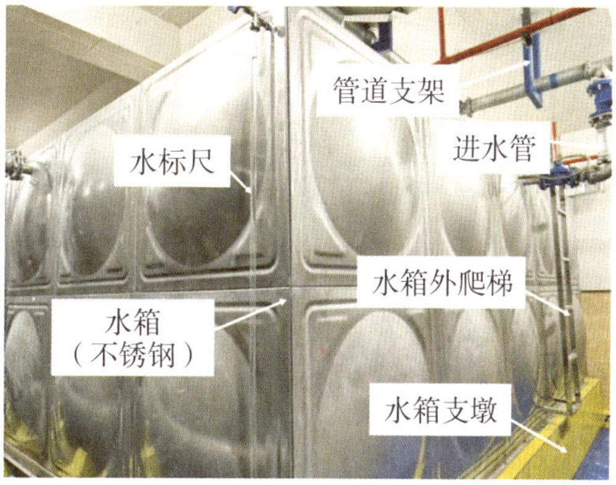

图4–10　水箱外部

图4–11　查看液位计

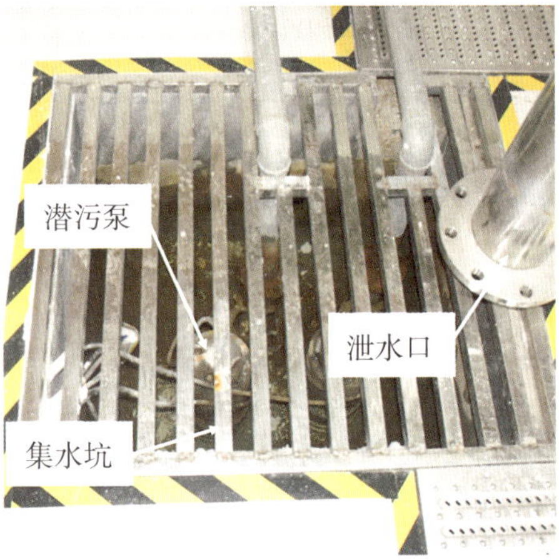

图4–12　集水坑

水泵机组运行管理：

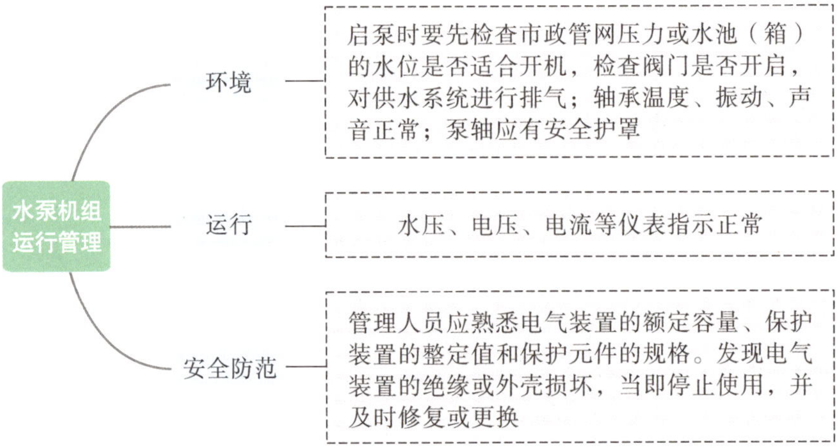

图4–13　水泵机组运行管理

（1）水泵运转正常，水压、电压、电流等仪表指示正常，旋转机械外露的旋转部件应有安全护罩。

（2）二次供水设施管理人员应熟悉水泵机组的操作流程，进行专业化管理，熟悉电气装置的额定容量、保护装置的整定值和保护元件的规格。发现电气装置的绝缘或外壳损坏，立即停止使用，并及时修复或更换。

（3）首次启泵或停水后重启泵，应先检查市政管网压力或水池（箱）的水位是否适合开机，检查各类阀门是否处于开启状态，对供水系统应先进行排气；如发现异常情况，及时关闭电源，并报修。

（4）仪表读数及泵的轴承温度、振动和声音处于正常状态，一旦发生异常现象，应及时采取应急处置措施。

（5）泵站运行期间，不得单人独自进行电气修理工作；长时间未使用或新安装的用电设备应在安全检查或安全检验合格后方可使用。

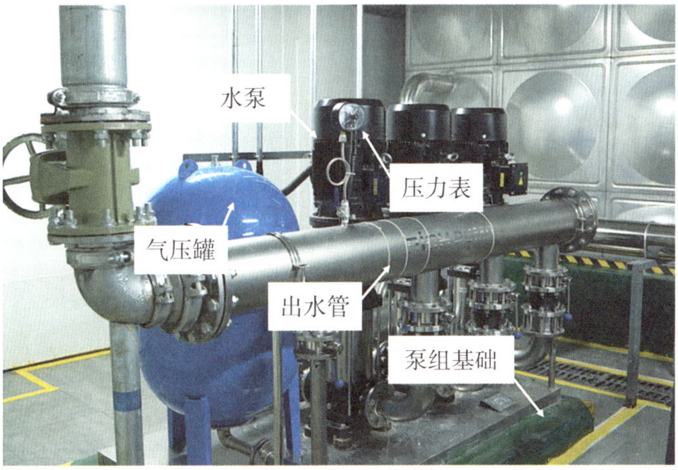

图4-14　水泵机组

图4-15　阀门开闭标识

图4-16　远传压力表

管道阀门运行管理：

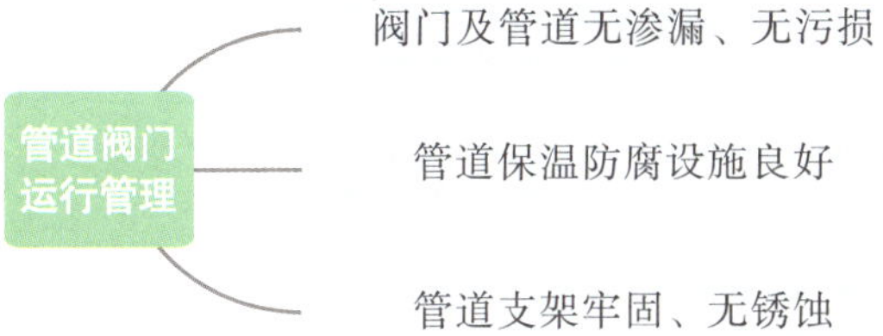

图4-17　管道阀门运行管理

管道、阀门无渗漏、无污损、无锈蚀，阀门启闭灵活、状态正确，阀门零配件齐全。管道保温、防腐设施应保持完好；管道支架牢固，金属件无锈蚀。

自控系统运行管理：

（1）自控系统的所有设备都能正常运转，各种材料、设施符合要求。

（2）建立远程监控系统，对水泵房内重点部位进行实时监控。

图4-18　实时远程监控

配电装置运行管理：

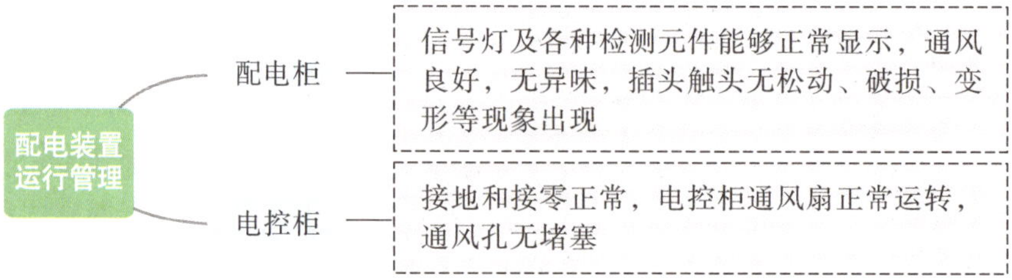

图4-19　配电装置运行管理

（1）配电装置运行正常，配电柜信号灯及各种检测元件能够正常显示，通风良好，无异味，插头触头无松动、破损、变形等现象出现。

（2）电控柜的接地和接零正常，电控柜通风扇正常运转，通风孔无堵塞。

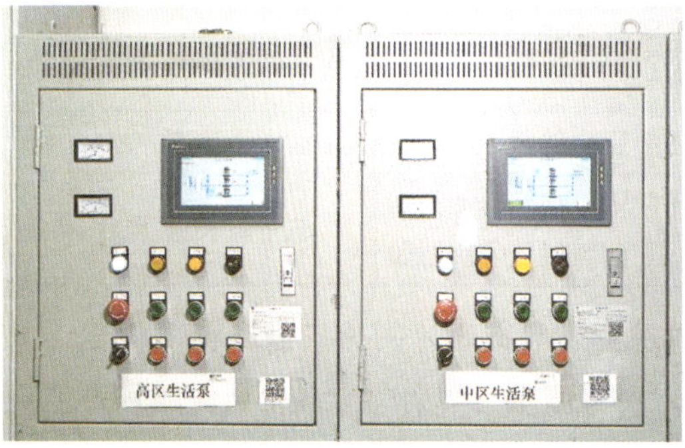

图4-20　控制柜

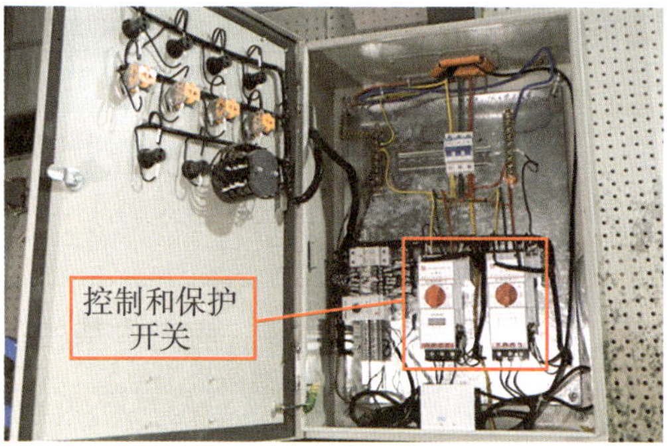

图4-21　配电柜

供水系统运行管理：

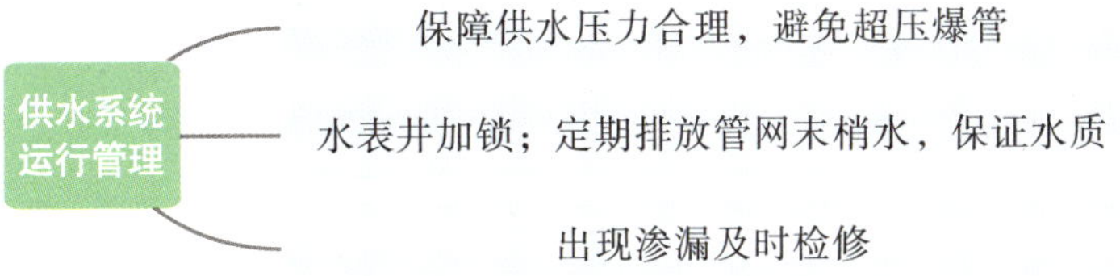

图4-22　供水系统运行管理

（1）保障供水压力合理，避免超压造成二次供水管道爆管。个别用户水压异常时，要排查原因，消除隐患。

（2）楼内水表井加锁，防止无关人员进入，造成安全事故。定期排放管网末梢残存的水，保证出水水质。

（3）若管网出现渗漏现象时，应及时排查抢修，并完善水浸损害。

停水处理：

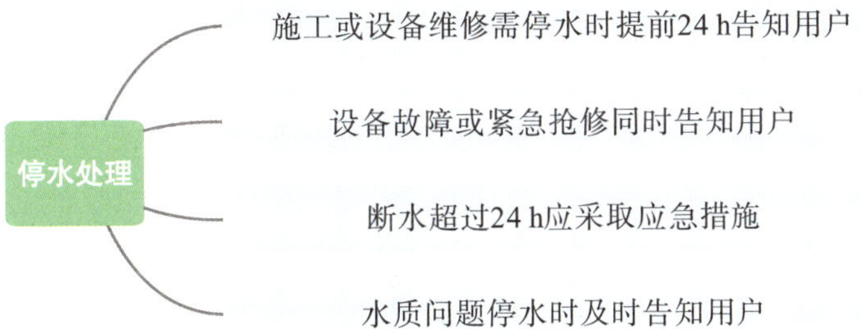

图4-23　停水处理

2.4　水质管理

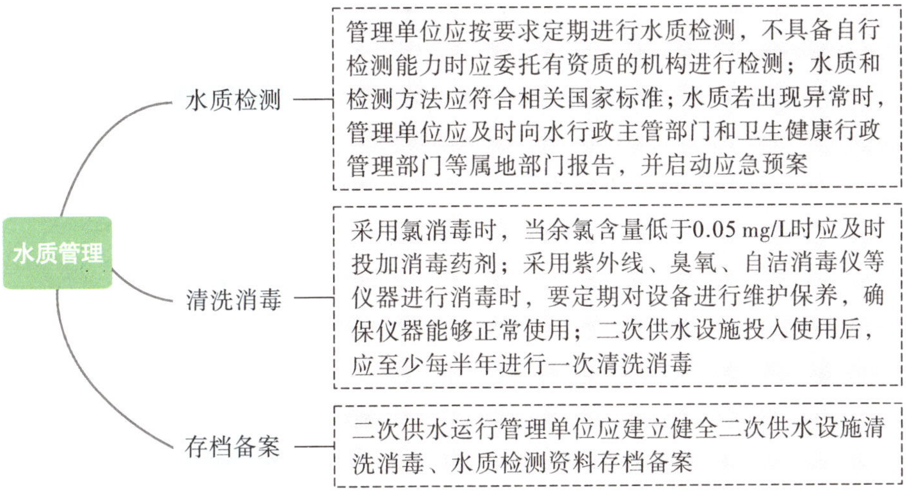

图4-24　水质管理

（1）二次供水设施管理单位按要求定期进行水质检测，当不具备自行检测能力时，应委托有资质的机构进行检测。

（2）二次供水设施管理单位采用投加消毒药剂方式消毒时，当余氯含量低于0.05mg/L时，应按照使用说明，及时投加消毒药剂；采用紫外线、臭氧、自洁消毒仪等仪器进行消毒时，要定期对设备进行维护保养，确保仪器能够正常使用。

表4-1　二次供水必测水质指标、检测方法及限值

水质指标	检测方法	含量限值
色度	铂钴标准比色法	15（铂钴色度）
浊度	散射法、目视比浊法	1NTU
嗅味	嗅气和尝味法、嗅阈值法、嗅觉层次分析法	无
肉眼可见物	直接观察法	无
pH值	玻璃电极法、标准缓冲溶液比色法	不小于6.5且不大于8.5
大肠菌群	平皿计数法、酶底物法	不应检出
细菌总数	多管发酵法、滤膜法	100CFU/mL
余氯	四甲基联苯胺比色法等	0.05mg/L

（3）二次供水设施投入使用后，应至少每半年进行一次清洗消毒。清洗消毒单位应符合相关要求，水质检验合格后方可投入使用。

西安市二次供水设施
保洁登记证
市水二洁登字　　第　　号
单位名称：
法人代表：
地　　址：
你公司经营范围符合《西安市生活饮用水二次供水管理和卫生监督规定》等法规中关于二次供水保洁从业的相关要求，同意进行西安市生活饮用水二次供水保洁从业管理登记，特发此证。
发证机关：
年　月　日
有效期限：　　年　月　日至　　年　月　日
西安市水务局监制

图4-25　保洁登记证

（4）二次供水水质若出现异常时，二次供水设施管理单位应及时向水行政主管部门和卫生健康行政管理部门等属地部门报告，并启动应急预案进行有效处置。

（5）二次供水运行管理单位应建立健全二次供水设施清洗消毒、水质检测资料存档备案。

3　维护管理

3.1　泵房维护管理

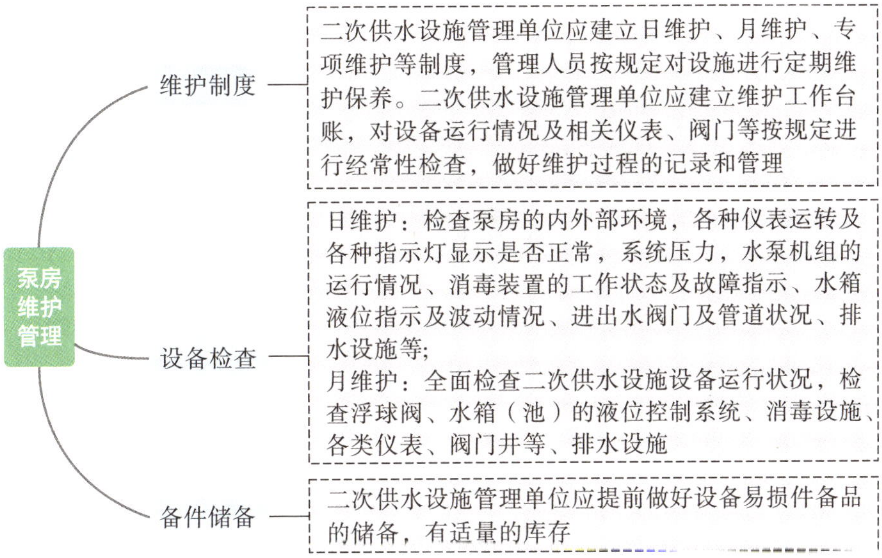

图4-26　泵房维护管理

（1）维护制度：

二次供水设施管理单位应建立日维护、月维护、专项维护等制度，管理人员按规定对设施进行定期维修保养。二次供水设施管理单位应建立维护工作台账，对设备运行情况及相关仪表、阀门等按规定进行经常性检查，做好维护过程的记录和管理。

（2）设备检查：

日维护：检查泵房的内外部环境，各种仪表运转及各种指示灯显示是否正常，系统压力、水泵机组的运行情况、消毒装置的工作状态及故障指示、水箱液位指示及波动情况、进出水阀门及管道状况、排水设施等。

月维护：全面检查二次供水设施设备运行状况，检查浮球阀、水箱（池）的液位控制系统、消毒设施、各类仪表、阀门井、排水设施等。

（3）备件储备：

二次供水设施管理单位应提前做好设备易损件备品的储备，有适量的库存。

维护工作是确保二次供水设施正常运行的关键，定期的维护可以保证设备的可靠性、安全性，避免事故发生，同时也可以延长设备的使用寿命，降低维护成本。二次供水设施管理单位应加强对设施的维护管理，建立健全完善的维护制度和记录体系，规范维护过程，确保设施的长期稳定运行。

图4–27　泵房设备检查

3.2　水泵机组的维护

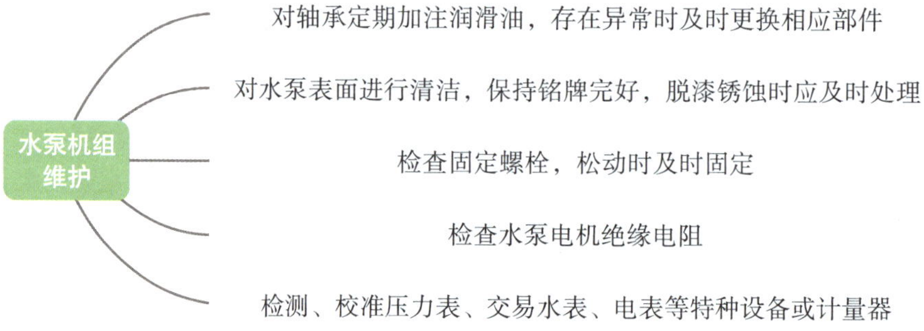

图4–28　水泵机组维护

（1）对水泵轴承灵活性进行检查维护，保持良好的供水效率。定期加注润滑油，有异常摩擦声响时应更换同型号规格轴承，有卡住、碰撞现象时应拆换同规格水泵叶轮，轴键槽损坏严重时应更换同规格部件。

（2）对水泵表面进行清洁，保持铭牌完好，设备运行良好。有脱漆或锈蚀时应铲除脱落层油漆后重新刷漆。

（3）检查拖动电动机与水泵弹性联轴器，保持良好的供水效率，减少损耗。有损坏时应及时进行更换。

（4）对水泵机组固定螺栓进行检查，保持水泵机组安全运行，有松动时应及时固定。

（5）对水泵电机绝缘电阻进行检查与测量，通过摇表，测量电机三相绝缘、接地电阻。

（6）检测、校准压力表、交易水表、电表等特种设备或计量器。

离心式清水泵

型号：12Sh-28A	转数：1450r/min
扬程：10m	效率：78%
流量：684m³/h	轴功率：28kW
允许吸上真空高度：4.5m	重量：660kg

图4-29　水泵铭牌

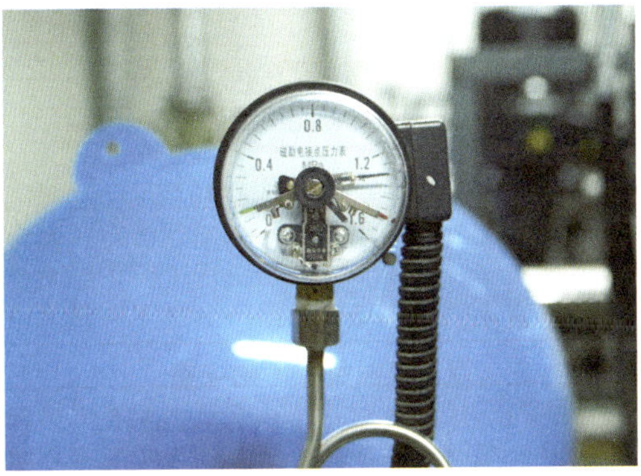

图4-30　磁助电接点压力表

图4-31　远传水表

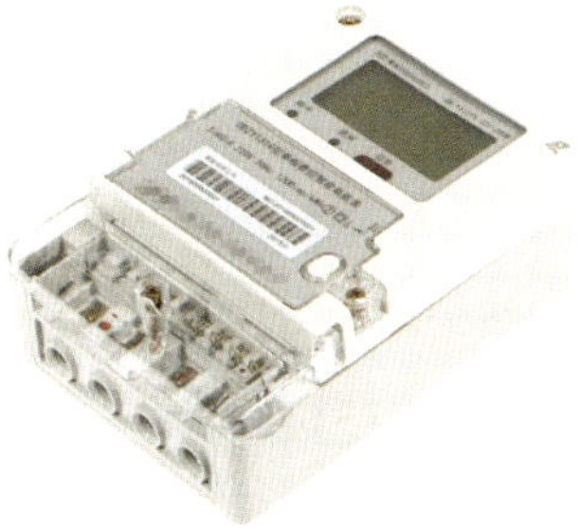

图4-32　电表

3.3 蓄水设施的维护

蓄水设施维护

- 水质检测：蓄水设施有无渗漏、锈蚀和变形，及时清洗设施表面的灰尘和污垢；通气孔、溢流管、泄水管是否畅通，防护细纱网是否完整；人孔启闭状况，严密性和锁具是否正常、完好；水箱内部是否有微生物滋生和杂质沉淀，及时清洗消毒；水箱液位浮球阀是否正常，有无松动和损坏；水箱液位检测显示装置是否准确；设备基础是否有损坏和沉降
- 检查压力水容器：检查压力水容器防负压装置是否正常；检查压力水容器隔膜是否完好；检查压力水容器运行压力是否正常

图4-33　蓄水设施维护

检查以下内容，不符合要求及时处理：

（1）检查蓄水设施有无渗漏、锈蚀和变形，及时清洗设施表面的灰尘和污垢。

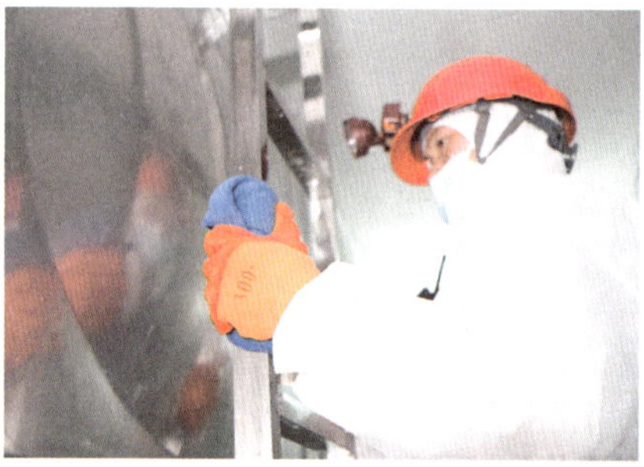

图4-34　水箱外部清洗

图4-35　检查水箱

（2）检查通气孔、溢流管、泄水管是否畅通，防护细纱网是否完整；对损坏的防护网及时进行更新。

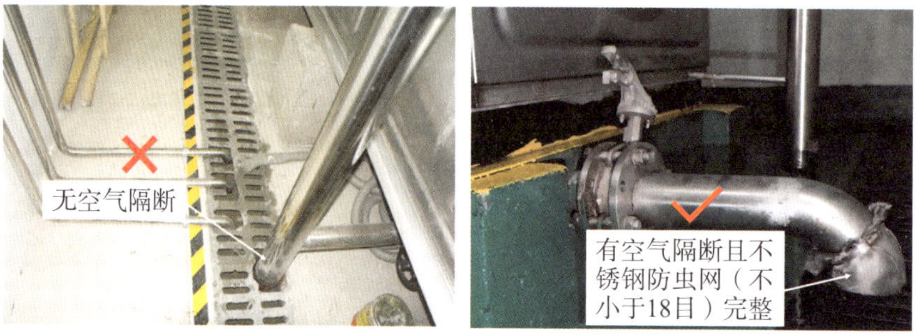

（a）　（b）

图4-36　检查泄水口

图4-37　水箱通气孔

（3）检查人孔启闭状况，严密性和锁具是否正常、完好。

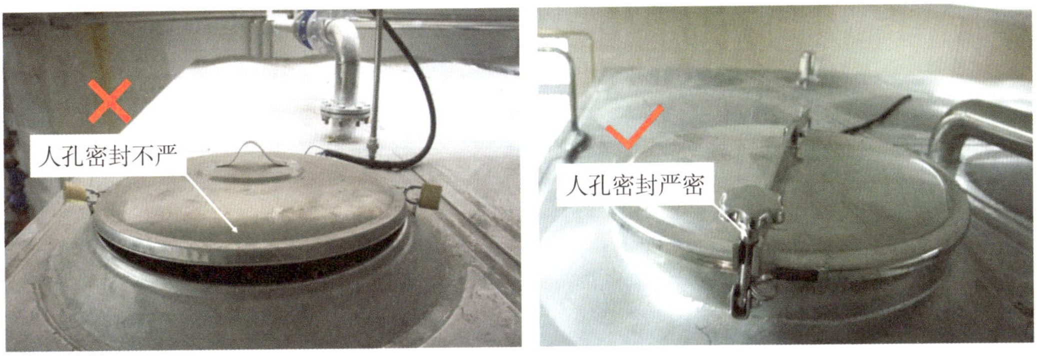

（a）　　　　（b）

图4-38　水箱人孔

（4）检查水箱内部是否有微生物滋生和杂质沉淀，及时清洗消毒。

（5）检查水箱液位浮球阀是否正常，有无松动和损坏。

（6）检查水箱液位检测显示装置是否准确。

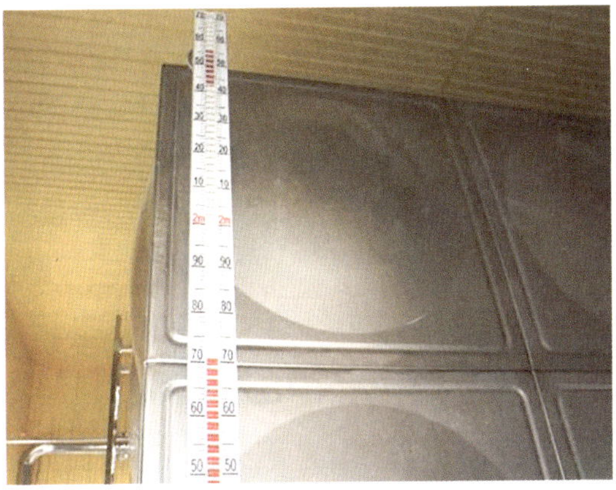

图4-39　水箱液位计

（7）检查压力水容器防负压装置是否正常。

（8）检查压力水容器隔膜是否完好。

（9）检查压力水容器运行压力是否正常。

（10）检查设备基础是否有损坏和沉降。

图4-40　隔膜气压罐

3.4　控制系统的维护

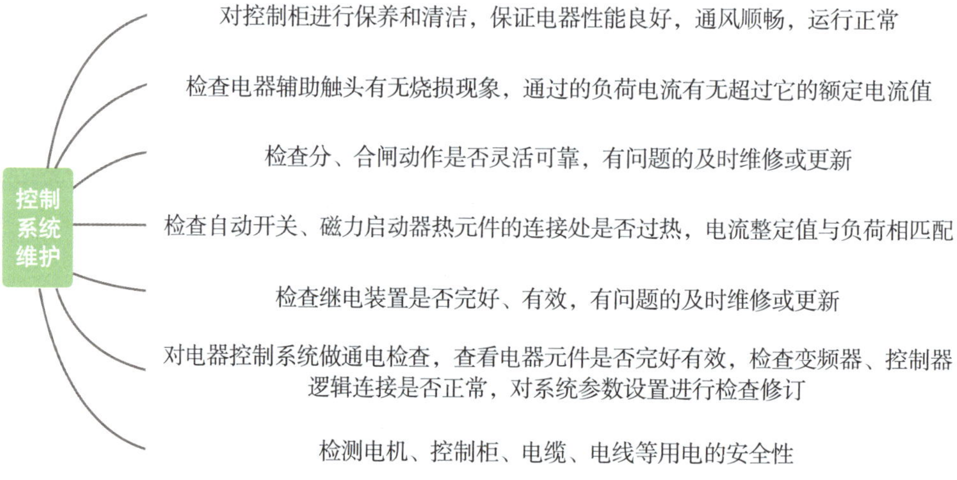

图4-41　控制系统维护

（1）对控制柜进行保养和清洁，保证电器性能良好，通风顺畅，运行正常。

（2）检查电气辅助触头有无烧损现象，通过的负荷电流有无超过它的额定电流值。

（3）检查分、合闸动作是否灵活可靠，有问题的及时维修或更新。

（4）检查自动开关、磁力启动器热元件的连接处是否过热，电流整定值与负荷相匹配，有问题的及时维修或更新。

（5）检查继电装置是否完好、有效，有问题的及时维修或更新。

（6）对电气控制系统做通电检查，查看电器元件是否完好有效，检查变频器、控制器逻辑连接是否正常，对系统参数设置进行检查修订，有问题的及时处置。

（7）检测电机、控制柜、电缆、电线等用电的安全性。

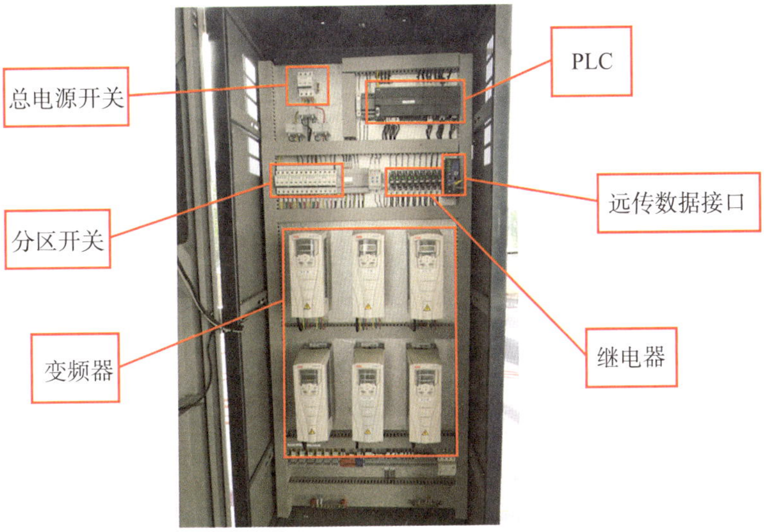

图4–42　控制柜

3.5　消毒设备的维护

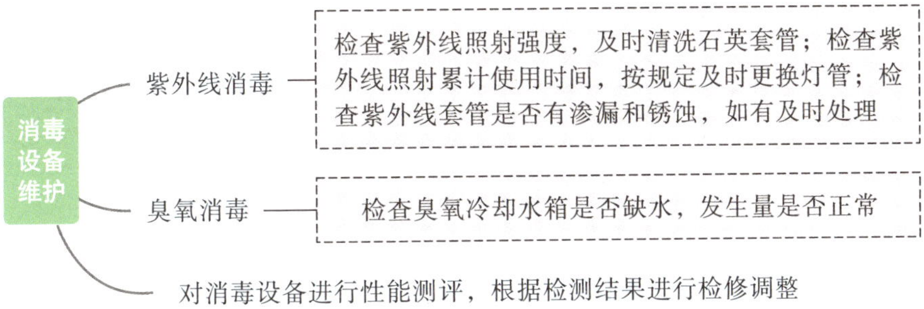

图4–43　消毒设备维护

（1）检查紫外线照射强度，及时清洗石英套管。

（2）检查紫外线照射累计使用时间，按规定及时更换灯管。

（3）检查紫外线套管是否有渗漏和锈蚀，如有及时处理。

（4）检查臭氧冷却水箱是否缺水，发生量是否正常，不符合要求的及时处理。

（5）对消毒设备进行性能测评，根据检测结果进行检修调整。

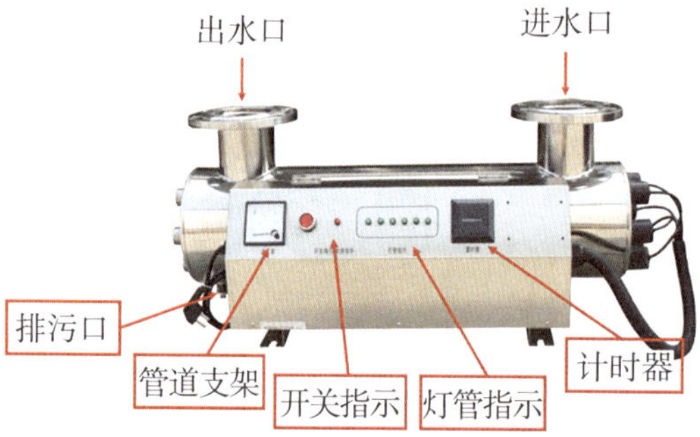

图4–44　紫外线消毒器

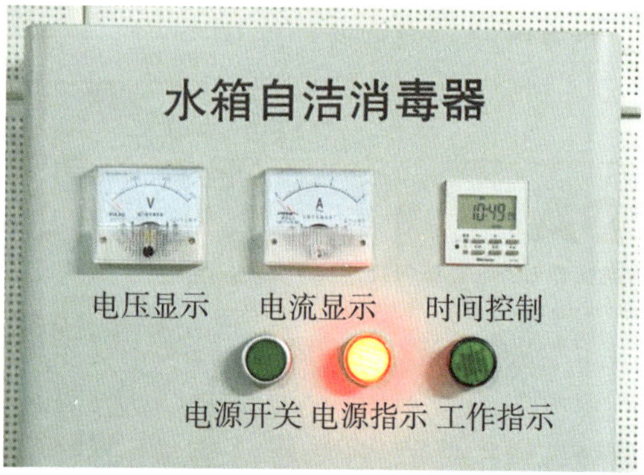

图4–45　水箱自洁消毒器

3.6　管道、阀门及附件的维护

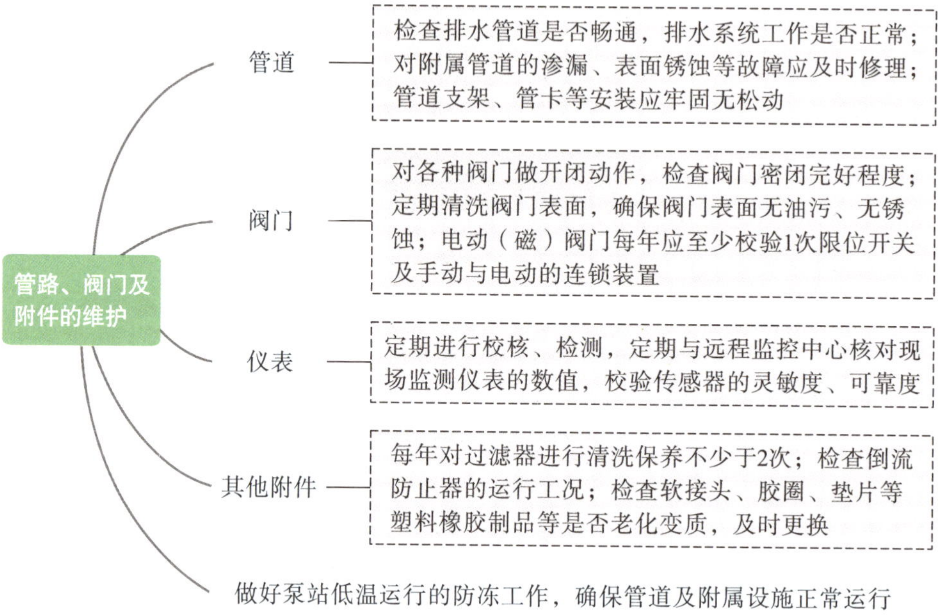

图4–46　管道、阀门及附件的维护

（1）对泵房内各仪表定期进行校核、检测，定期与远程监控中心核对现场监测仪表的数值，校验传感器的灵敏度、可靠度。不符合要求的及时维修或更新。

（2）每年对过滤器进行清洗保养不少于 2 次，保证清洁、畅通、状态良好。

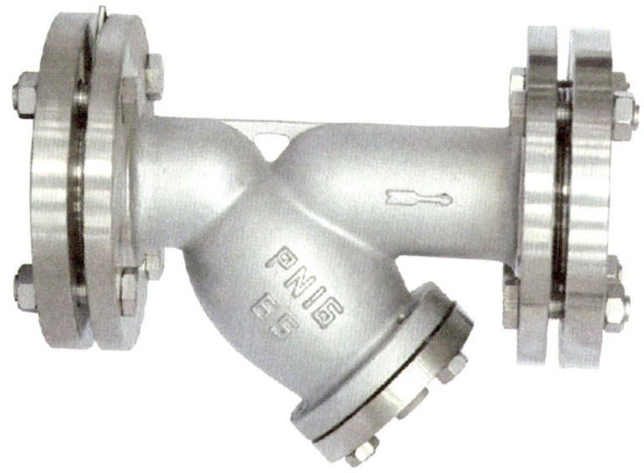

图4-47　过滤器

（3）对各种阀门做开闭动作，检查阀门密闭完好程度。

图4-48　管道及阀门

（4）检查倒流防止器的运行工况，泄漏或损坏时，应及时维修、更换。

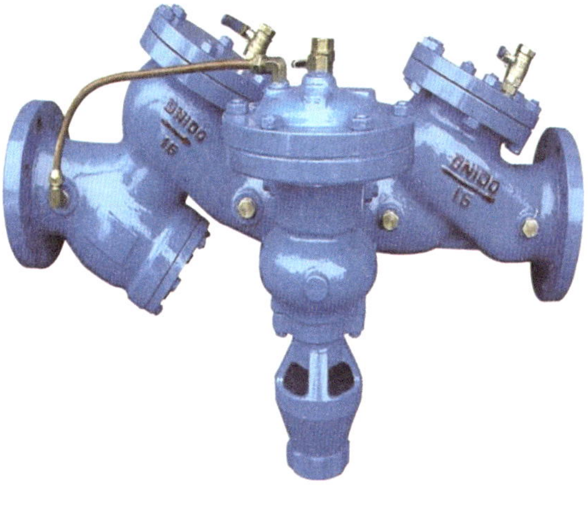

图4-49　倒流防止器

（5）检查软接头、胶圈、垫片等塑料橡胶制品等是否老化变质，定期进行更换。

（6）检查排水管道是否畅通，排水系统工作是否正常，发现问题及时处理。

（7）检查阀门启闭灵活性，定期清洗阀门表面，确保阀门表面无油污、无锈蚀。

（8）电动（磁）阀门每年应至少校验 1 次限位开关及手动与电动的联锁装置。

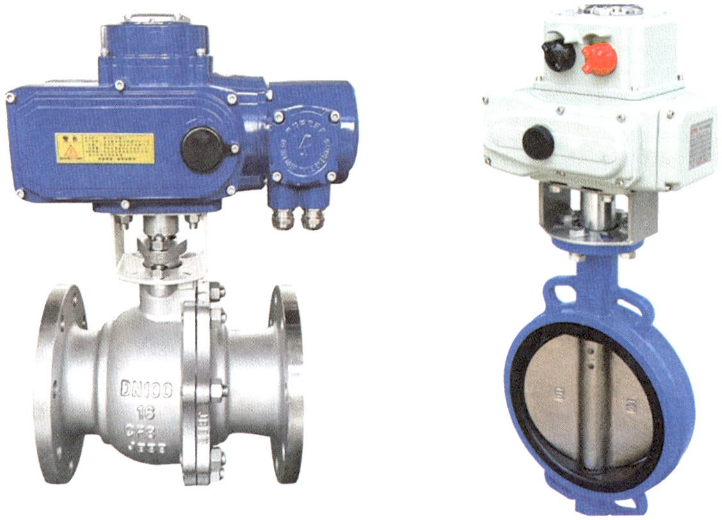

图4–50 常见电动阀门

（9）对附属管道的渗漏、表面锈蚀等故障应及时修理。

（10）管道支架、管卡等安装应牢固无松动。

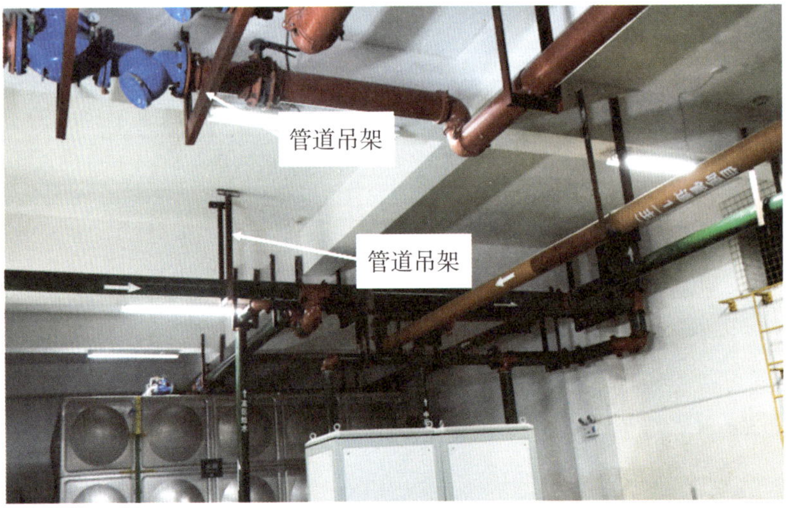

图4–51 管道及支架

（11）做好泵站低温运行的防冻保温工作，确保各类管道及附属设施正常运行。

（12）核对现场监测仪表的数值，校验传感器的灵敏度及可靠程度。

图4-52　数字远传压力表

图4-53　压力传感器

图4-54　智能电磁流量计

4 安全和应急管理

4.1 安全管理

二次供水设施管理单位要按照Ⅱ级安全防范等级管理二次供水设施泵房。

针对二次供水泵房的安全管理，需要建立健全完善的安全管理体系和应急预案，对设备和人员进行安全培训和考核，加强现场安全监控和巡查，及时发现和处理各类安全隐患，保障供水泵房的安全运行。

表4-2 常态防范和非常态防范

常态防范	人防	落实安全防范第一责任人，建立二次供水泵房巡查制度，严禁无关人员进入泵房和水箱区域
	物防	设施管理单位应具备实体防护设施，包括防盗安全门、挡鼠板、带锁盖板（人孔）、防护网、过滤网、警示（警戒）标识等；在有人值守的重要出入口配备防爆毯、钢叉、警棍、对讲机、应急灯等应急用品
	技防	视频安防监控系统，入侵报警系统，门禁系统
非常态防范	发生二次供水安全问题时，二次供水设施管理单位应及时启动应急预案，并上报公安、水务、卫生等行政主管部门，在当地政府主管部门的统一领导和指挥下，组织实施应急救援	

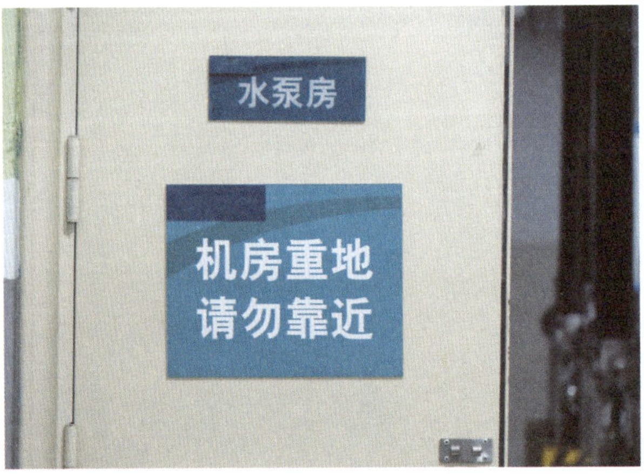

图4-55 泵房警示标识

图4-56　挡鼠板

图4-57　水箱人孔盖

图4-58　溢流和排空管口

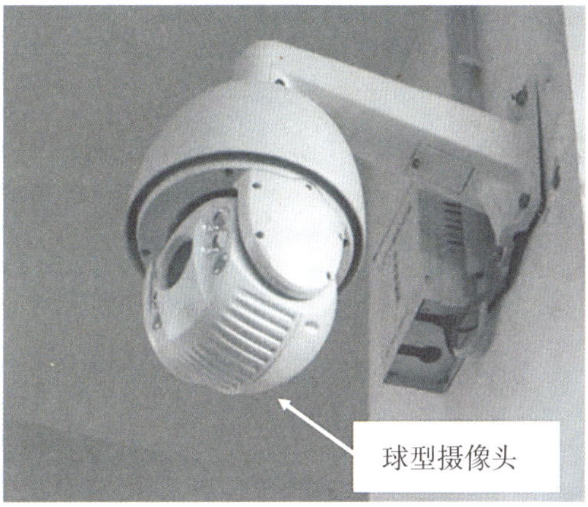

图4-59　泵房内监控

图4-60　泵房外监控

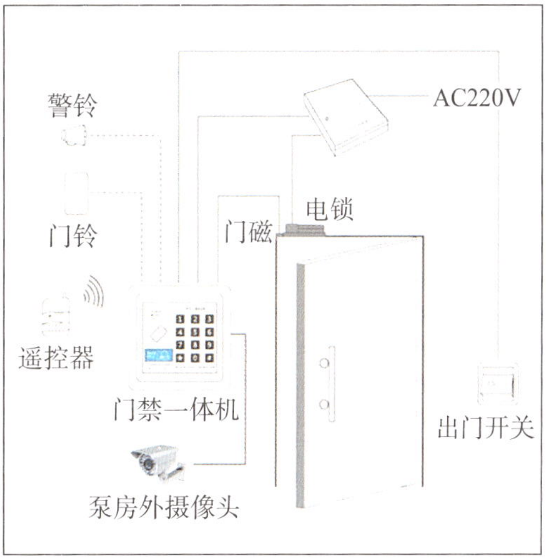

图4-61　门禁系统示意图

4.2 应急管理

二次供水突发事件通常包括供水中断、水质异常、管道破裂等情况。发生突发事件时应启动应急预案并按相关流程进行处理，确保人民生命财产安全。二次供水设施出现故障时应及时抢修，尽快恢复供水。超过 24h 未能恢复供水的，二次供水设施管理单位应采取临时供水措施。

停水应急预案见表 4–3。

表4–3 停水应急预案

计划停水	1.当接到停水通知后，立即以书面形式告知业主、使用人停水信息，告知内容包括：实施停水的单位、停水的原因、时间和范围及恢复供水时间等
	2.提醒业主、使用人提前储备用水
故障停水	1.接到停水信息后，立即通知服务单位、设施设备维护人员到现场查看，同时与自来水公司联系确认是否是市政管网的原因
	2.停水原因查明后，立即联系相关部门组织人员抢修
	3.如维修时间较长，应立即在建筑区规划内显著位置张贴通告，告知相关区域内的业主、使用人，告知内容包括：停水原因、范围、预计恢复供水时间等
	4.事后查明有关停水原因，以书面形式告知相关负责人

水质异常应急预案：

二次供水水质异常是指二次供水水质不符合卫生标准、水源水质突然变化等情况。表 4–4 是二次供水水质异常应急处理的流程。

表4–4 二次供水水质异常应急处理的流程

1	立即停止供水	一旦发现二次供水水质异常，应立即停止供水，切断进水源或关闭污染的管道。同时通知相关部门和用户，告知停水原因和预计恢复时间
2	针对污染源采取措施	对于已经确定的污染源，应及时采取措施，如封堵漏点、停止运行受污染的设备等
3	进行紧急处理	对于未确定污染源的情况，应进行紧急处理
4	做好应急调度工作	应急调度工作包括组织人员协调处理、调动应急备件设备、调度备用水源等
5	恢复供水	在保证水质符合卫生标准的情况下，恢复供水，并及时通知用户
6	汇总处理信息	应及时将处理情况进行汇总，记录异常事件的处理过程和措施，以便后续跟踪和总结经验

表 4–4 所列是二次供水水质异常应急处理的基本流程，要做好应急处理工作，需要在平时加强设备的维护保养，定期进行水质监测和漏损检查等工作，防患于未然。

5 档案管理

二次供水设施管理单位要建立相应的管理档案，包括工程档案和运维档案，如施工图、竣工图、水质检测报告、从业人员健康证明以及二次供水卫生许可证等。固定专人做好档案管理工作，完善原始资料的收集。对已经整理好并已存入柜架的档案做好日常维护、管理和保护工作。

表4-5 工程档案表

1	二次供水的施工图、设计变更文件、竣工图（竣工总平面图，单体建筑、结构、设备竣工图，配套设施、地下管网工程竣工图等竣工验收资料）
2	建设、设计、施工、监理及质量监督管理单位的竣工验收资料
3	二次供水设施试压、冲洗、消毒、调试检查记录及验收合格证明
4	质量控制资料包括二次供水设施各类设备、管材材料等设施合格证、质保卡、说明书等相关资料
5	二次供水设施各类涉水产品卫生许可证
6	二次供水首次试运行水质检测报告
7	二次供水设施环境噪声监测报告
8	工程监理单位出具的工程质量评估报告
9	二次供水设施资产评估意见书
10	二次供水设施建设中涉及的合同、招标文件及其他相关财务资料
11	二次供水设施的日常运行维护资料
12	二次供水设施管理过程故障处理、安全生产中存在的问题及建议
13	物业质量保修文件和物业使用说明文件
14	物业管理所必需的其他资料

表4-6 运维档案表

1	二次供水从业人员健康证明
2	二次供水卫生许可证
3	设施管理单位水箱（池）清洗消毒管理档案，包括：保洁单位资质证明及保洁合同；清洗消毒作业人员的上岗证、健康证明和卫生知识培训证等资质证明；水箱（池）清洗消毒《保洁报告单》
4	水样采集记录；水箱（池）清洗消毒后的水质检验报告
5	外来人员登记、巡查管理记录等资料
6	设施、设备日常保养及维护资料
7	应急管理及安全防范登记等资料

图4-62 卫生许可证

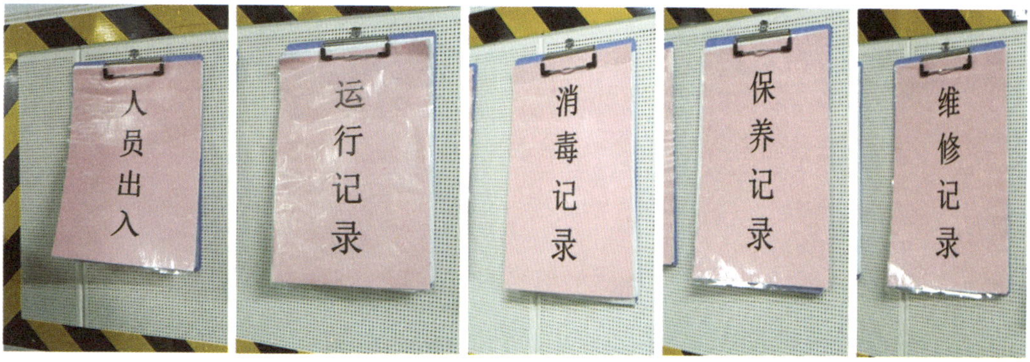

图4-63 相关信息记录

6　监督和评价

二次供水是指将城市自来水经过净化和消毒后再次运输到居民区等建筑物内部进行分配和供应的过程。二次供水管理的监督与评价是指针对这一过程进行管理和评估，确保二次供水的质量、安全和可靠性。

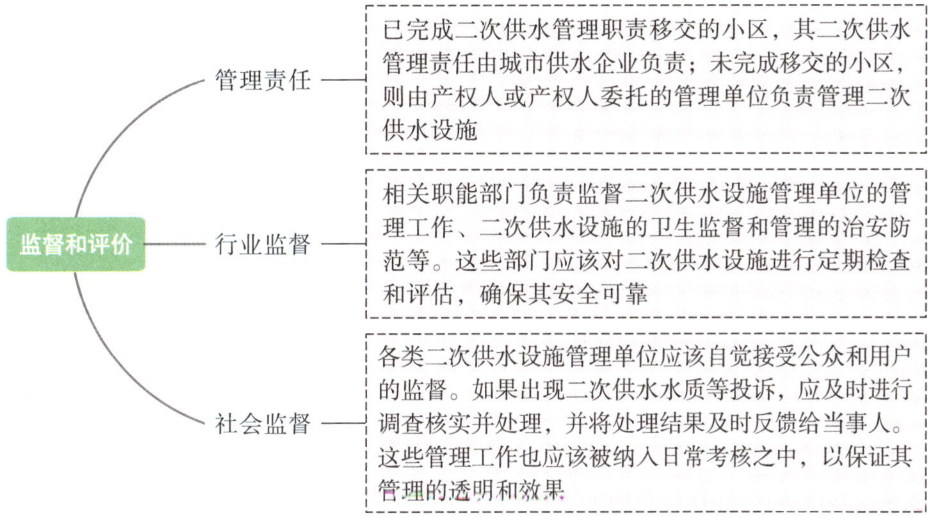

图4-64　二次供水的监督和评价

根据相关政策要求，已完成二次供水管理职责移交的小区，其二次供水管理责任由城市供水企业负责；未完成移交的小区，则由产权人或产权人委托的管理单位负责管理二次供水设施。

行业监督管理是指相关职能部门负责监督二次供水设施管理单位的管理工作、二次供水设施的卫生监督和管理的治安防范等。这些部门应该对二次供水设施进行定期检查和评估，确保其安全可靠。

此外，社会监督也非常重要。各类二次供水设施管理单位应该自觉接受公众和用户的监督。如果出现二次供水水质等投诉，应及时进行调查核实并处理，并将处理结果及时反馈给当事人。这些管理工作也应该被纳入日常考核之中，以保证其管理的透明度和效果。

第五章 《二次供水管理质量评估规范》（DB 6101/T 3104—2021）图解

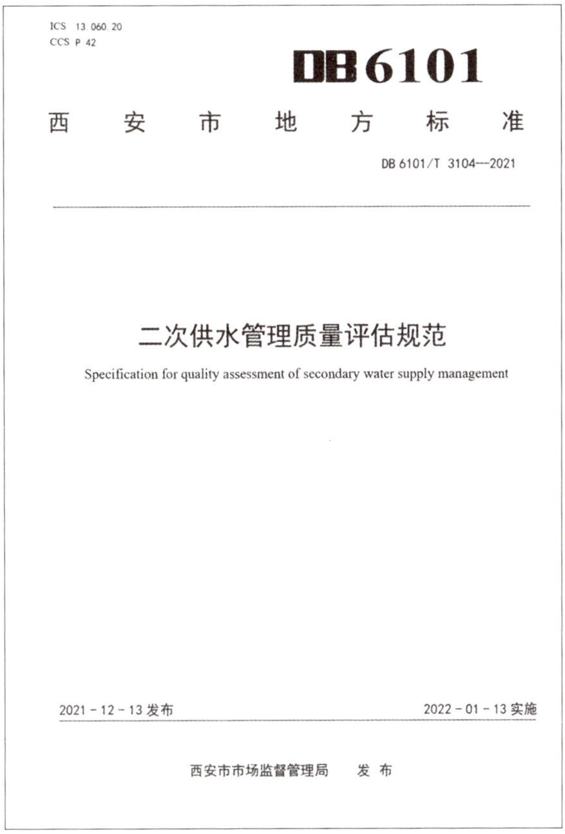

ICS 13.060.20
CCS P 42

DB 6101

西　安　市　地　方　标　准

DB 6101/T 3104—2021

二次供水管理质量评估规范

Specification for quality assessment of secondary water supply management

2021-12-13 发布　　2022-01-13 实施

西安市市场监督管理局　发布

图5–1　2021年12月《二次供水管理质量评估规范》（DB 6101/T 3104—2021）发布实施

为进一步落实二次供水设施管理单位主体责任，确保二次供水系统的安全、可靠、高效运行，以提供优质的用水服务。加强二次供水行业管理工作，提升二次供水设施管理单位运行质量，保障城镇供水“最后一公里”水质安全。本规范旨在制定一套标准和准则，以评估和确保二次供水系统的管理水平和水质符合一定的标准和要求。

1 定义

1.1 二次供水设施

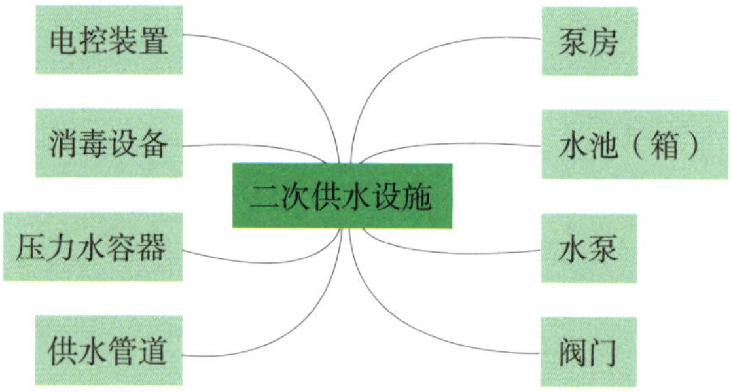

图5-2 二次供水设施

二次供水设施是指为二次供水设置的泵房、水池（箱）、水泵、阀门、电控装置、消毒设备、压力水容器、供水管道及相关辅助设施。

1.2 二次供水设施管理单位

二次供水设施管理单位是指管理二次供水设施的设施所有人或者其委托的物业、供水企业。

图5-3 物业（供水）服务中心

2　评估原则

（1）全面系统，突出重点地针对二次供水设施管理单位进行资料查验和现场检查，重点评估关键部位和薄弱环节的管理质量。

（2）通过科学合理、预防为先的系统化、专业化、标准化管理评估，行业管理部门按照评估流程和技术要求进行评估，保证不省略、不降低、不编造。

（3）依法管理，规范评估，二次供水设施管理单位要按照规范流程进行自身的检测评估。

（4）评估工作要客观公正，注重实效，公开透明，实事求是，注重管理效果，同时接受监督。

3　评估内容及技术要求

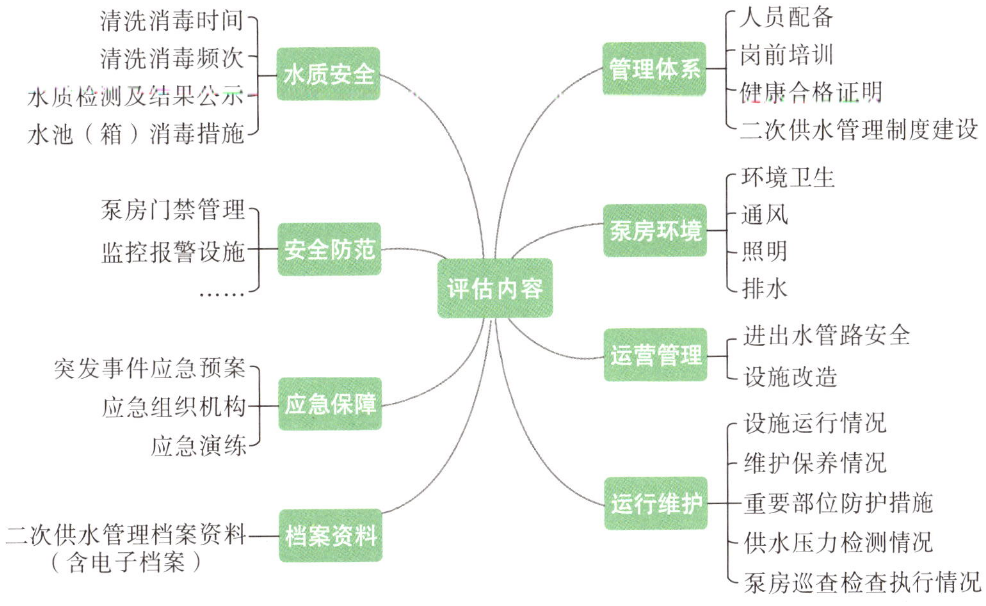

图5–4　评估内容

3.1 管理体系及技术要求

（1）二次供水设施管理单位供管水人员配备：二次供水设施的产权人或委托的单位需要负责设施的管理和维护，并配备专职人员进行日常运转、维护、清洗和消毒工作。

图5–5　二次供水设施管理单位负责人

（2）岗前培训：管理人员需要具备相关技能和健康证明，并通过专业培训合格后方可上岗。

（3）健康合格证明：对于患有消化道传染病、肺结核、皮肤病等疾病和病原携带者的人员，要及时报备并不能从事与二次供水有关的工作。

（4）二次供水管理制度建设：建立的管理制度需张贴在泵房内醒目位置。

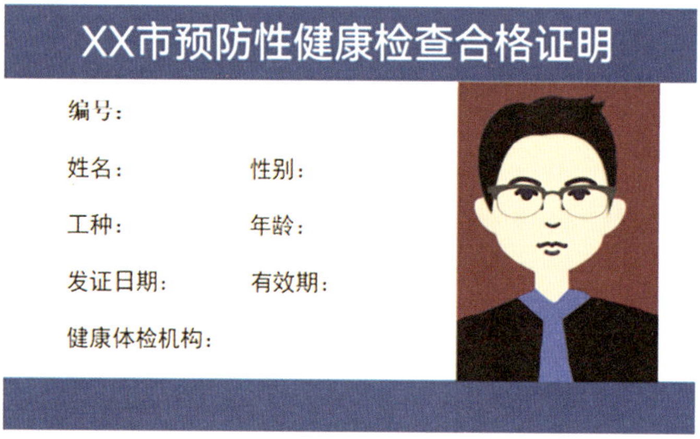

图5–6　健康证明

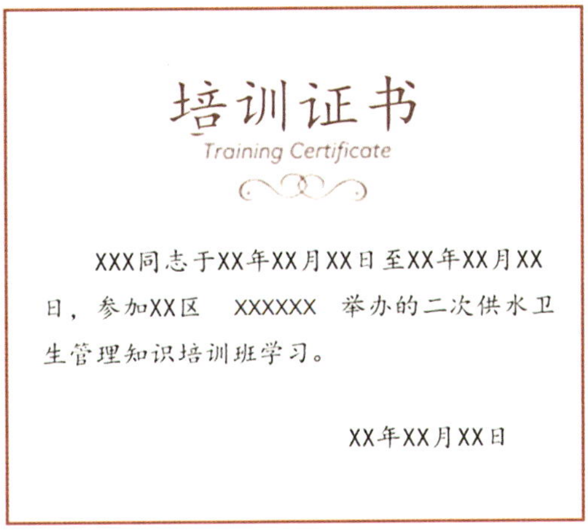
培训证书
Training Certificate

XXX同志于XX年XX月XX日至XX年XX月XX日，参加XX区　XXXXXX　举办的二次供水卫生管理知识培训班学习。

XX年XX月XX日

图5-7　岗前培训

图5-8　二次供水泵房管理规定

3.2　泵房环境及技术要求

（1）泵房环境卫生：①不把易燃、易爆、易腐蚀及可能造成环境污染的物品存放在泵房内。②二次供水设施周围30m内，不堆放有毒、有害、易腐物质，不设置渗水厕所、渗水坑、粪坑、垃圾堆放点等污染源。③埋地蓄水池周围10m以内不放设置化粪池、污水处理构筑物、渗水井、垃圾堆放点等污染源。④水池（箱）周围2m内不放置污水管和污染物。⑤及时制止在泵房、水池（箱）周围堆放杂物且在管线上压、埋、围、占的行为。⑥选用符合环保要求、易清洁的材料铺砌或涂覆泵房的内墙、地面、顶面。

（2）通风、照明：保持泵房内通风照明情况良好，确保设备运行环境处于符合规定的湿度和温度范围，必要情况下可以采用泵房除湿设备。

（3）排水：设施周围要整洁，地面要干燥且具有良好的排水条件。

图5-9　禁止图标

图 5-10　禁止在二次供水设施周围 30m 内设置污染源

图 5-11　禁止在水池（箱）周围 2m 内放置污水管和污染物

图5-12　禁止堆放杂物

卫生许可证

单位名称：XXXXXXXXX
法定代表人：XXX
地　址：XXXXXXXXXXX
许可项目：XXXXXXXX

发证机关
xx年xx月xx日

图5-13　卫生许可证

图5–14　通风照明系统

3.3　运行管理及技术要求

二次供水水池（箱）进出水管路安全、设施改造：①不擅自改动、拆除、损坏和侵占二次供水设施。②二次供水管道要有蓝色的标识，不与非饮用水管道连接且其布置不污染生活饮用水。③水池（箱）最好独立合理地设置且不产生水流短路，不能设置于厕所、垃圾间、污（废）水泵房、污（废）水处理机房及其他污染源毗邻的房间内；其上层不应有上述用房及浴室、盥洗室、厨房、洗衣房和其他产生污染源的房间。

图5–15　禁止损坏

图5–16　二次供水管路图

图5-17　水箱周围及上层禁止设置污染源

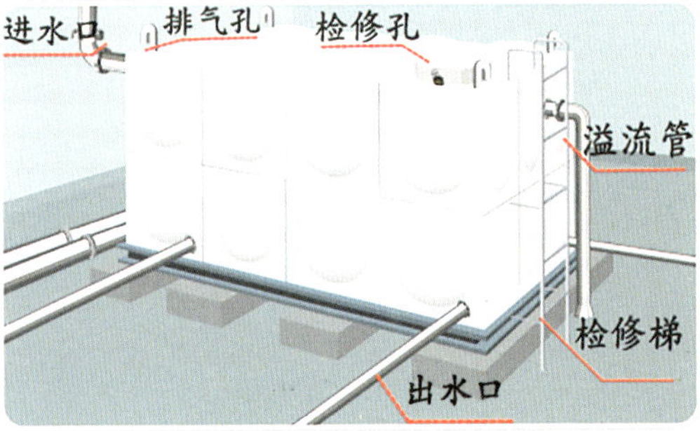

图5-18　二次供水水箱图

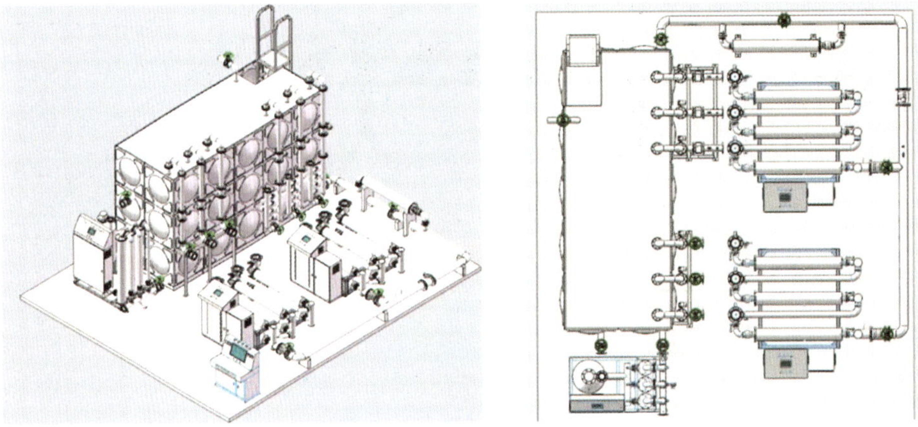

图5-19　二次供水系统图

3.4　运行维护及技术要求

（1）二次供水设施运行情况：机组设备有清晰的铭牌标识且正常运行，无异常声响，供水压力的指标要正常。

（2）重要部位防护措施：①泵房出入口处设置高度不低于50cm耐腐蚀、不易磨损的挡鼠板。②泵房内电控系统与水泵机组、水箱、管道等输配水设备采取防水、防潮、消防的隔离设置。③水池（箱）上方设置加盖、带锁、封闭严密的人孔。④透气孔、溢流管口设置不小于20目的防护细纱网，泄水口不与排污口直连。

（3）泵房维护保养、供水压力监测、巡查检查执行情况：①设备运行管理人员需要按照制定好的规程进行操作，不能随意更改运行控制参数。②运行管理人员需定期检查泵房内的排水、消毒设施、水池（箱）的液位控制系统、各类仪表、阀门井等，以及设备的运行情况和相关仪表和阀门是否正常运行，并记录下来，保证自动排气阀、倒流防止器等设备运行正常。③二次供水设施管理单位需要进行日检、月检、季检、年检，并留存工作记录。④为了确保设施的长期稳定运行，管理人员还需按照分级维护检修制度对设施进行定期的维护保养。

图5-20　定期检查维护

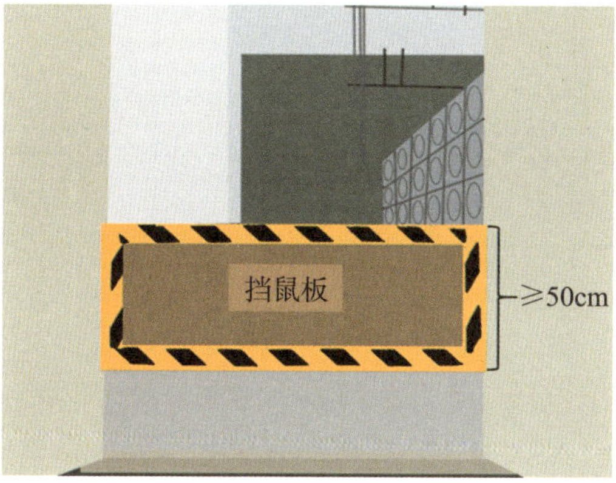

图5-21　挡鼠板

图5-22　电控系统

图5-23　管理人员巡检图

图5-24　管理人员记录

3.5 水质安全及技术要求

（1）二次供水蓄水设施清洗消毒时间、清洗消毒频次：二次供水设施管理单位委托具有专业能力的机构至少每半年对供水设施清洗、消毒1次，并提前24h对用户发出清洗、消毒通知。

（2）水质检测结果及公示情况：清洗消毒24h内，对水质进行检测并将检测结果予以公示。水池（箱）的出水，要清澈透明、无悬浮物、无沉淀物、无异味。

（3）水池（箱）消毒措施：采用紫外线、臭氧、自洁消毒仪等设施进行消毒时，要定期对设施进行维护保养；采用投加消毒药剂方式消毒时，要提供投加消毒药剂的相关记录。

图5-25　水质检测

3.6 安全防范及技术要求

泵房门禁管控、监控报警等安防措施：①新建泵房采用远程监控系统、入侵报警系统。②泵房封闭式管理，出入口处有完善的门禁措施，钥匙应交由专人保管，非直接管水人员因工作需要进入泵房，需进行实名登记，填写人员进出泵房登记表。

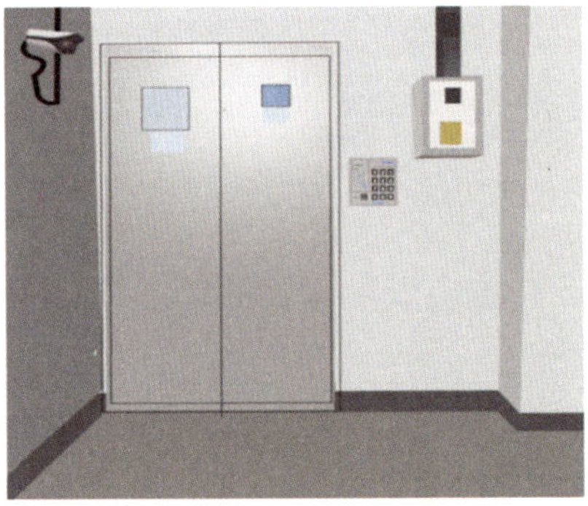

图5-26　远程监控系统及门禁系统

3.7 应急保障及技术要求

二次供水应急管理体系包含突发事件应急预案、应急组织机构、应急演练：①二次供水设施管理单位需设立应急处置领导小组，制定二次供水突发事件应急预案。②当发生二次供水污染、可能危及人体健康时，二次供水设施管理单位需要启动应急预案，采取有效应急措施，保证居民日常生活用水，并第一时间向所在地卫生健康行政管理部门和水行政主管部门报告，协助消除污染后，经水质检验合格后方可恢复供水。③二次供水设施管理单位定期组织开展应急培训和演练以让管理人员熟悉应急处置流程。

图5-27 应急预案措施

3.8 档案资料及技术要求

二次供水管理档案资料包含：①“一案两证六制度”；②泵房日常巡查检查记录；③人员进出泵房登记表；④二次供水设施维护保养记录；⑤设备产品的合格证、质量检验报告、说明书、涉水产品卫生许可批件；⑥二次供水工程相关备份图纸；⑦水池（箱）清洗消毒相关资料；⑧整改通知单及隐患整改记录；⑨二次供水设施管理单位自查评估记录。

所有资料需齐全，填写详细规范，符合规定时间，不能涂改，整齐归档，必要资料留存电子版。

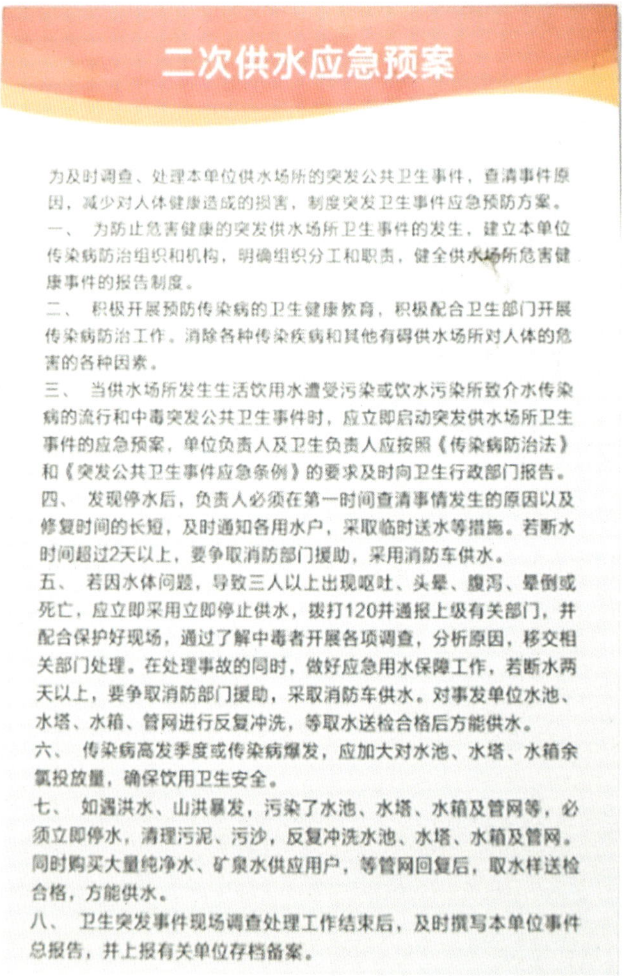

二次供水应急预案

为及时调查、处理本单位供水场所的突发公共卫生事件，查清事件原因，减少对人体健康造成的损害，制度突发卫生事件应急预防方案。

一、 为防止危害健康的突发供水场所卫生事件的发生，建立本单位传染病防治组织和机构，明确组织分工和职责，健全供水场所危害健康事件的报告制度。

二、 积极开展预防传染病的卫生健康教育，积极配合卫生部门开展传染病防治工作。消除各种传染疾病和其他有碍供水场所对人体的危害的各种因素。

三、 当供水场所发生生活饮用水遭受污染或饮水污染所致介水传染病的流行和中毒突发公共卫生事件时，应立即启动突发供水场所卫生事件的应急预案，单位负责人及卫生负责人应按照《传染病防治法》和《突发公共卫生事件应急条例》的要求及时向卫生行政部门报告。

四、 发现停水后，负责人必须在第一时间查清事情发生的原因以及修复时间的长短，及时通知各用水户，采取临时送水等措施。若断水时间超过2天以上，要争取消防部门援助，采用消防车供水。

五、 若因水体问题，导致三人以上出现呕吐、头晕、腹泻、晕倒或死亡，应立即采用立即停止供水，拨打120并通报上级有关部门，并配合保护好现场，通过了解中毒者开展各项调查，分析原因，移交相关部门处理。在处理事故的同时，做好应急用水保障工作，若断水两天以上，要争取消防部门援助，采取消防车供水。对事发单位水池、水塔、水箱、管网进行反复冲洗，等取水送检合格后方能供水。

六、 传染病高发季度或传染病爆发，应加大对水池、水塔、水箱余氯投放量，确保饮用卫生安全。

七、 如遇洪水、山洪暴发，污染了水池、水塔、水箱及管网等，必须立即停水，清理污泥、污沙，反复冲洗水池、水塔、水箱及管网。同时购买大量纯净水、矿泉水供应用户，等管网回复后，取水样送检合格，方能供水。

八、 卫生突发事件现场调查处理工作结束后，及时撰写本单位事件总报告，并上报有关单位存档备案。

图5-28 “一案”

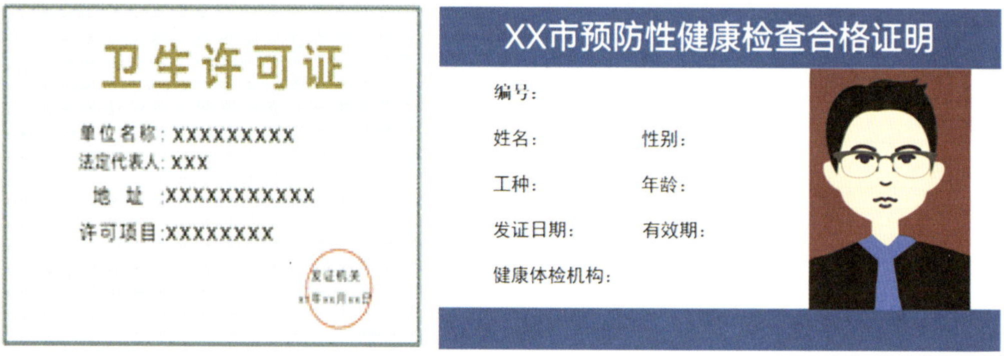

图5-29 “两证”（卫生许可证、从业人员健康证）

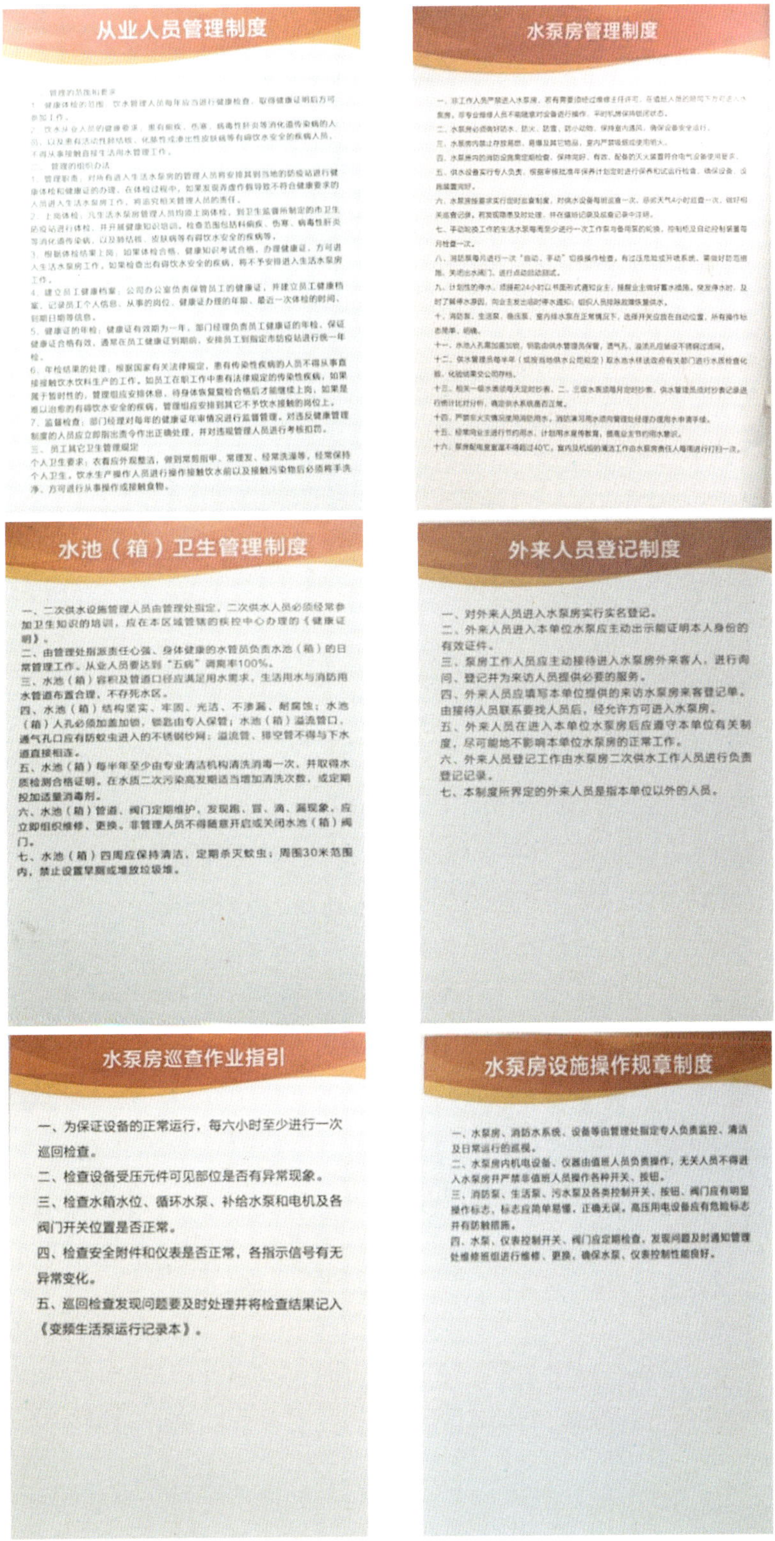
从业人员管理制度
水泵房管理制度
水池（箱）卫生管理制度
一、二次供水设施管理人员由管理处指定，二次供水人员必须经常参加卫生知识的培训，应在本区域管辖的疾控中心办理的《健康证明》。
二、由管理处指派责任心强、身体健康的水管员负责水池（箱）的日常管理工作。从业人员要达到"五病"调离率100%。
三、水池（箱）容积及管道口径应满足用水需求，生活用水与消防用水管道布置合理，不存死水区。
四、水池（箱）结构坚实、牢固、光洁、不渗漏、耐腐蚀；水池（箱）人孔必须加盖加锁，钥匙由专人保管；水池（箱）溢流管口，通气孔口应有防蚊虫进入的不锈钢纱网；溢流管、排空管不得与下水道直接相连。
五、水池（箱）每半年至少由专业清洁机构清洗消毒一次，并取得水质检测合格证明。在水质二次污染高发期适当增加清洗次数，或定期投加适量消毒剂。
六、水池（箱）管道、阀门定期维护，发现跑、冒、滴、漏现象，应立即组织维修、更换。非管理人员不得随意开启或关闭水池（箱）阀门。
七、水池（箱）四周应保持清洁，定期杀灭蚊虫；周围30米范围内，禁止设置旱厕或堆放垃圾堆。
外来人员登记制度
一、对外来人员进入水泵房实行实名登记。
二、外来人员进入本单位水泵房应主动出示能证明本人身份的有效证件。
三、泵房工作人员应主动接待进入水泵房外来客人，进行询问、登记并为来访人员提供必要的服务。
四、外来人员应填写本单位提供的来访水泵房来客登记单，由接待人员联系要找人员后，经允许方可进入水泵房。
五、外来人员在进入本单位水泵房后应遵守本单位有关制度，尽可能地不影响本单位水泵房的正常工作。
六、外来人员登记工作由水泵房二次供水工作人员进行负责登记记录。
七、本制度所界定的外来人员是指本单位以外的人员。
水泵房巡查作业指引
一、为保证设备的正常运行，每六小时至少进行一次巡回检查。
二、检查设备受压元件可见部位是否有异常现象。
三、检查水箱水位、循环水泵、补给水泵和电机及各阀门开关位置是否正常。
四、检查安全附件和仪表是否正常，各指示信号有无异常变化。
五、巡回检查发现问题要及时处理并将检查结果记入《变频生活泵运行记录本》。
水泵房设施操作规章制度
一、水泵房、消防水系统、设备等由管理处指定专人负责监控、清洁及日常运行的巡视。
二、水泵房内机电设备、仪器由值班人员负责操作，无关人员不得进入水泵房并严禁非值班人员操作各种开关、按钮。
三、消防泵、生活泵、污水泵及各类控制开关、按钮、阀门应有明显操作标志，标志应简单易懂，正确无误。高压用电设备应有危险标志并有防触措施。
四、水泵、仪表控制开关、阀门应定期检查，发现问题及时通知管理处维修班组进行维修、更换，确保水泵、仪表控制性能良好。

图5-30　“六制度”

4　评估基本流程

评估流程为：泵房管理评估—整改管理—资料归档。

图5-31　评估流程

4.1　泵房管理评估

（1）二次供水行业管理部门按评估指标及指标要求，对设施管理单位现场管理及运行维护管理档案进行查验、评估，填写《二次供水管理质量评估表》。

（2）查验的资料要真实、有效、填写规范。

（3）要客观、公正、真实地进行现场评估，并且留存相关影像作为佐证记录。

图5-32　现场评估

4.2 整改管理

（1）根据评估的结果，判断问题整改的方式。

（2）现场指出二次供水设施管理单位其存在的问题及整改要求，并指导完善相关措施。

（3）经过双方签字确认后，下发书面整改通知单。

二次供水整改通知单

二次供水整改通知单（副）

编号：

______________________：

根据《西安市生活饮用水二次供水管理和卫生监督规定》，你单位二次供水设施存在以下问题：

____

______________________。

请于　月　　日前完成整改。

二次供水设施管理单位：　　　　　　　　　　　签发人：

×××××××单位（盖章）

年　月　日

（联系电话：　　　　　　　　　）（邮箱：　　　　　　　　　）

二次供水整改通知单（主）

编号：

______________________：

根据《西安市生活饮用水二次供水管理和卫生监督规定》，你单位二次供水设施存在以下问题：

____

______________________。

请于　月　　日前完成整改。

二次供水设施管理单位：　　　　　　　　　　　签发人：

×××××××单位（盖章）

年　月　日

（联系电话：　　　　　　　　　）（邮箱：　　　　　　　　　）

图5–33　二次供水整改通知单

4.3 资料归档

评估及整改结束后，二次供水行业管理部门需要建立完整的二次供水行业管理档案，详见表 5–1。

表5-1 二次供水行业管理档案表

序号	档案内容
1	二次供水检查评估记录
2	二次供水竣工验收备案记录
3	二次供水设施清洗消毒记录
4	二次供水水质检测记录
5	二次供水宣传培训记录
6	二次供水投诉处置记录
7	二次供水整改相关资料

5 评估结果处理与应用

5.1 结果处理

（1）按照整改情形的不同，对二次供水评估指标分为A、B、C、D、E五类。评估指标分类见表5-2。二次供水行业管理部门评估结束后，按照评估指标对应的整改方式提出整改要求，告知二次供水设施管理单位整改时限。

（2）检查评估人员对评估及整改完成情况进行跟踪核查，并要求整改单位以电子文档形式上报整改结果，存档备查。

（3）对已知晓整改要求仍拒不整改的单位，提请行政执法机关进行处理，或建议其行为纳入企业信用信息评价。

表5-2 评估指标分类表

指标类别编号	整改方式	要求
发出整改通知	A类	评估结束后当日完成整改
	B类	评估结束后7d内完成整改
	C类	评估结束后15d内完成整改
	D类	评估结束后30d内采取相关措施完成整改
	E类	要求二次供水设施管理单位立即停止供水，启动应急预案，待整改完毕、隐患消除、水质合格后，恢复供水

5.2 结果应用

（1）二次供水设施需要定期进行管理质量评估，如果出现了重大自然灾害或人为破坏等不可抗力因素造成损坏或水质污染，管理单位需要按照应急预案及时采取应对措施，并向相关职能部门报告和处理。

（2）二次供水行业管理部门需要结合上一年度评估数据来指导下一年的监督检查工作。同时，对于评估过程中存在的共性问题，行业管理部门需要进行引导、宣传、培训和指导，以此来提升二次供水管理的水平。

（3）行业管理部门也可以灵活运用新技术如大数据、云计算、物联网等来对评估数据进行分析比较，进行隐患预警，并提供技术服务和指导，以此来提高二次供水管理的智能化和精细化水平。

（4）二次供水设施管理单位需要根据评估结果进行阶段性总结和整改提升，全面消除供水安全隐患，使二次供水管理逐步达到标准化程度。

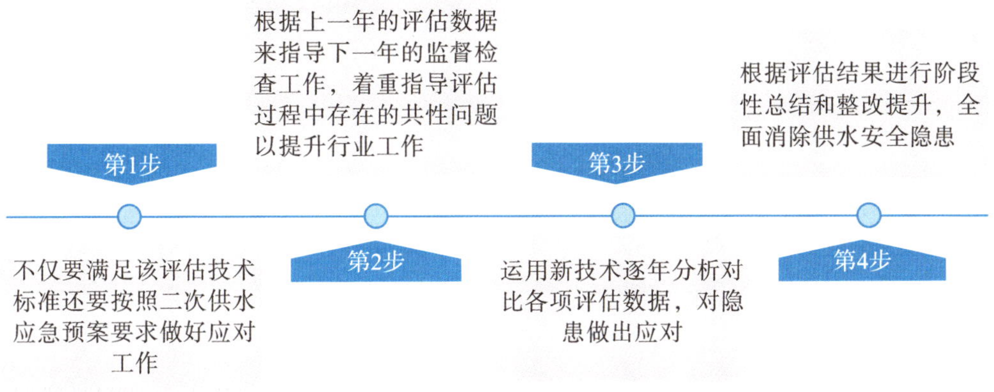

图5-34　评估结果应用

第六章 《二次供水突发事件应急预案编制规范》（DB 6101/T 3145—2023）图解

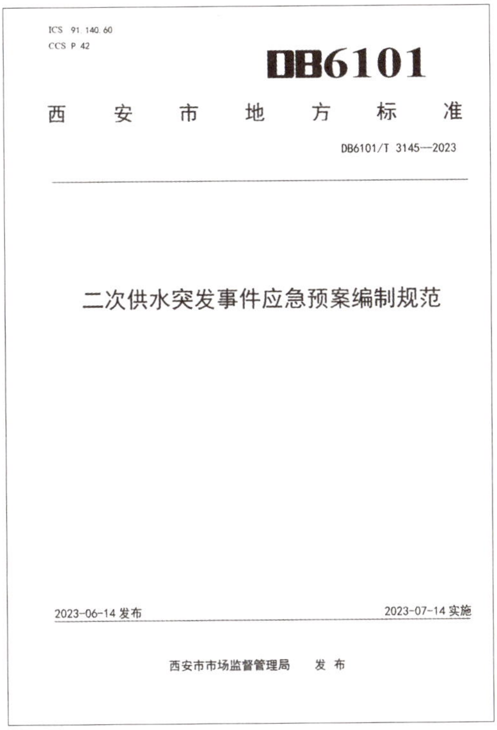

ICS 91.140.60
CCS P 42

DB6101

西　安　市　地　方　标　准

DB6101/T 3145—2023

二次供水突发事件应急预案编制规范

2023-06-14 发布　　2023-07-14 实施

西安市市场监督管理局　发 布

图6-1　2023年《二次供水应急预案编制规范》（DB 6101/T 3145—2023）发布实施

作为城市供水“最后一公里”的二次供水，管理单位的应急处置能力直接关系饮用水安全。《中华人民共和国水污染防治法》第七十九条要求“饮用水供水单位应当根据所在地饮用水安全突发事件应急预案，制定相应的突发事件应急方案并定期进行演练”。《城市供水水质管理规定》（住建部令第 156 号）要求“城市供水单位应当依据所在地城市供水水质突发事件应急预案，制定相应的突发事件应急预案，并定期组织演练”。二次供水管理单位作为自建设施的供水单位，其所管理的在用二次供水设施建设年限、使用情况及应急处置能力不一，以地方标准的形式系统性规范二次供水应急处置预案编制，使得应急预案适用于编制单位的二次供水应急处置，从而科学提高二次供水行业应对突发事件应急处置能力，夯实主体管理责任、落实监管职责、规范应急处置行为，对于保障人民群众用水安全十分必要。

1　定义

1.1　二次供水设施

二次供水设施是指为二次供水设置的泵房、水箱（池）、水泵、阀门、电控装置、消毒设备、压力水容器、供水管道及相关辅助设施。

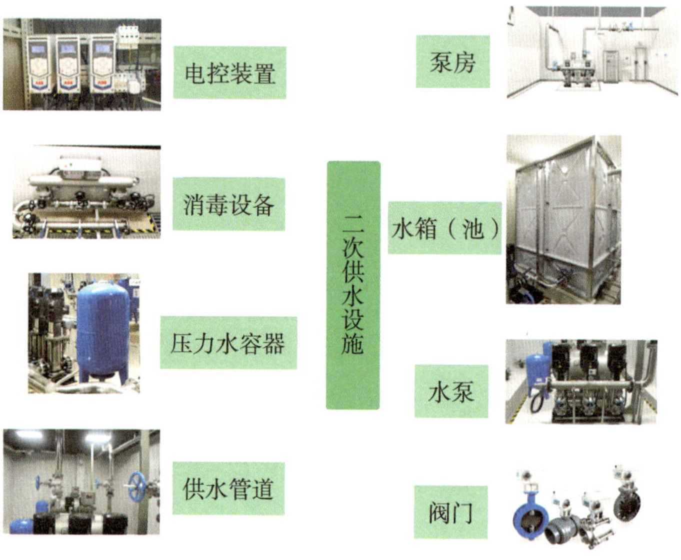

图6-2　二次供水设施

1.2　二次供水应急预案

二次供水应急预案是指二次供水设施管理单位为了最大限度地降低因二次供水突发事件对人民生命健康的危害、生产生活秩序的影响、财产和其他方面的损失，及时排除隐患，确保二次供水正常，结合单位二次供水工作实际，预先制定的工作方案。

2　应急预案编制程序

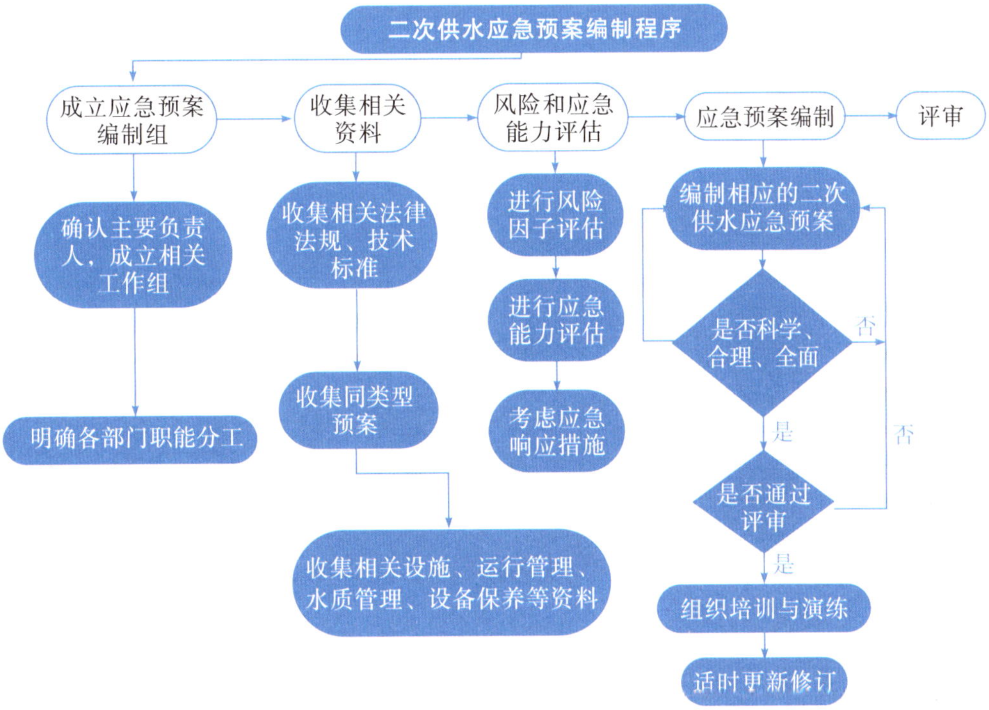

图6-3　应急预案编制程序流程图

2.1　成立应急预案编制工作组

2.1.1　领导及机构

二次供水管理单位成立以单位主要负责人为领导，相关部门或人员组成的应急预案编制工作组。

2.1.2　职能分工

按照各部门职能分工，结合本单位二次供水实际情况，明确编制任务，落实工作责任。

2.2　资料收集

收集与预案编制工作相关的法律法规、技术标准、应急预案、同类型预案等的相关资料。收集所管理的二次供水设施相关建设、运行管理、水质管理、设备保养等资料。

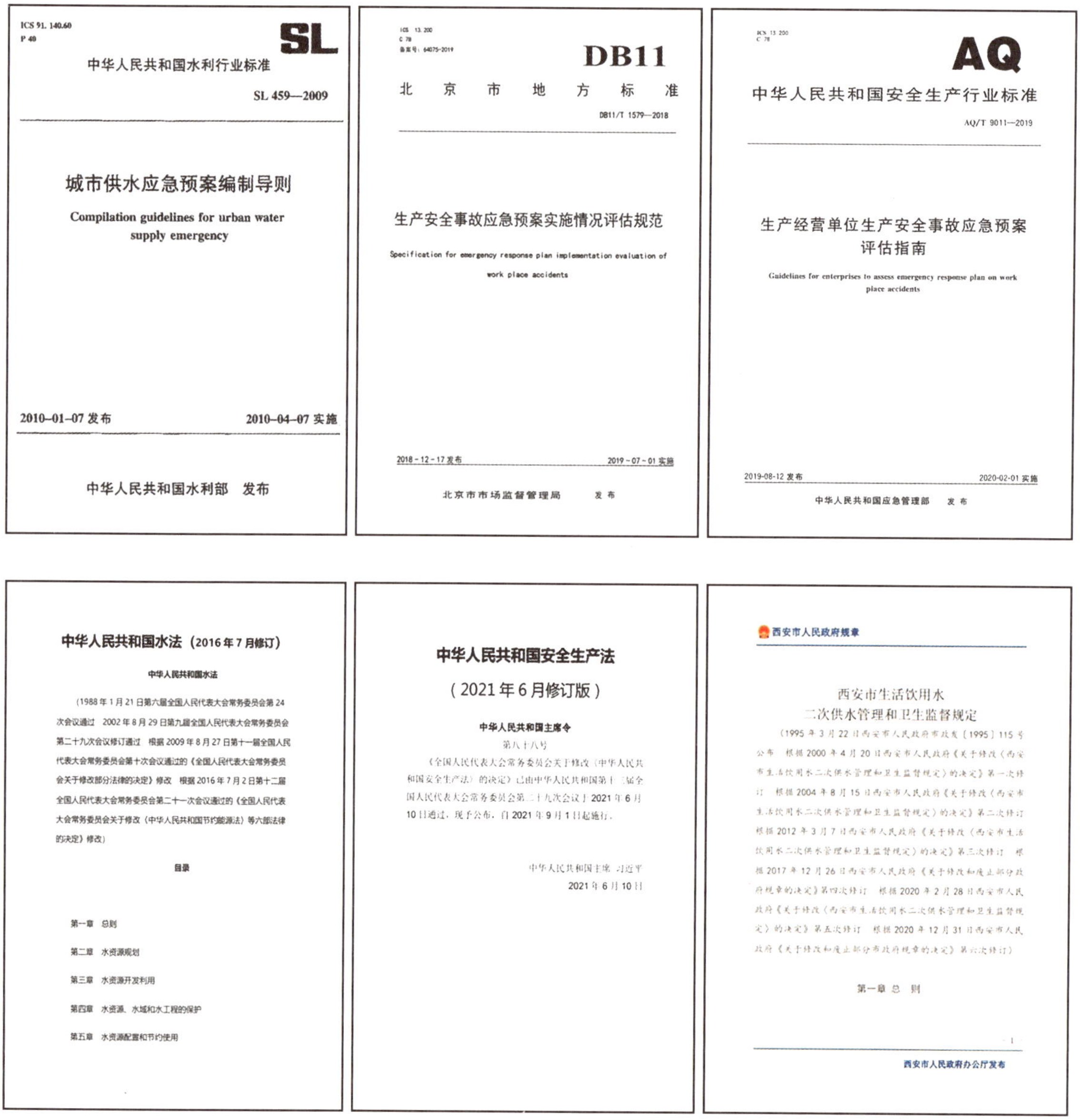
ICS 91. 140.60
P 40
SL
中华人民共和国水利行业标准
SL 459—2009
城市供水应急预案编制导则
Compilation guidelines for urban water supply emergency
2010-01-07 发布　2010-04-07 实施
中华人民共和国水利部　发布

ICS 13. 200
C 78
备案号：64075-2019
DB11
北　京　市　地　方　标　准
DB11/T 1579—2018
生产安全事故应急预案实施情况评估规范
Specification for emergency response plan implementation evaluation of work place accidents
2018-12-17 发布　2019-07-01 实施
北京市市场监督管理局　发布

ICS 13 200
C 78
AQ
中华人民共和国安全生产行业标准
AQ/T 9011—2019
生产经营单位生产安全事故应急预案评估指南
Guidelines for enterprises to assess emergency response plan on work place accidents
2019-08-12 发布　2020-02-01 实施
中华人民共和国应急管理部　发布

中华人民共和国水法（2016 年 7 月修订）
中华人民共和国水法
（1988 年 1 月 21 日第六届全国人民代表大会常务委员会第 24 次会议通过　2002 年 8 月 29 日第九届全国人民代表大会常务委员会第二十九次会议修订通过　根据 2009 年 8 月 27 日第十一届全国人民代表大会常务委员会第十次会议通过的《全国人民代表大会常务委员会关于修改部分法律的决定》修改　根据 2016 年 7 月 2 日第十二届全国人民代表大会常务委员会第二十一次会议通过的《全国人民代表大会常务委员会关于修改〈中华人民共和国节约能源法〉等六部法律的决定》修改）
目录
第一章　总则
第二章　水资源规划
第三章　水资源开发利用
第四章　水资源、水域和水工程的保护
第五章　水资源配置和节约使用

中华人民共和国安全生产法
（2021 年 6 月修订版）
中华人民共和国主席令
第八十八号
《全国人民代表大会常务委员会关于修改〈中华人民共和国安全生产法〉的决定》已由中华人民共和国第十三届全国人民代表大会常务委员会第二十九次会议于 2021 年 6 月 10 日通过，现予公布，自 2021 年 9 月 1 日起施行。
中华人民共和国主席　习近平
2021 年 6 月 10 日

西安市人民政府规章
西安市生活饮用水
二次供水管理和卫生监督规定
（1995 年 3 月 22 日西安市人民政府市政发〔1995〕115 号公布　根据 2000 年 4 月 20 日西安市人民政府《关于修改〈西安市生活饮用水二次供水管理和卫生监督规定〉的决定》第一次修订　根据 2004 年 8 月 15 日西安市人民政府《关于修改〈西安市生活饮用水二次供水管理和卫生监督规定〉的决定》第二次修订　根据 2012 年 3 月 7 日西安市人民政府《关于修改〈西安市生活饮用水二次供水管理和卫生监督规定〉的决定》第三次修订　根据 2017 年 12 月 26 日西安市人民政府《关于修改和废止部分政府规章的决定》第四次修订　根据 2020 年 2 月 28 日西安市人民政府《关于修改〈西安市生活饮用水二次供水管理和卫生监督规定〉的决定》第五次修订　根据 2020 年 12 月 31 日西安市人民政府《关于修改和废止部分市政府规章的决定》第六次修订）
第一章　总　则
1
西安市人民政府办公厅发布

图6–4　部分相关法律法规

2.3 风险和应急能力评估

根据本单位二次供水设施状况及收集的资料，在编制预案前应组织风险和应急能力评估。

2.4 应急预案编制

（1）在风险评估和应急能力评估的基础上，按照本单位的实际情况及应急预案体系要求编制相应的二次供水应急预案，不能与所在地政府的相关应急预案相违背。

（2）应急预案编制应科学、合理、全面，具有可实施性。

（3）应急预案编制完成后，应进行评审。评审通过后，应由单位主要负责人签发实施。

（4）应急预案印发后，应按照有关规定组织培训和演练，并适时对预案进行更新和改进。

3 应急预案主要内容

编制的应急预案包括总则、应急体系、应急处置程序、保障措施、预案管理和后期处置。主要内容如图 6–5 所示。

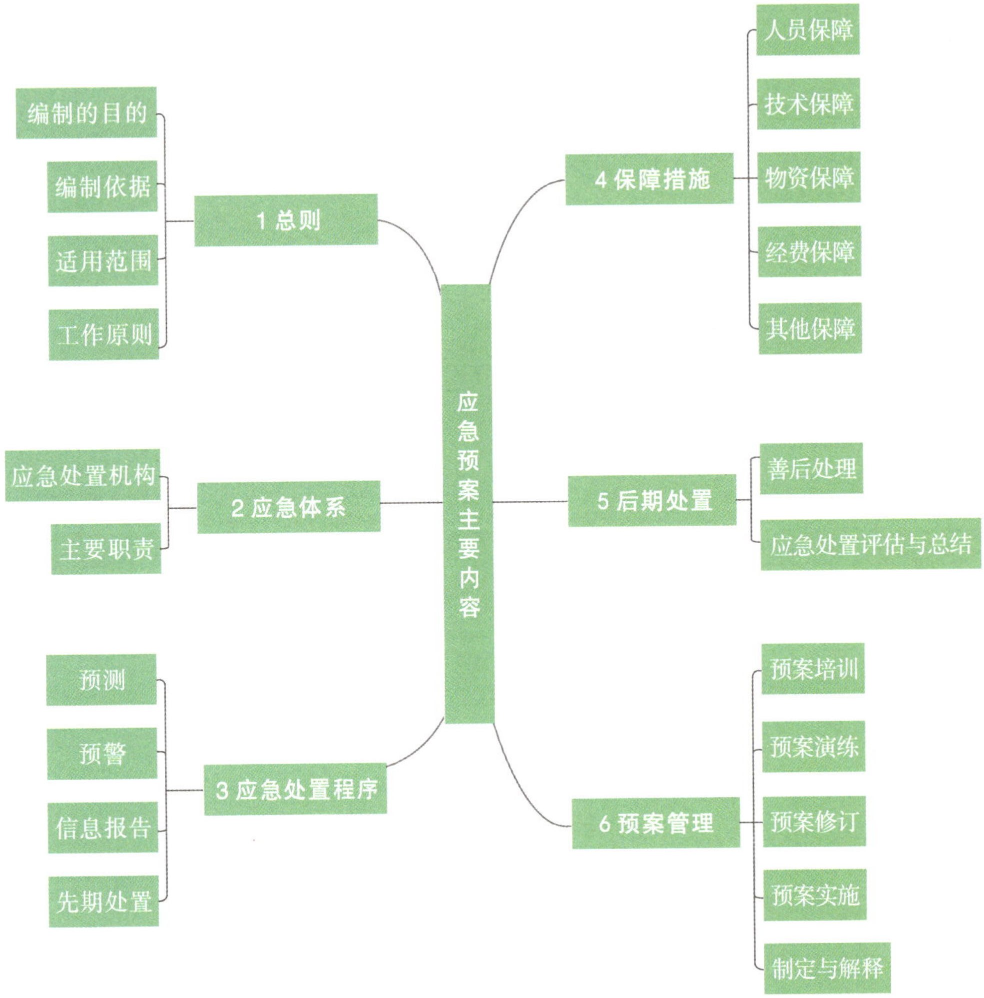

图6–5 应急预案主要内容

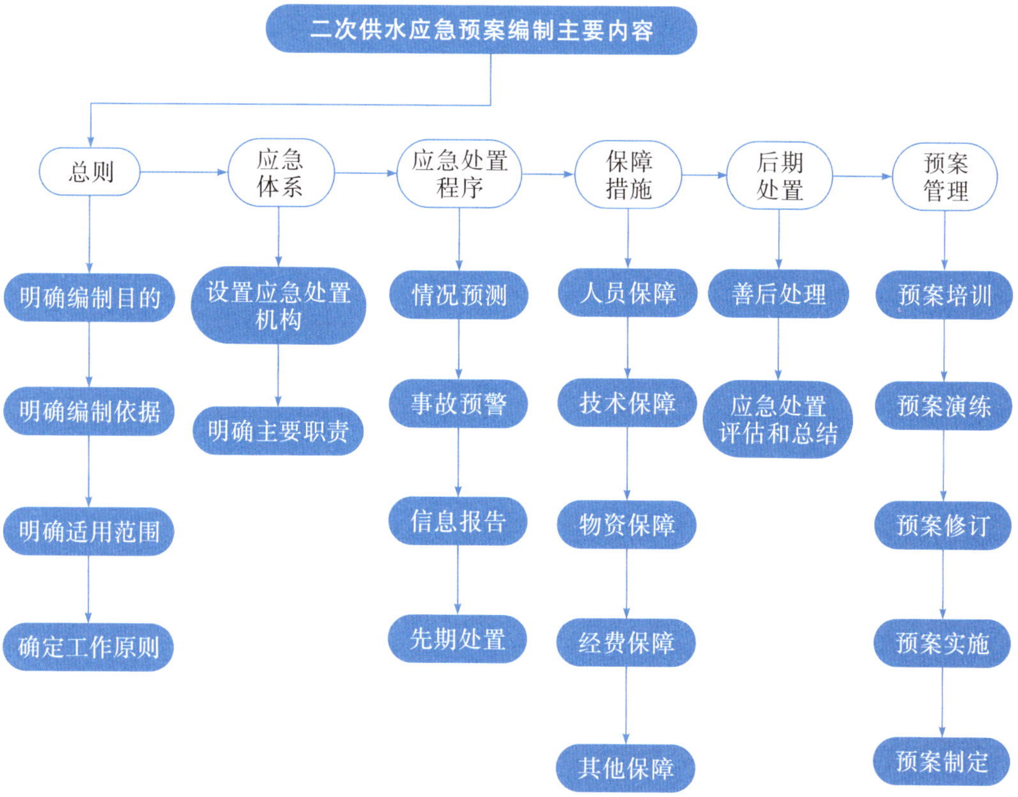

图6–6　应急预案主要内容编制流程图

3.1　总则

3.1.1　编制的目的

二次供水管理单位应简述编制预案的目的和意义。

3.1.2　编制的依据

对应急预案编制所依据的有关法律法规、规章、安全技术规范、标准等进行描述。

3.1.3　适用范围

对应急预案适用的二次供水应急处置类型和范围进行说明。

3.1.4　工作原则

结合实际情况对二次供水应急处置过程中应遵循的及时、有序、高效、妥善处置等原则、工作要求、范围及特殊突发事件处置原则等进行描述。

3.2 应急体系

3.2.1 应急处置机构

二次供水管理单位应根据本单位的情况明确突发事故应急处置指挥部的设立情况，进行职责分工，落实工作任务，优化工作流程。

3.2.2 主要职责

二次供水管理单位应急处置指挥部应明确但不限于以下职责内容：应急处置机构各相关部门及人员的相应职责、工作范围、严重性评估、信息报告及汇总、物资调配、通信联络等。

3.3 应急处置程序

3.3.1 预测

根据国家有关法律法规，结合管辖范围实际情况，预案应明确发生事故后，二次供水管理单位对二次供水水质安全、次生灾害及健康危害的初步判断情况。

3.3.2 预警

根据事故的范围和程度，二次供水管理单位对安全事故要进行内部预警。安全事故分为常态预警和事故状态预警。应对不同预警的条件、方式、方法进行描述，对防止事故发展采取的措施进行明确。例如：张贴公告、隔离事故区域、疏散人群等进行描述。

3.3.3 信息报告

预案中应明确应急突发事件发生后，单位内部及外部报告事故信息的方法、程序、内容和时限。

3.3.4 先期处置

应对突发事件应急处置先期处置工作进行描述，应包括但不限于以下内容：

（1）采取措施，进行初步研判工作。

（2）停止供水的各项准备工作（人员、物资等协调工作）。

（3）保障群众正常用水采取相关措施，如应急供水设备的调运工作等。

（4）有关部门沟通协调工作，通报水质突发事件情况，告知做好相应准备工作，水源供水总管或工程部无力解决时，可联系自来水公司等相关技术单位协助提供支持。

3.4 保障措施

应对各种保障措施进行描述。

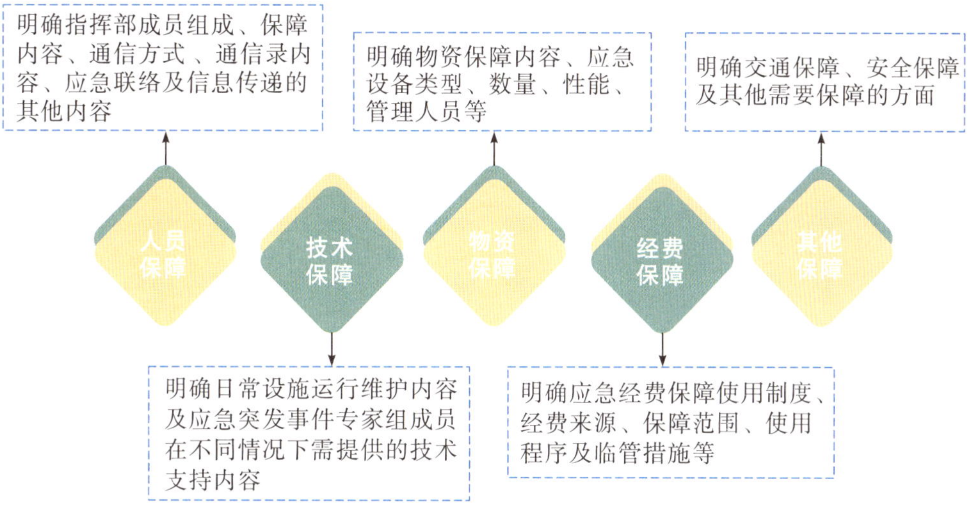

图6-7 保障措施内容

3.5 后期处置

3.5.1 善后处理

应在应急预案中体现突发应急事故处置完成后，善后处理工作的内容，包括但不限于以下内容：

二次供水突发事故应急处置结束后，根据事故发生区域、影响范围，需接受有关单位的督促、协调和检查工作。

为尽快消除事故影响，保证社会稳定，尽快恢复正常秩序，妥善安置和慰问受影响人员所采取的相应措施。

事故责任单位应依法采取的各项善后工作及善后处理以及受影响人员的生活安排情况。

有关单位应积极配合事故调查、分析、处理和评估等相关工作内容。

3.5.2 应急处置评估与总结

预案应明确应急突发事故处置完成后的评估和经验教训总结要求。包括事故基本情况、采取的有效整改措施、应急预案执行情况、应急响应措施、实施情况、保障措施、信息公开与舆情等内容。

×××事故经验教训总结

1.事故基本情况：×××××

2.采取的有效整改措施：×××××

3.应急预案执行情况：×××××

4.应急响应措施：×××××

5.实施情况：×××××

6.保障措施：×××××

7.信息公开与舆情：×××××

8.×××××

图6–8　经验总结教训内容

3.6　预案的管理

3.6.1　预案培训

（1）明确工作人员的事故应急救援知识和技能培训。

（2）明确各类安全事故及应急预案教育，应急救援人员上岗培训和常规性培训内容，培训工作所采取的方式等。

（3）明确培训对象（有关领导和有关应急人员等），培训记录及培训档案等。

二次供水应急预案培训记录表

培训单位	
培训内容	
培训时间	
培训地点	
培训机构	
培训人员	
参加人员	
培训步骤	
培训效果	
完善措施	

填写人：　　　　　　　　填写日期：

图6–9　应急预案培训记录表

3.6.2　预案演练

明确应急预案演练的内容、形式、参与演练人员、应急处置准备、组织过程以及组织单位经验总结、完善和改进事故防范措施等。

二次供水应急预案演练记录表

演练单位	
演练内容	
演练时间	
演练地点	
指挥机构	
指挥人员	
参加人员	
演练步骤	
演练效果	
完善措施	

填写人：　　　　　　　　填写日期：

图6–10　应急预案演练记录表

3.6.3　预案修订

明确预案修订的时间和要求。一般有如下情形的，应及时修订预案：

（1）有关法律、法规、规章、标准、上位预案中的有关规定发生变化的。

（2）应急指挥机构及其职责发生重大调整的。

（3）面临的风险发生重大变化的。

（4）重要应急资源发生重大变化的。

（5）预案中其他重要信息发生变化的。

（6）在突发事件实际应对和应急演练中发现问题需要作出重大调整的。

（7）应急预案制定单位认为应当修订的其他情况。

3.6.4　预案实施

明确应急预案实施和生效的具体时间。

3.6.5　制定与解释

明确应急预案负责制定与解释的部门。

4　二次供水几种常见应急处置措施

4.1　水泵突然停止工作应急处置措施

当水泵突然停止工作，造成供水中断时，事故单位应通知工程维修人员在半小时内赶到水泵房，并且上报上级主管部门和城市供水主管单位，及时进行以下操作：

（1）切断故障水泵的电源。

（2）关闭故障水泵的进水阀门。

（3）迅速启动备用水泵，如备用水泵的自动开关在手动位置，立即将开关打至自动位置。

（4）故障原因检查：

检查水泵电机是否发热（超出电机的额定温度 60℃以上）。

检查电机与泵体接触是否错位，盘根是否损坏。

检查电源及电机控制部分是否缺相（二相火），控制元件是否烧坏，机械部位是否卡死。

测量电机定子线圈的直流绝缘电阻，是否短路或接地。如测得电机已烧坏，立即向物业经理汇报，并做好记录。

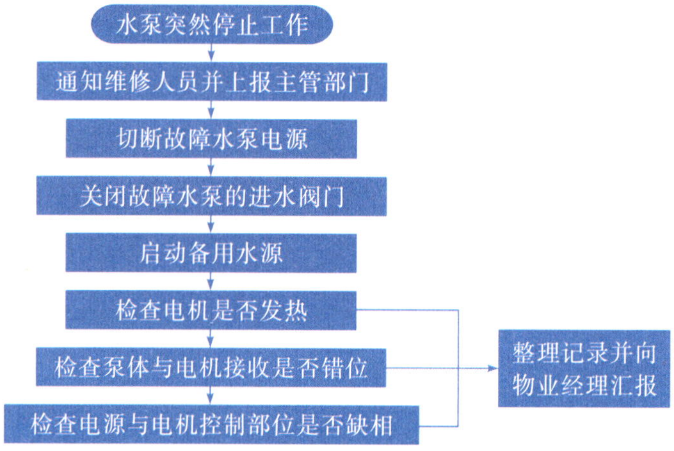

图6–11　水泵突然停止工作应急处置流程图

4.2 发生停水或水浸应急处置措施

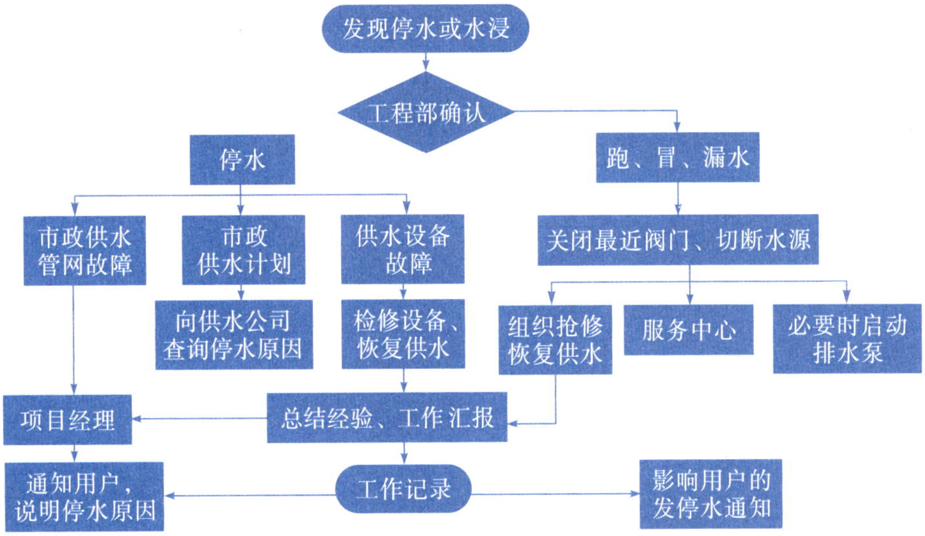

图6-12　停水或水浸应急处置流程图

4.3 二次供水水质污染应急措施

（1）发生水污染事件后应立即停止运行二次供水设施，事故单位应第一时间上报上级主管部门相关应急指挥部。

（2）保护好现场状况，了解事件经过，开展各项调查，分析原因。

（3）处理事故的同时，做好应急用水保障，可采用二次供水应急供水设备保障居民日常生活用水。

（4）若出现危及群众生命健康的情况，立即拨打120急救电话，将病人送往医院，稳定病人情绪。

（5）若需公安部门配合，应立即拨打电话，同时配合公安部门调查。

（6）做好卫生处理工作，配合上级部门做好善后处理。

（7）二次供水设施专业清洗公司按照《二次供水蓄水设施清洗消毒技术规范》对水箱、水池及相关管道反复冲洗消毒，等水样送检合格后恢复供水。

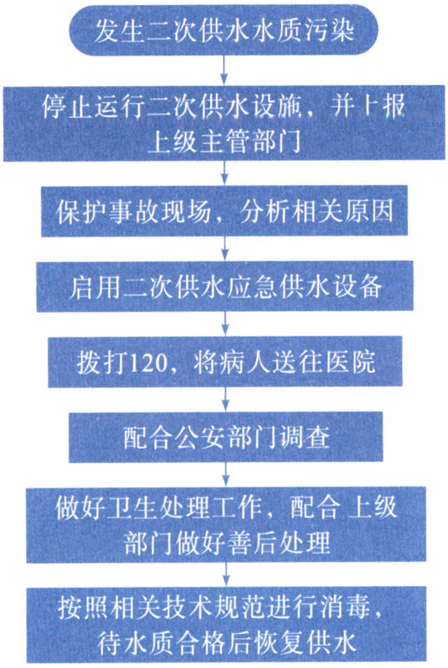

图6-13　二次供水水质污染应急措施流程图

4.4 水管爆裂、水箱满溢应急措施

（1）一旦发现水管爆裂或水箱满溢后，应立即设法制止溢水，并报告上级主管部门和城市供水主管单位，做好现场秩序维护工作。

（2）应立即组织工程维修人员、保洁人员等赶赴现场，并做好控制现场水势，防止水浸范围扩大。

（3）及时关闭漏水部位的进水阀门，迅速切断水浸区的电源，防止触电事故，如属市政供水单位给排水故障的，应马上通知所在地的供水单位。

（4）迅速采取有效措施，利用沙包、吸水器、拖把、潜水泵等清除积水，以防水势蔓延威胁设施安全。

（5）在维修抢险清理现场积水的过程中，应对配电等设备机房采取相应的检查和防护措施。

（6）抢修完毕后，应对遭水浸的机电设备及其控制柜进行测试和相关的修复工作。

（7）对受事故影响的业主，应及时上门做好安抚工作。

（8）事故处理完毕后，应拟写事故报告并存档，以便日后分析用。

（9）进行现场拍照或现场记录等工作。

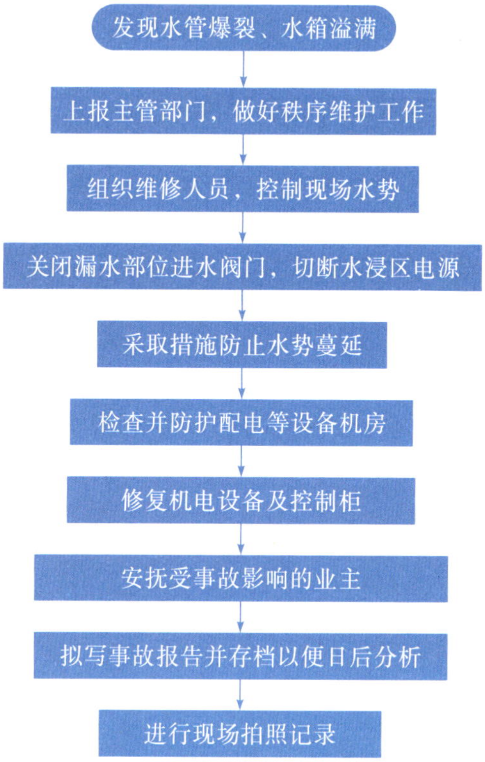

图6-14　水管爆裂、水箱溢满应急措施流程图

第七章 《二次供水工程技术规程》（DBJ 61/T 186—2021）图解

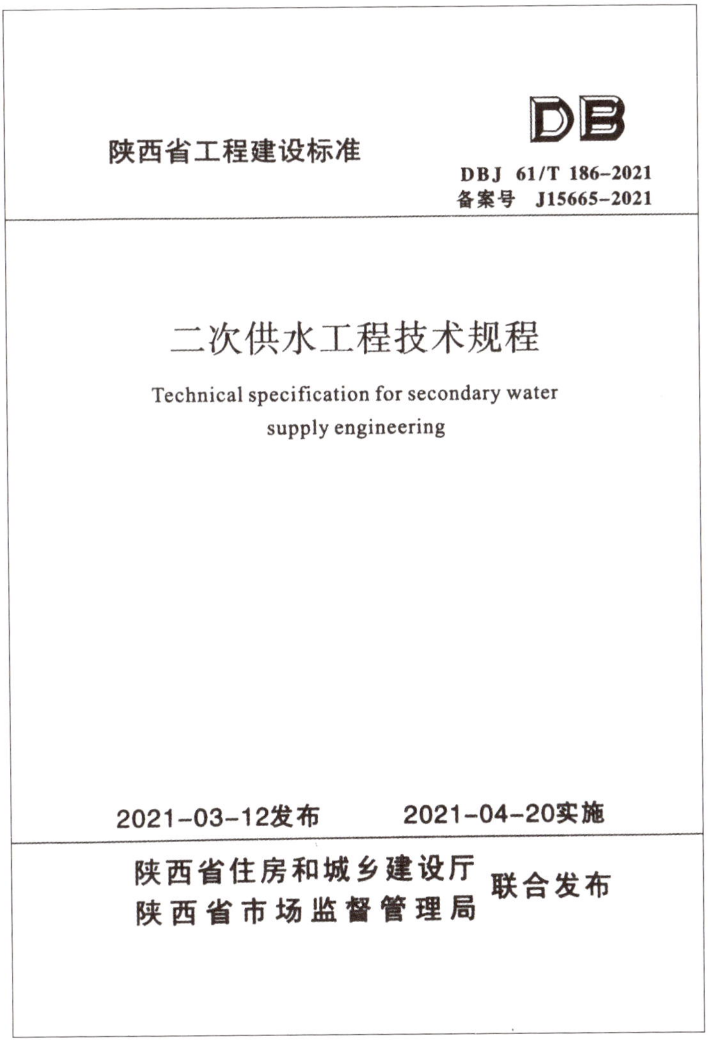

陕西省工程建设标准

DB

DBJ 61/T 186-2021

备案号 J15665-2021

二次供水工程技术规程

Technical specification for secondary water supply engineering

2021-03-12发布　　2021-04-20实施

陕西省住房和城乡建设厅
陕西省市场监督管理局　联合发布

图7-1　2021年《二次供水工程技术规程》（DBJ 61/T 186—2021）发布实施

1　总则

为提高陕西省二次供水工程的建设质量和管理水平，保障二次供水安全、卫生和社会公众利益，保证二次供水的水质、水量及水压，规范陕西省二次供水工程的设计、施工、验收及运行维护管理，制定本规程。

本规程适用于陕西省城镇新建、扩建和改建的民用与工业建筑生活饮用水二次供水工程的设计、施工、安装、调试、验收、设施维护及运行管理。

本规程不适用于乡村供水及非生活饮用水类的二次供水。

二次供水工程的建设和运行维护管理，除应符合本规程的规定外，尚应符合国家、行业和陕西省现行有关标准的规定。

2　术语

（1）自建供水设施。

自建供水设施是指城镇用水单位自行建设的供水管道及其附属设施向本单位的生活、生产提供用水的设施。

（2）回流污染。

由负压回流或虹吸回流对生活给水系统造成的污染，或用户管网的水回流到城镇或小区供水管网的现象。

（3）水质消毒。

利用化学和物理方法杀灭水中的病原体，以防止水质污染，阻断疾病传染，维护人群健康。

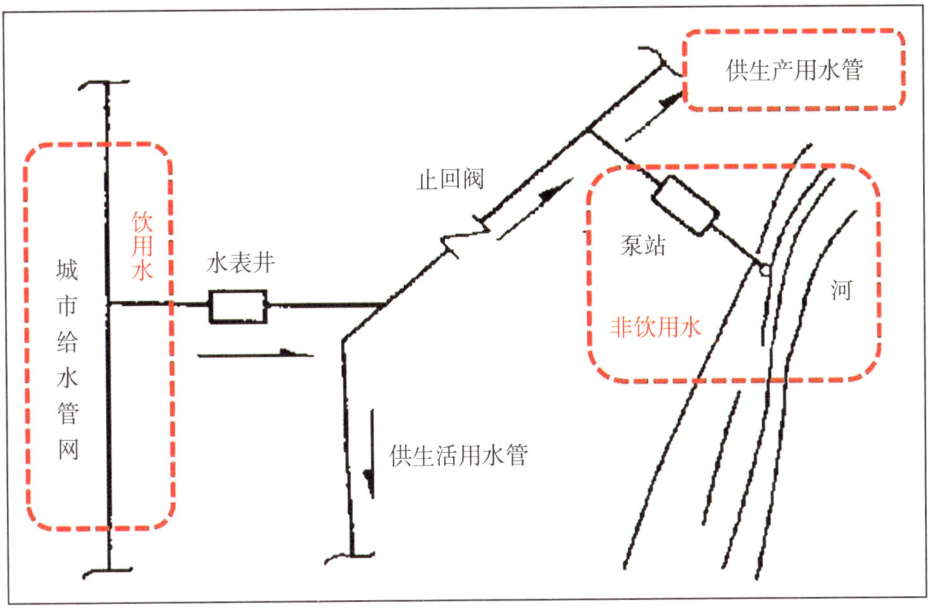

图7-2 饮用水与非饮用水直接连接造成回流污染

3 基本规定

二次供水应遵循保证水质、水量、水压、安全、卫生、节能、环保的原则。

当民用与工业建筑生活饮用水用户对水压、水量的要求超过城镇供水管网或自建设施供水管网的供水服务压力和水量时，应采用二次加压的供水方式供水，以保证用户对水压、水量的需求。

二次供水设施应满足下列安全防范措施：

（1）必须独立设置，并应有独立的围护结构。

（2）应有防冻、防暴晒、防雷击等有效的防护措施。

（3）应设置入侵报警系统等技防、物防安全防范措施。

（4）二次供水设施应由专人进行管理。

二次供水设备宜设置远程监控系统，可与城市智慧水务监控平台联网。

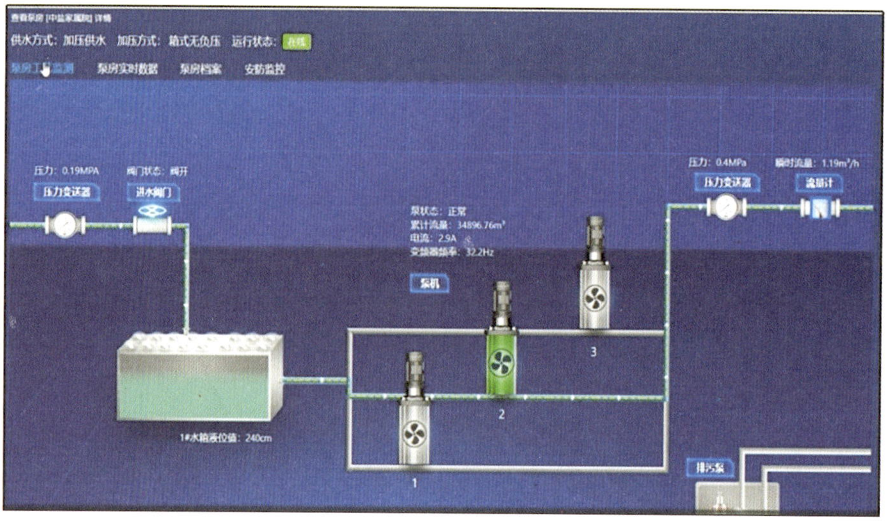

图7-3　远程监控系统

二次供水工程的抗震设计要求，应符合现行国家标准《建筑机电工程抗震设计规范》GB 50981 的有关规定。

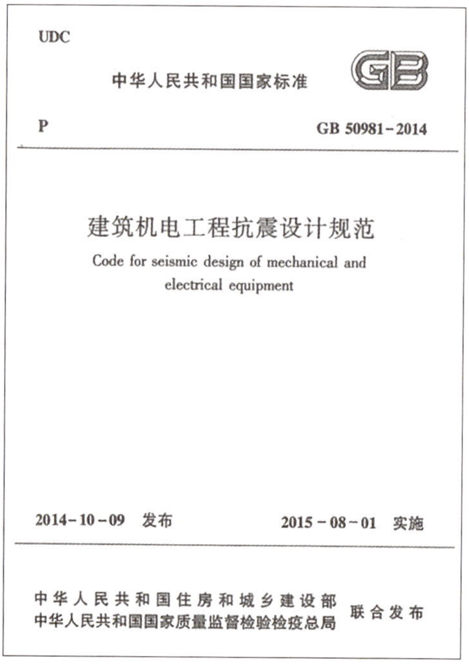

UDC

中华人民共和国国家标准　GB

P　GB 50981－2014

建筑机电工程抗震设计规范

Code for seismic design of mechanical and electrical equipment

2014－10－09　发布　2015－08－01　实施

中华人民共和国住房和城乡建设部
中华人民共和国国家质量监督检验检疫总局　联合发布

图7–4　《建筑机电工程抗震设计规范》

二次供水设备应有铭牌标识、产品出厂合格证、省级以上质量技术监督部门的质量检验（测）报告，涉及饮用水卫生安全许可审批的涉水产品应具有省级卫生行政部门颁发的涉水产品卫生许可批件等相关资料。

图7-5　二次供水设备铭牌标识

二次供水方式应经当地相关主管部门备案或审查同意。选用的二次供水方式不应影响周边用户的正常供水。

4　水质、水量与水压

二次供水水质应符合现行国家标准《生活饮用水卫生标准》（GB 5749）的有关规定。

二次供水水量应根据民用与工业建筑的地域、使用性质、规模、用水范围、用水器具及设备用水量进行计算确定。其用水定额及计算方法，应符合现行国家标准《建筑给水排水设计标准》（GB 50015）、《民用建筑节水设计标准》（GB 50555）、《室外给水设计标准》（GB 50013）、《城市居民生活用水标准》（GB /T50331）和陕西省地方标准《陕西省行业用水定额》（DB 61/T 943）的有关规定。

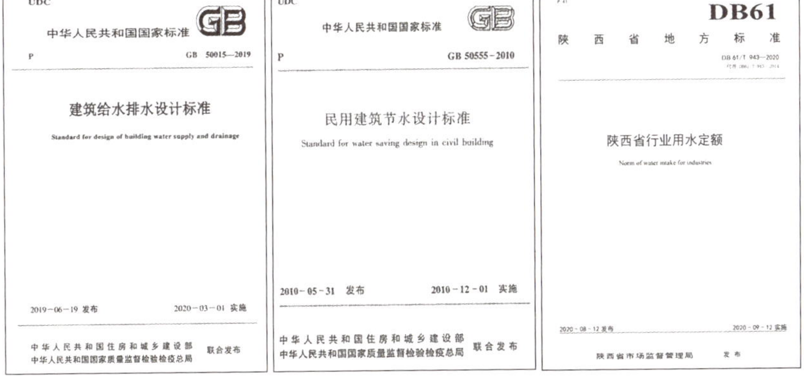

图7-6　部分用水定额计算相关标准

二次供水系统的设计压力应根据系统最不利配水点的最低工作压力经计算确定，并应符合现行国家标准《建筑给水排水设计标准》（GB 50015）的规定。

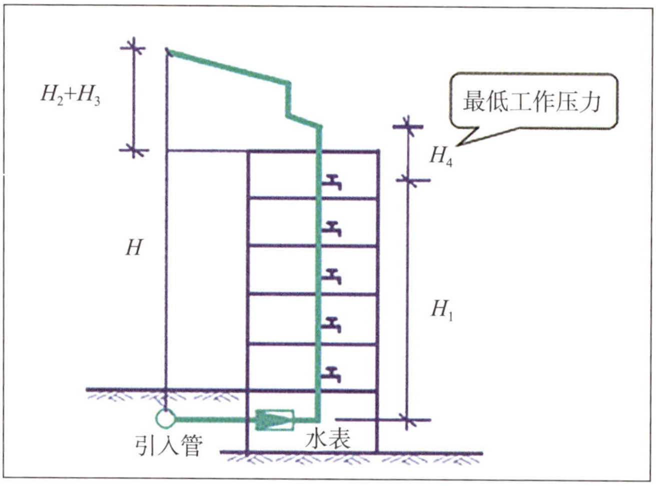

图7–7　最不利配水点的最低工作压力示意图

5　工程设计

5.1　一般规定

二次供水工程的设计应与城镇供水管网的供水能力和用户的用水需求相匹配。

二次供水工程的设计应满足安全、卫生和使用要求，做到节能、节地、节水、节材，并应符合环境保护、施工安装、操作管理、维修检测和运行监控等要求。

二次供水系统应设置水量计量装置，并应符合现行国家标准《建筑给水排水设计标准》（GB 50015）、《民用建筑节水设计标准》（GB 50555）及《绿色建筑评价标准》（GB /T 50378）的规定。

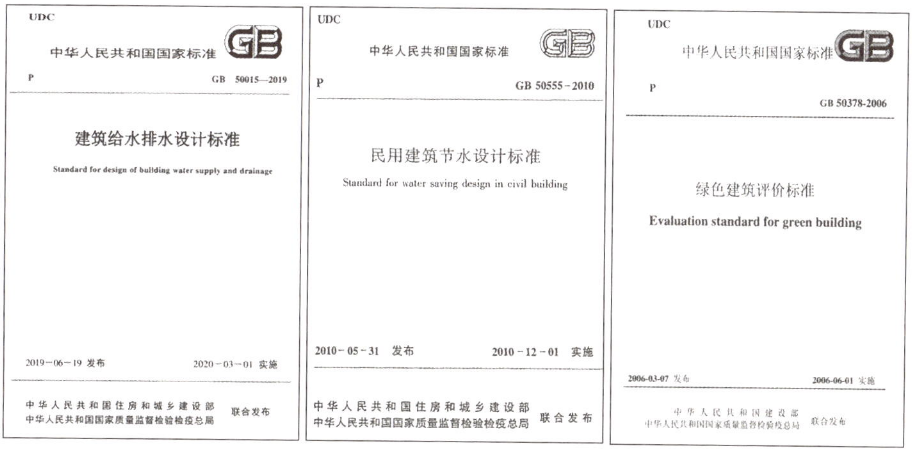

图7–8　《建筑给水排水设计标准》《民用建筑节水设计标准》及《绿色建筑评价标准》

不同用水性质的用户宜分别独立设置供水系统，并应分别单独计量。同一用户不同性质的用水，应分别单独计量。新建住宅应一户一表，水表应设置于套外，并尽可能集中设置。

安装在管道井或者专用水表井（室、箱）内的水表及管道，应有冬季防冻措施。

图7–9　水表防冻措施

二次供水系统计量水表宜选用具有数据接口及远传功能的智能远传水表，水表计量等级不低于 B 级。

图7–10　智能远传水表

二次供水设施宜设置余氯（总氯）、浊度、pH 等水质在线监测仪表，并具有传输功能。

5.2 工程设计原则

二次供水系统应根据使用性质或计费标准的不同，分别设置各自独立的系统，在城镇供水管网的引入管上根据计费标准的不同分别设置水表计量。

二次供水设施和管网直接供水系统应分开设置，引入管同时承担二次供水和管网直接供水时，应采取相应措施以确保管网直接供水系统的供水质量。

二次供水的生活给水管网系统应为独立系统，严禁与非传统水源的绿化浇灌及道路冲洗、供水、消防供水等其他用水系统相连接。

供应生活饮用水的二次供水设施（加压设备、水池（箱）及管网等）应独立设置，不应与非生活饮用水的二次供水设施合建。

建筑高度不超过 100m 的高层建筑，宜采用竖向分区并联供水或分区减压的二次供水方式；建筑高度超过 100m 的高层建筑，宜采用竖向分区串联供水的二次供水方式。

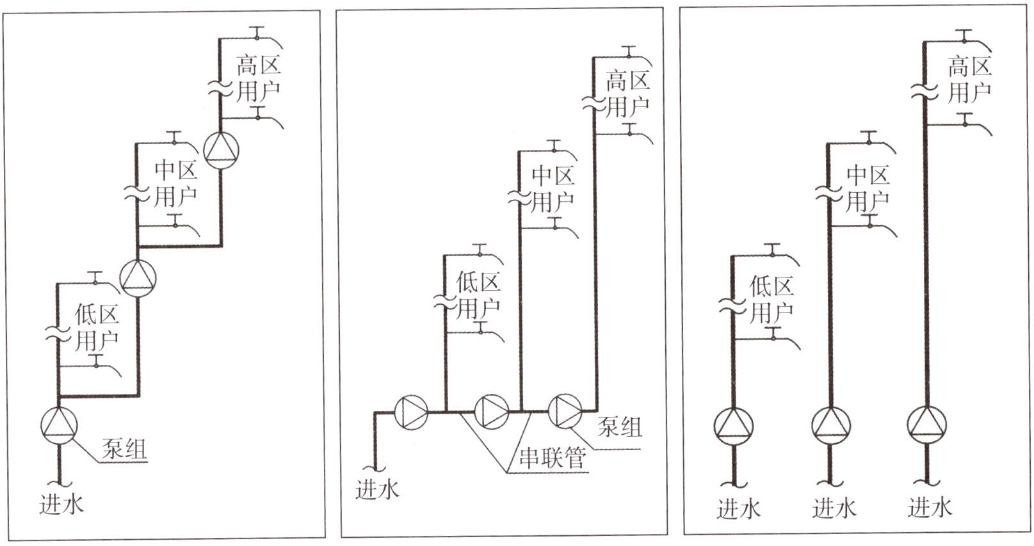

图7–11 传统串联分区、复合式分区叠压和并联分区

二次供水的控制系统应满足下列要求：

（1）数据管理：应能完成各项数据采集、存储、处理、查询及使用功能。

（2）数据通信：预留标准通信接口，与城市二次供水管理平台进行数据通信，满足实现远程控制及远程数据传输等各项要求。

（3）运行方式：控制系统应满足自动化、智能化的要求，可实现远程监控、无人值守。

5.3　系统选择

二次供水系统可采用如图 7–12 所示的供水方式。

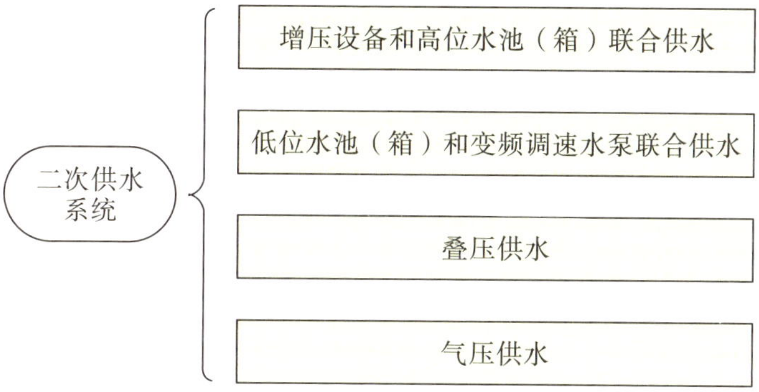

图7–12　二次供水系统供水方式

二次供水系统低层部分应充分利用城镇供水管网压力直接供水。具备使用条件的区域应优先选用叠压供水方式。

在城镇给水管网水压或水量不能持续满足小区或建筑物用水的情况下，或者经常出现停电、停水的地段，应采用储水调节、加压供水的二次供水系统。

增压设备和高位水池（箱）联合供水系统如图 7–13 所示。

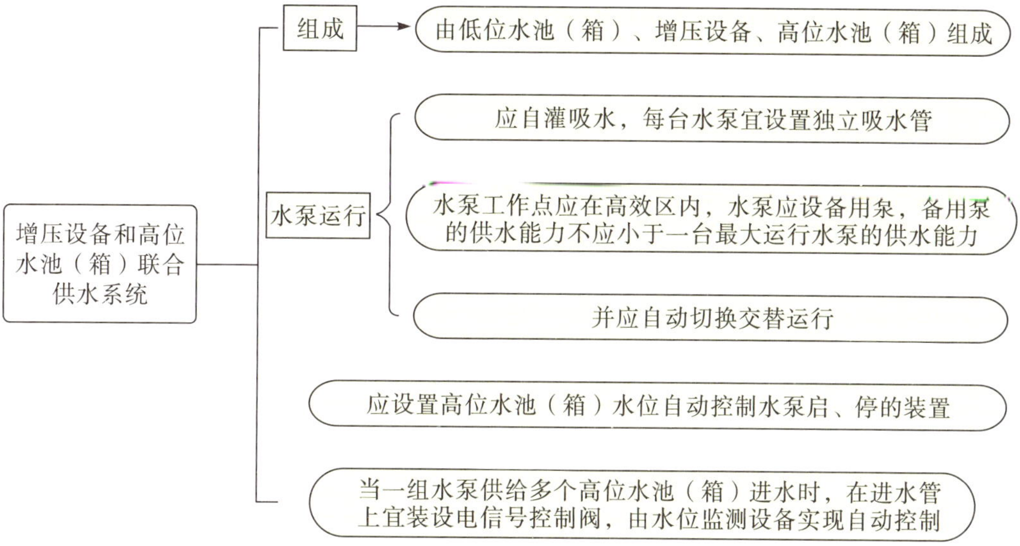

图7–13　增压设备和高位水池（箱）联合供水系统

当给水系统无法设置高位水箱或供水范围为多个建筑单体时，宜采用低位水池（箱）和增压供水（变频调速水泵、气压供水）联合供水系统。

二次供水变频调速给水设备的选用应符合如图 7–14 所示的要求。

二次供水变频调速给水设备的选用应符合下列要求：

1. 根据水泵高效区的流量范围与设计流量的变化范围之间的比例关系，确定主水泵的数量。主泵宜设2～4台，并设1台供水能力不小于最大一台主泵的备用泵
2. 应按系统设计秒流量选泵，变频调速泵应在其高效区内运行；在额定转速时的工作点，应位于水泵高效区的末端
3. 供水压力应满足最不利配水点所需水压
4. 可采用1台调速泵，其余为恒速泵的方式，水泵的调速比为0.7～1.0之间
5. 当管网流量变化较大或者用户要求压力变化较小时，每台水泵宜设置独立的变频驱动控制装置，能够通过现场控制总线实现多台工作水泵全变频控制运行。根据用水情况增配适用于小流量工况的水泵，宜采用独立配置变频控制装置，其流量可为主泵的1/3～1/2
6. 变频调速给水系统宜配置气压罐，且宜采用隔膜式气压罐

图7-14　变频调速给水设备的选用

成套供应的变频调速给水设备应符合《数字集成全变频控制恒压供水设备》（GB /T 37892）、《管网叠压供水设备》（GB /T 38594）、《矢量变频供水设备》（CJ/T 468）、《微机控制变频调速给水设备》（CJ/T 352）等相应标准的要求。

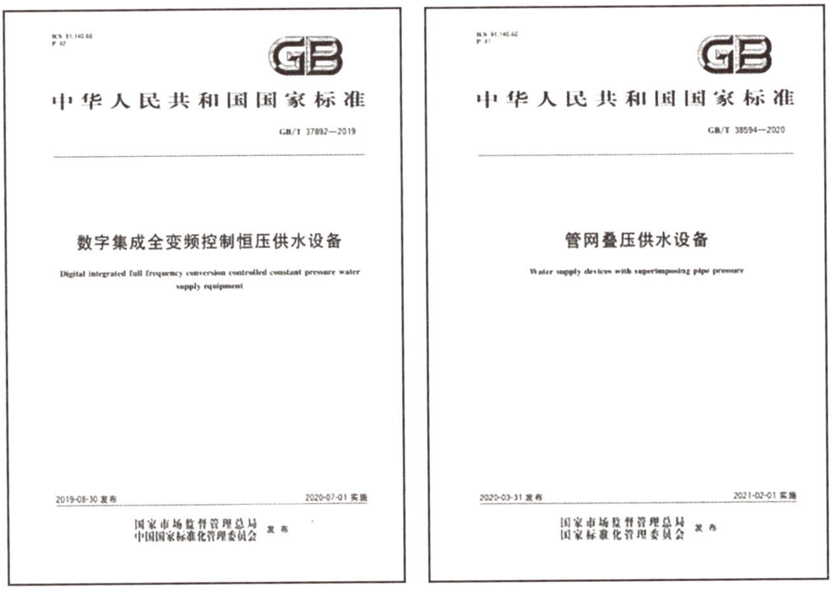

中华人民共和国国家标准

GB/T 37892—2019

数字集成全变频控制恒压供水设备

Digital integrated full frequency conversion controlled constant pressure water supply equipment

2019-08-30 发布　2020-07-01 实施

国家市场监督管理总局
中国国家标准化管理委员会　发布

中华人民共和国国家标准

GB/T 38594—2020

管网叠压供水设备

Water supply devices with superimposing pipe pressure

2020-03-31 发布　2021-02-01 实施

国家市场监督管理总局
国家标准化管理委员会　发布

图 7-15　变频调速给水设备应符合的标准（1）

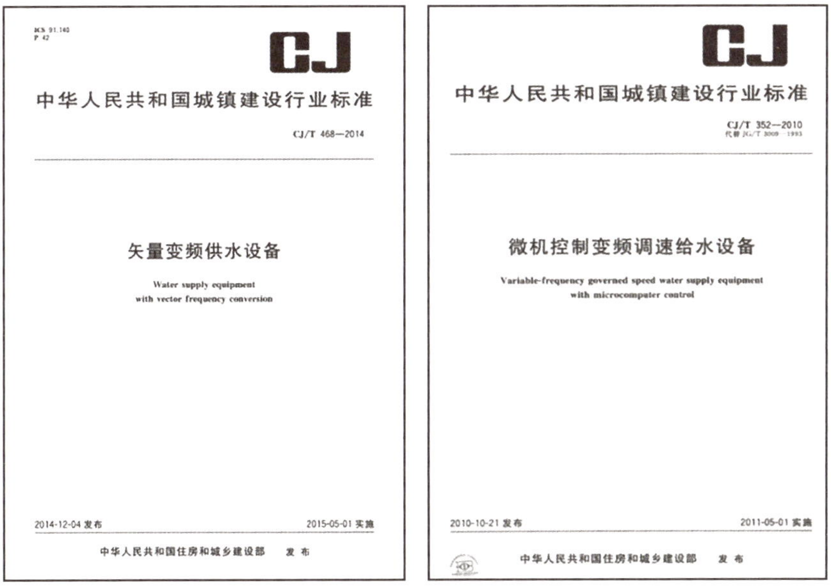
CJ
中华人民共和国城镇建设行业标准
CJ/T 468—2014
矢量变频供水设备
Water supply equipment
with vector frequency conversion
2014-12-04 发布
2015-05-01 实施
中华人民共和国住房和城乡建设部　发布

CJ
中华人民共和国城镇建设行业标准
CJ/T 352—2010
微机控制变频调速给水设备
Variable-frequency governed speed water supply equipment
with microcomputer control
2010-10-21 发布
2011-05-01 实施
中华人民共和国住房和城乡建设部　发布

图7–16　变频调速给水设备应符合的标准（2）

成套供应的变频调速给水设备应具备如图 7–17 所示的功能。

成套供应的变频调速给水设备应具备以下功能

1. 应具有自动调节泵转速的功能，定压给水时，设定压力与实际压力之间的波动差不超过0.01 MPa，波动时间不应超过30 s
2. 应具有水位控制功能，当水位降至设定下限水位时，自动停机；当恢复至启动水位时，自动启动
3. 控制柜（箱）面板上应有观察设定压力、实际压力、运行频率、故障等的显示窗口
4. 应具有对各类故障进行自检、报警、自动保护的功能，对可恢复的故障应能自动或手动消警，恢复正常运行
5. 夜间小流量时，应能自动切换至小水泵或小气压罐运行
6. 变频调速控制柜具备故障报警及自动复位功能
7. 变频控制装置与水泵一致冗余备份

图7–17　变频调速给水设备功能

叠压供水设备的组成如图 7–18 所示。

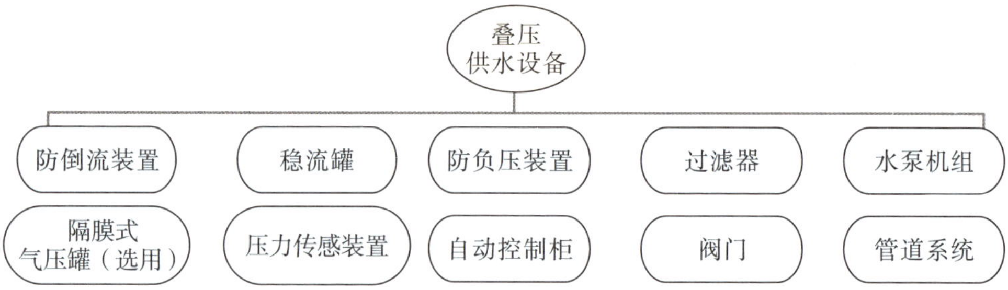

图7–18　叠压供水设备的组成

叠压供水设备应具有下列功能：

（1）具有限压控制功能，保证设备对城镇供水管网周边用户用水不受影响，其工作状态应有明显的标识。

（2）具有防水泵空转、超压保护功能、双（多）泵自动切换、循环运行功能。

（3）应有防止系统流量突变导致压力瞬间异常波动的措施。

（4）当设备抽吸的供水干管的流量不足时，防负压装置（如：流量控制器）启动；当供水干管流量足够以后，防负压装置自动关闭。

（5）具有全密闭差量（稳流）补偿功能。输送的水不与大气相通，在城镇供水管网压力下降时，设备能够提供自身功能调节等措施，对用户管网起到差量补偿作用，对城镇供水管网不产生负压影响。

（6）具有小流量补偿功能。在用户小流量用水时，设备能够对用户管道保压，避免水泵及控制系统频繁启动。

（7）采用变频控制技术，使整套设备始终处于高效区运行，达到节能效果。

叠压供水方式应有条件使用，当采用叠压供水方式时，不应造成该区域城镇供水管网的水压低于本地规定的最低供水服务压力及对供水管网造成污染，且不应对周围现有建筑供水造成影响。

叠压供水方式的使用条件及使用范围应符合如图 7–19 所示的要求。

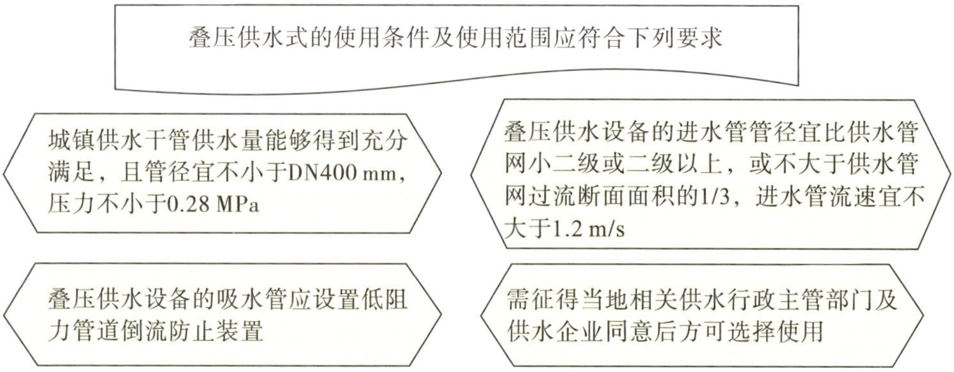

图7–19　叠压供水方式的使用条件及使用范围

图 7–20 所列的区域及用户不应采用叠压供水方式。

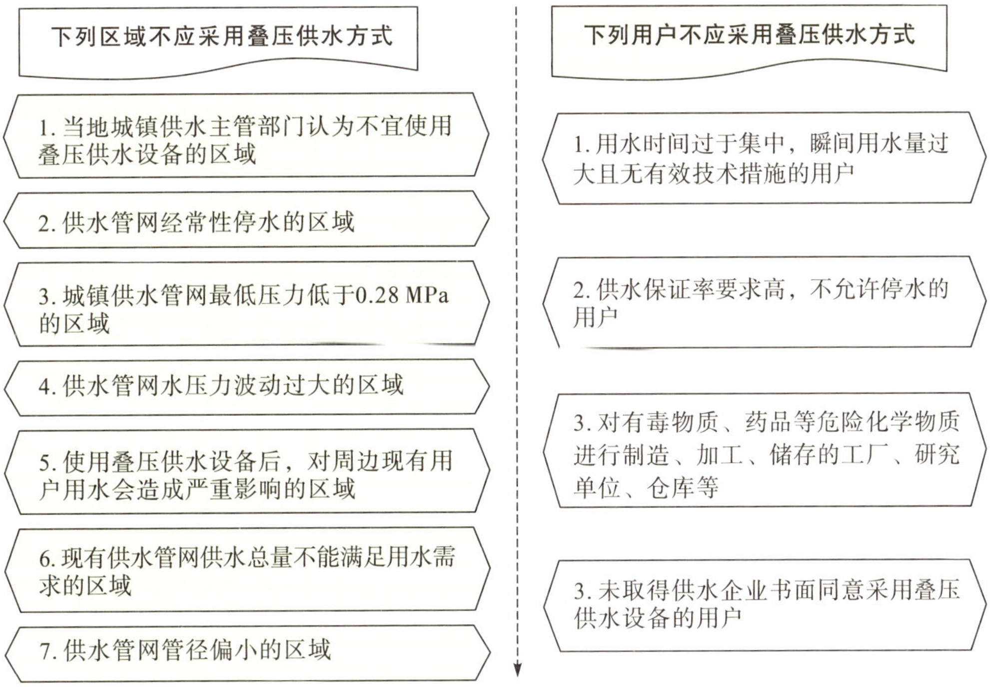

图7–20　不应采用叠压供水方式的区域及用户

叠压供水应根据当地供水和用水实际情况，确定有效防止影响供水管网水力工况的技术措施和可靠的防负（降）压控制系统。叠压供水系统的储水调节设施应根据管网形式、常年水压、停水情况以及用户对水质、供水保证率的要求，可采用稳流罐或高位水箱。

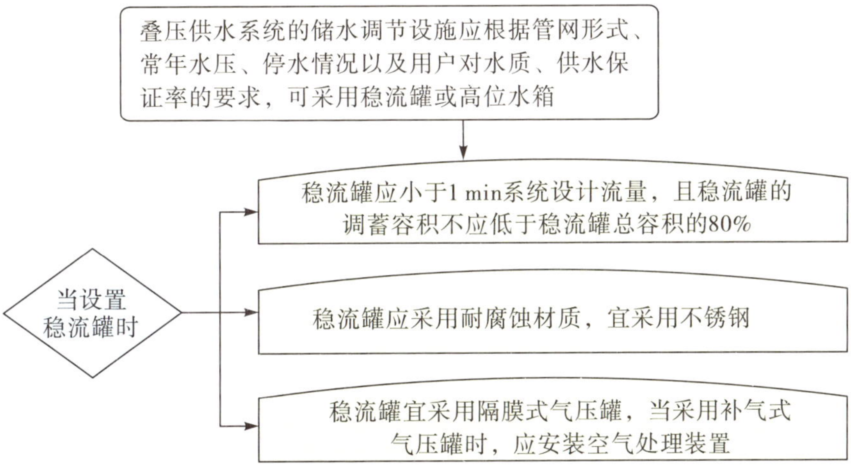

图7–21　储水调节设施设置要点

图7-22　稳流罐

箱式叠压设备低位水箱的容积应为 1 ～ 2h 最大小时流量，水箱储水的停留时间不应大于 12h。叠压供水设备进出水管之间可设旁通管，并应在旁通管上装设阀门和止回阀。在叠压供水设备前端与城镇管网连接的管段上应安装过滤器和倒流防止器，且过滤器应设置在倒流防止器前（沿水流方向）。

气压给水设备，应安装安全阀、压力表、泄水管和密闭人孔等附件，并应符合图 7-23 所列的要求。

气压给水设备，应安装安全阀、压力表、泄水管和密闭人孔等附件，并应符合下列要求

1.定压式气压给水设备，应装设自动调压装置

2.安全阀应安装在气压水罐顶部或者系统干管上，开启压力应为系统压力的1.15~1.20倍，且不应超过管道的试验压力和气压水罐罐体的设计压力

3.隔膜式气压水罐的隔膜，应采用食品级橡胶制作。补气式气压罐及补气罐的内表面及止气装置外表面应涂无毒性防腐涂料或采取无毒防腐措施

4.自动控制系统应具备工作状态显示、故障报警等功能

5.气压给水罐的进出水管宜合设为一根

图7-23　气压给水设备要求

生活给水系统采用气压给水设备供水时，应符合图 7–24 所列的规定。

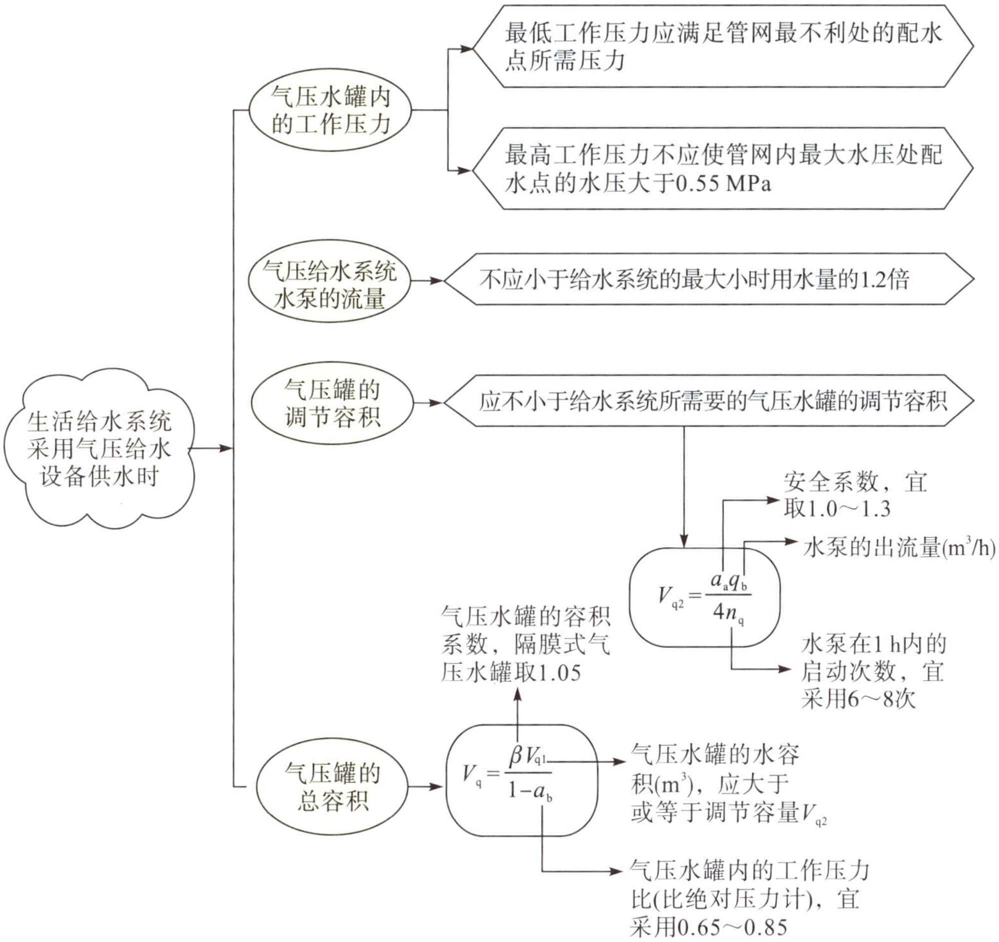

图7–24 采用气压给水设备供水有关规定

气压供水系统的规模不宜过大。气压给水设备的工作水泵的流量、扬程应与气压水罐的容积相匹配，水泵在 1h 内的启动次数，不应大于 8 次，否则易使电控装置损坏。

气压给水设备宜采用隔膜式气压给水设备。当采用补气式气压给水设备时，补气罐或空气压缩机的进气口，应设空气过滤（处理）装置。空气压缩机组不宜少于 2 台，其中 1 台备用。

二次供水系统的竖向分区应根据建筑物用途、建筑高度、使用要求、能耗、材料设备性能、运行维护管理等因素综合确定，并应符合《建筑给水排水设计标准》（GB 50015）的规定，且应满足图 7–25 所列的要求。

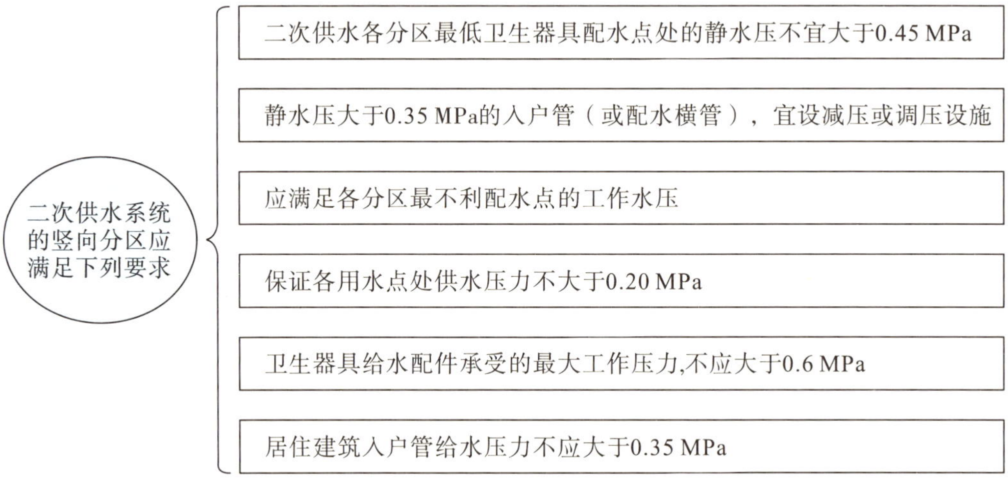

图7-25　竖向分区要求

增压给水设备宜布置在室内，设在室外时，应有防雨、防晒及不结冻措施，并应具备零部件标准化、防盗措施。

5.4　流量与压力

二次供水系统的设计流量应根据服务人数、用水定额及卫生器具设置标准等因素确定，其管道水力计算均应符合现行国家标准《建筑给水排水设计标准》（GB 50015）、《民用建筑节水设计标准》（GB 50555）的规定。

二次供水系统的设计用水量计算应包括给水管网漏失水量和未预见水量，漏失水量和未预见水量应计算确定，当没有相关资料时，漏失水量和未预见水量之和可按最高日用水量的 8% ～ 12% 计算。

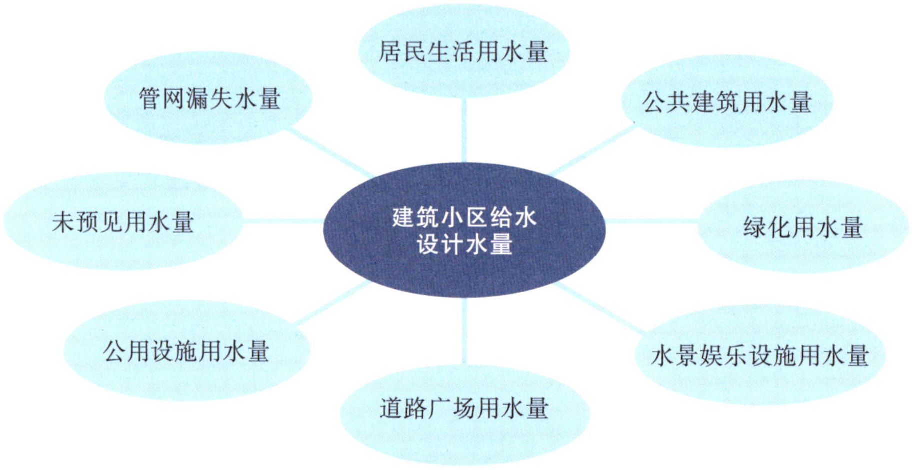

图7-26　建筑小区给水设计水量的组成

供水小区（单位）二次供水设施引入管设计流量应符合图 7–27 所列的要求。

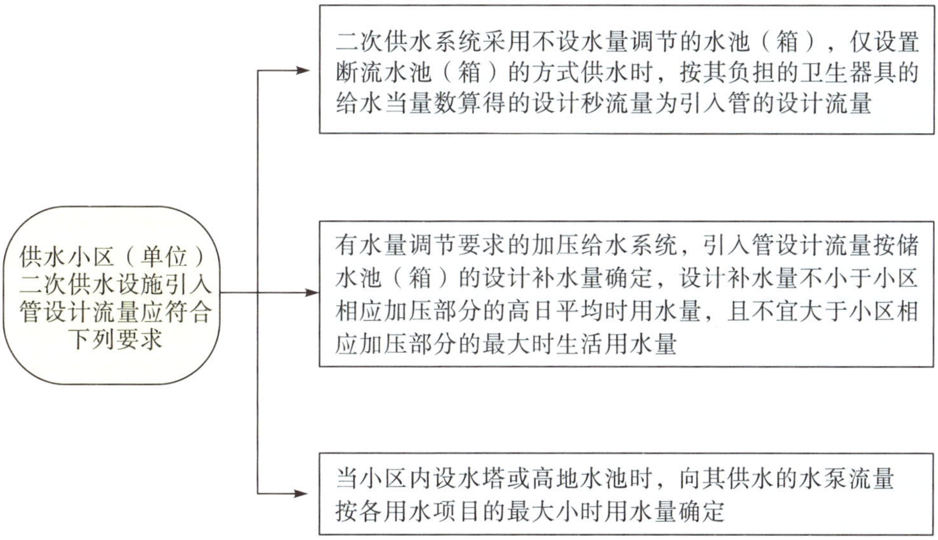

图7–27　供水小区引入管设计流量要求

单栋建筑物引入管设计流量应符合图 7–28 所列的要求。

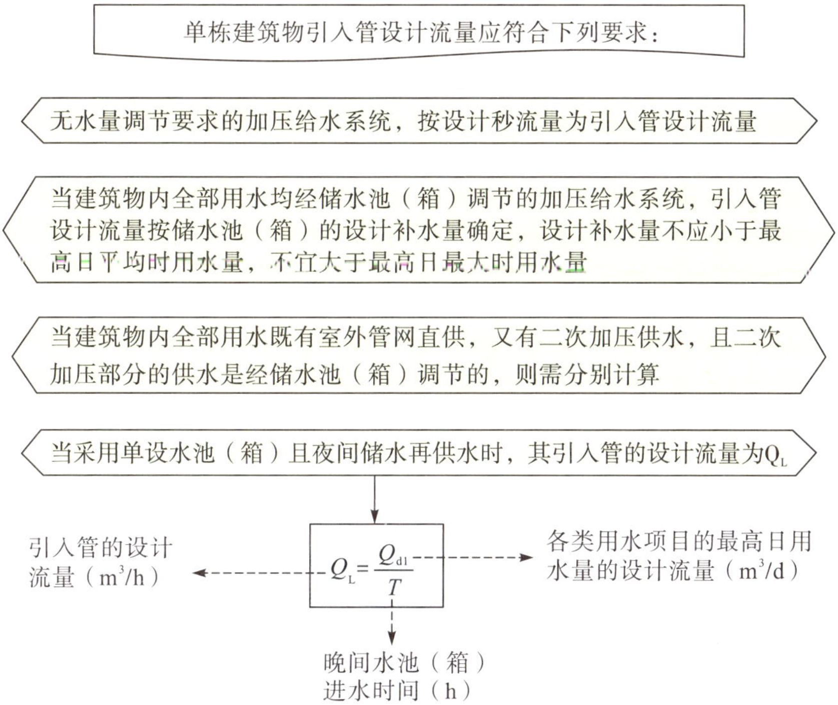

图7–28　单栋建筑物引入管设计流量要求

二次供水系统设计流量应根据不同的供水方式，采用相应的流量计算方法。

直接向用水点供水的泵后给水管或水池（箱）后至生活用水点的给水管按设计秒流量计。

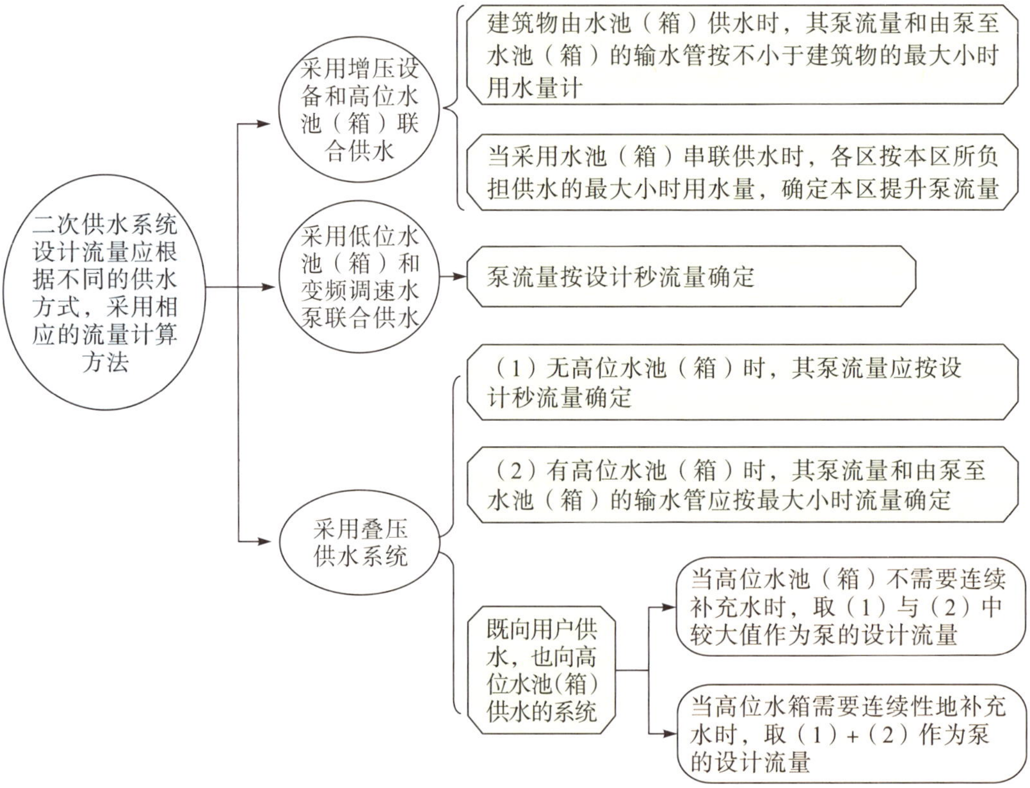

图7–29　设计流量计算方法

叠压供水的选用应以小区或单体建筑设计总流量校核引入管管道的水流速度为准，并应符合表 7–1 的规定。

表7–1　引入管管道的水流速度

公称尺寸（DN）	100	150	200	250	300
水流速度 /（m/s）	≤0.60	≤0.70	≤0.80	≤0.85	≤0.90

不设置高位水池（箱）的二次供水系统加压水泵的扬程可按下式计算：

$$H \geqslant H_1 + H_2 + 0.01H_3$$

式中：H——水泵的扬程（m）；

H_1——最不利配水点与储水池（箱）最低水位的高程差（m）；

H_2——管道的扬程及局部水头损失（m）；

H_3——最不利配水点所需的最低工作压力（MPa）。

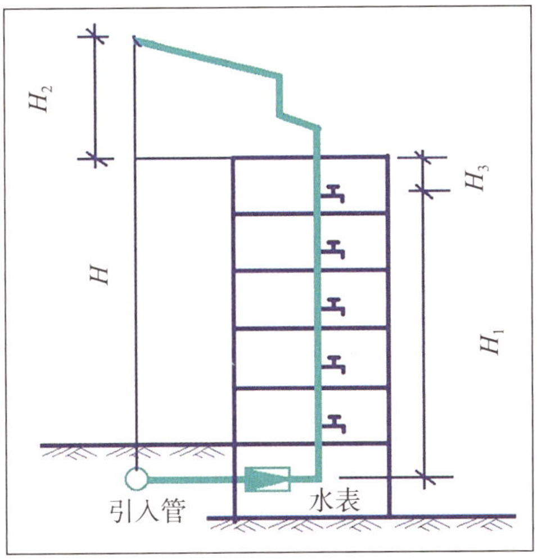

图7-30　不设置高位水池（箱）的二次供水系统加压水泵的扬程示意图

设置高位水池（箱）的二次供水系统加压水泵的扬程可按下式计算：

$$H \geqslant H_{11}+H_{22}+\frac{v^2}{2g}$$

式中：H——水泵的扬程（m）；

H_{11}——储水池（箱）最低水位与高位水池（箱）入口处的高程差（m）；

H_{22}——吸水管口至高位水池（箱）入口处管道的水头损失（m）；

v——水池（箱）入口流速（m/s）；

g——重力加速度（m/s^2）。

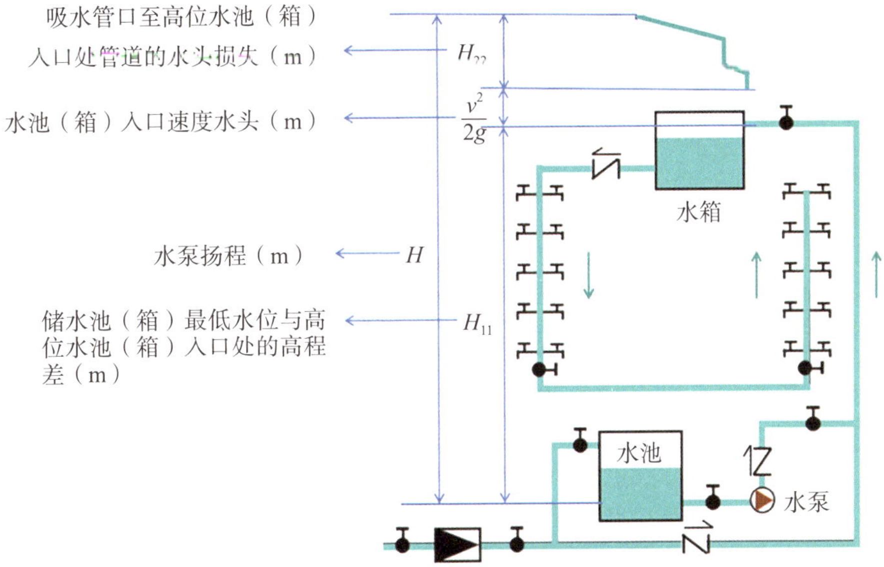

图7-31　设置高位水池（箱）的二次供水系统加压水泵的扬程示意图

高位水池（箱）与系统最不利配水点卫生器具和用水设备的高差，应满足系统最不利配水点卫生器具和用水设备最低工作水压要求，当不能满足时，应采取局部增压措施。

高位水池（箱）的设置高度可按下式计算：

$$Z_x \geqslant Z_b + H_x + 0.01H_3$$

式中：Z_x——水池（箱）最低水位的标高（m）；

Z_b——最不利配水点的标高（m）；

H_x——由水池（箱）出口至最不利配水点的管路水头损失（m）；

H_3——最不利配水点所需的最低工作压力（MPa）。

叠压二次供水系统加压水泵的扬程可按下式计算：

$$H \geqslant H_1 + H_2 + H_3 - H_0$$

式中：H——水泵的扬程（m）；

H_1——最不利点与水泵吸水管中心的高程差（m）；储水池（箱）最低水位

H_2——管道的沿程及局部水头损失（m）；

H_3——最不利配水点所需的最低工作压力（MPa）；

H_0——城镇供水管网的最小可利用水压。

叠压二次供水系统加压水泵的扬程计算还应符合下列要求：

（1）水泵扬程在计算时应扣除城镇供水管网的最小可利用水压。

（2）城镇供水管网的最小可利用水压应为：供水管网与设备进水管连接处实际保证的最小供水压力，减去水泵吸水管道的沿程和局部水头损失之和，再加上水泵安装处与市政供水管道的几何高差。

（3）应以供水管网的最大可利用水压校核水泵的效率和超压情况。

叠压供水设备设定的停止直吸的水压，不应低于该处供水管网节点的叠压供水最小允许工作水压。

5.5 管道布置

为保证供水的安全性，当使用二次供水的居住小区规模在 7000 人以上时，其二次供水管网宜布置成环状管网，与小区二次供水管网连接的加压泵出水管不应少于两条，当其中一条发生故障时，其余连接管应能通过不小于 70% 的流量。环状管网应设置阀门分段，分段数量按事故或检修时可承受的停水范围确定。

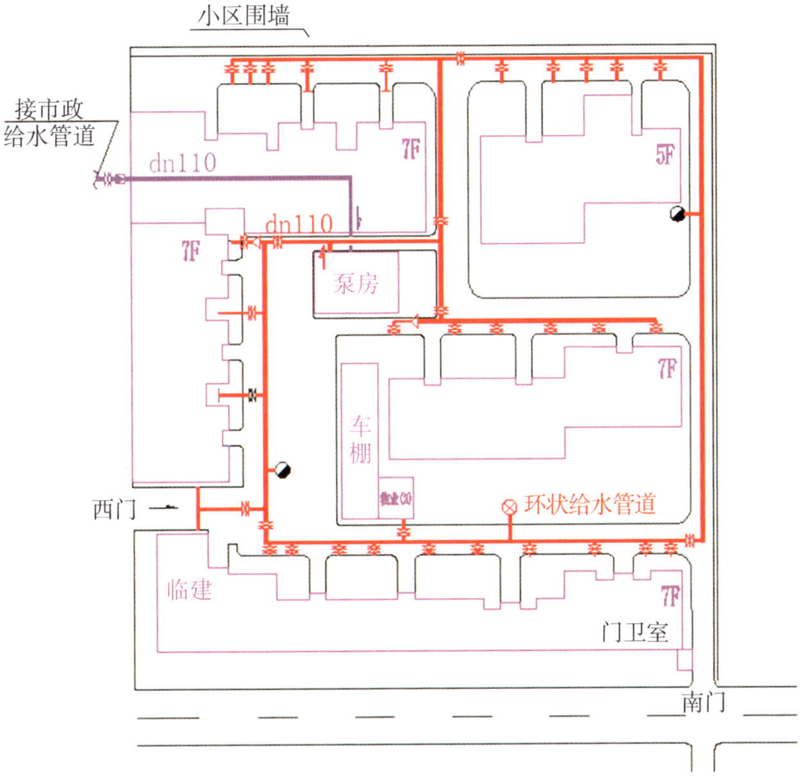

图7-32　小区给水管网环状布置

泵房引入管宜从条件许可的城镇供水管网或小区给水主干管单独引入，并应独立计量。

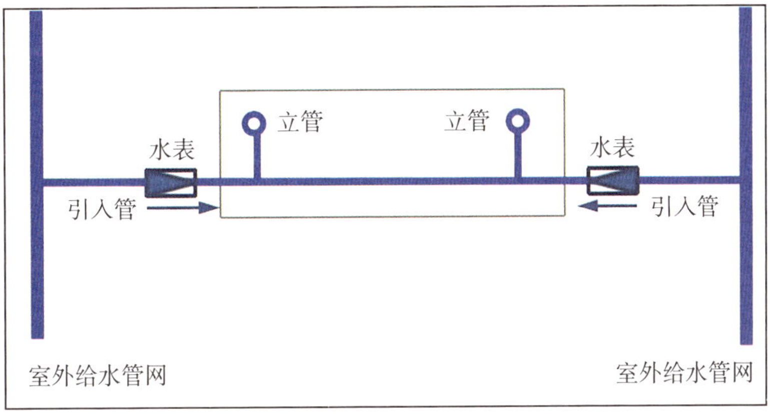

图7-33　引入管单独引入并应独立计量

二次供水给水管道不宜穿越伸缩缝、沉降缝、变形缝。如必须穿越时，应设置补偿管道伸缩变形的措施。

二次供水管道工程及构筑物应符合《湿陷性黄土地区建筑标准》GB 50025 的规定。

UDC

中华人民共和国国家标准 GB

P GB 50025-2018

湿陷性黄土地区建筑标准

Standard for building construction in collapsible loess regions

2018-12-26 发布 2019-08-01 实施

中华人民共和国住房和城乡建设部
国家市场监督管理总局 联合发布

图7-34 《湿陷性黄土地区建筑标准》

二次供水的室内生活给水管道宜布置成枝状管网，单向供水。重要公共建筑，主干管宜布置成环状管网。

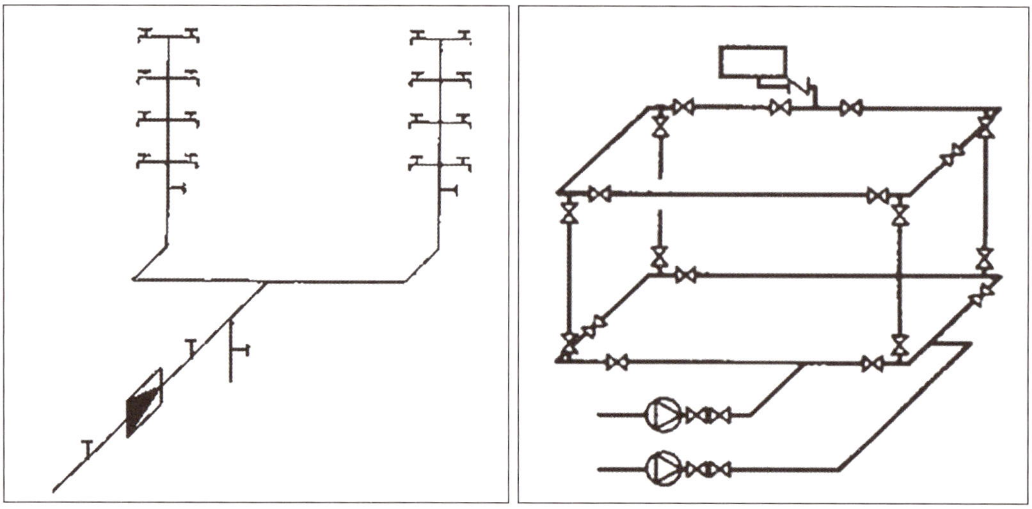

图7-35 枝状管网与环状管网

二次供水管道的伸缩补偿设置应按现行国家标准《建筑给水排水设计标准》GB 50015 执行。

室外二次供水管道与污水管道交叉时，给水管道应敷设在上面，且接口不应重叠。

当给水管道因条件限制只能设在污水管下面时，应设钢套管，套管长度应大于污水管外径的 3 倍，套管两端应用防水材料密封。

公共建筑和住宅组合的建筑，其两部分的供水管道应分别敷设、单独管理和计量。多功能组合的公共建筑，各功能部分的供水管道宜分别敷设、单独管理和计量。

建筑物内部不同产权单位共用的供水干管宜在公共区域敷设，或分别设置。

系统控制阀应设置在易于操作的部位。

6　设备与设施

6.1　一般规定

二次供水设备节能评价技术要求和试验方法应符合《二次供水设备节能认证技术规范》CQC3153 的相关要求。

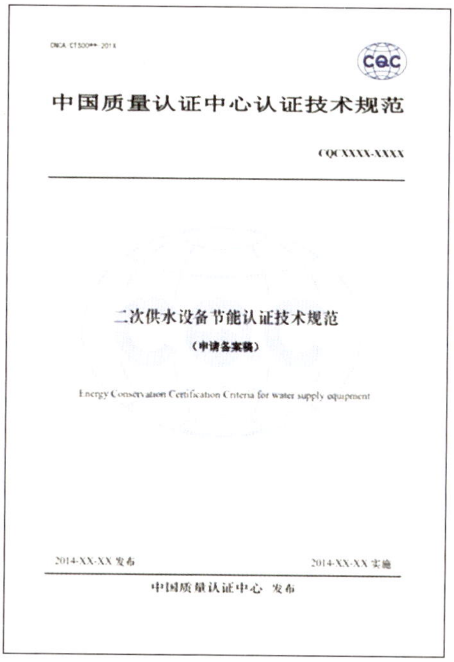
中国质量认证中心认证技术规范

CQCXXXX-XXXX

二次供水设备节能认证技术规范

（申请备案稿）

Energy Conservation Certification Criteria for water supply equipment

2014-XX-XX 发布　　2014-XX-XX 实施

中国质量认证中心　发布

图7–36　《二次供水设备节能认证技术规范》CQC3153

6.2 水池（箱）

供小区生活用水的低位水池（箱）有效容积应根据生活用水调节量和安全储水量确定。调节量应按流入量和供出量的变化曲线经计算确定，资料不足时可按照小区最高日生活用水量的 15% ～ 20% 确定；安全储水量应根据城镇的供水制度、供水可靠程度及小区对供水的保障要求确定。

供建筑单体生活用水的低位水池（箱）有效容积应按进水量和用水量的变化曲线经计算确定，资料不足时，宜按建筑物最高日生活用水量的 20% ～ 25% 确定。

生活用水调节容积应按水箱供水部分和转输部分水量之和确定；供水水量的调节容积，不宜小于供水服务区域楼层最大时用水量的 50%；转输水量的调节容积，应按提升水泵 3 ～ 5min 的流量确定；当中间水箱无供水部分生活调节容积时，转输水量的调节容积宜按提升水泵 5 ～ 10min 的流量确定。

- 水箱容积
  - 供小区生活用水的低位水箱有效容积
    - 生活用水调节量
      - 资料充足：按流入量和供出量的变化曲线经计算确定
      - 资料不足：按照小区最高日生活用水量的15%～20%确定
    - 安全储水量 —— 根据城镇的供水制度、供水可靠程度及小区对供水的保障要求确定
  - 供单体生活用水的低位水箱有效容积
    - 资料充足：按进水量和用水量的变化曲线经计算确定
    - 资料不足：按建筑物最高日生活用水量的20%～25%确定
  - 生活用水调节容积
    - 水箱供水部分水量 —— 不宜小于供水服务区域楼层最大时用水量的50%
    - 转输部分水量 —— 按提升水泵3 ～5 min的流量确定

图7–37　水箱容积的确定

水箱宜采用组合式水箱，当储水容积大于 100m^3 时可采用钢筋混凝土水池，水池内壁可采用符合卫生要求的防腐内衬材料处理。

6.3 水泵

居住建筑二次供水设施选用的水泵，噪声应符合现行国家标准《泵的噪声测量与评价方法》GB /T 29529 中 B 级的规定，水泵振动应符合现行国家标准《泵的振动测量与评价方法》GB /T 29531 中 B 级的规定；公共建筑二次供水设施选用的水泵，噪声应符合现行国家标准《泵的噪声测量与评价方法》GB /T 29529 中 C 级的规定，水泵振动应符合现行国家标准《泵的振动测量与评价方法》GB /T 29531 中 C 级的规定。

二次供水设施中的水泵选择应符合下列规定：

（1）无高位水箱时，水泵应选用变频控制供水；有高位水箱，且以水箱为主供水时，水泵宜选用工频控制供水；有高位水箱，而以叠压供水设备直接供水为主时，水泵应采用变频控制供水。

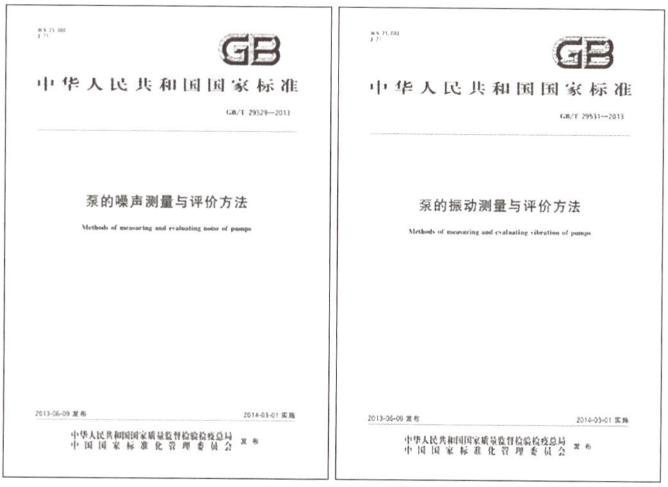

GB

中华人民共和国国家标准

GB/T 29529—2013

泵的噪声测量与评价方法

Methods of measuring and evaluating noise of pumps

2013-06-09 发布　　2014-03-01 实施

中华人民共和国国家质量监督检验检疫总局
中国国家标准化管理委员会　发布

GB

中华人民共和国国家标准

GB/T 29531—2013

泵的振动测量与评价方法

Methods of measuring and evaluating vibration of pumps

2013-06-09 发布　　2014-03-01 实施

中华人民共和国国家质量监督检验检疫总局
中国国家标准化管理委员会　发布

图7–38　《泵的噪声测量与评价方法》《泵的振动测量与评价方法》

（2）水泵机组采用变频调速控制泵在系统最大设计流量时，变频调速泵在额定转速时的工作点，应位于水泵特性曲线高效区的末端。

（3）用水量变化较大的系统，应采用多台水泵组合供水，且不宜多于 4 台。

（4）应设置备用水泵，备用泵的供水能力不应小于一台最大运行水泵的供水能力，且能自动切换交替运行。

（5）用水量不均匀程度较高时，变频水泵机组宜并联设置与工作水泵相匹配的气压罐。

图7–39　变频水泵机组与气压罐匹配

（6）水泵宜采用数字集成变频控制或每台单独设置变频器；且工作水泵数量大于或等于 2 台时，配置变频器的水泵数量不宜小于 2 台。

用水量不均衡且持续时间较长时，宜配置适合于低谷用水量的小型水泵，小型水泵的流量可为工作泵流量的 1/3 ～ 1/2。

电机额定功率在 11kW 以下的水泵，宜采用成套水泵机组，水泵机组应做减振处理。

图7–40　SD型橡胶隔振垫

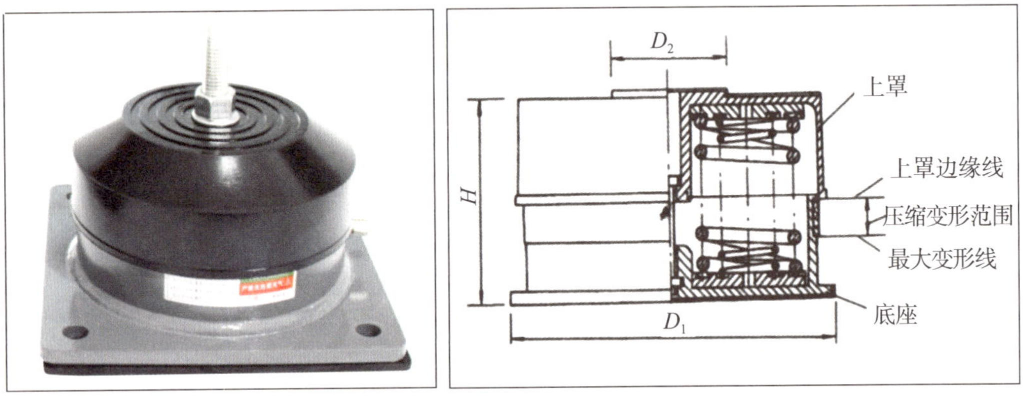

图7–41　弹簧减振器

图7–42　橡胶隔振器

水泵吸水口处变径应采用偏心异径管件，管顶平接，水泵出水口处变径应采用同心管件。吸水管、出水管上应设置减振装置（柔性连接管等）。

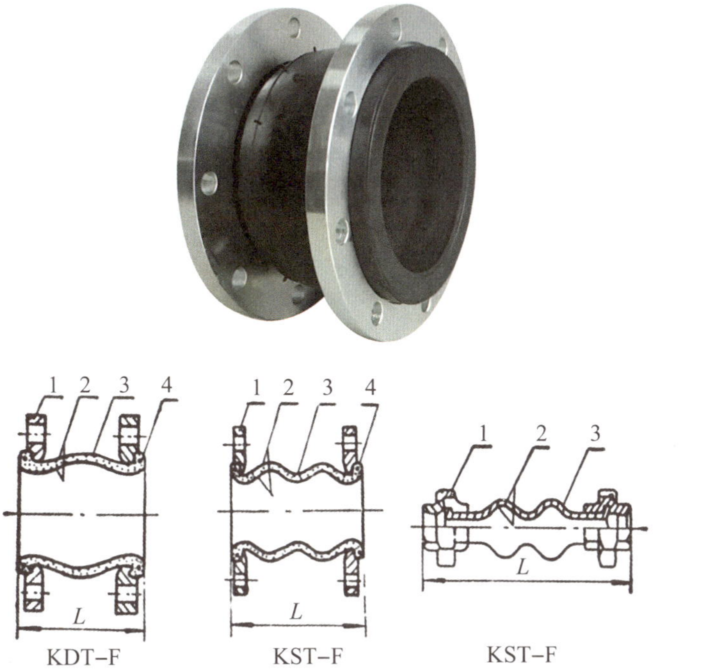

1—平形活接头或金属法兰；2—内、外胶层；3—帘布增强层；4—钢丝圈

图7–43　可曲挠橡胶接头

每台水泵的出水管上，应装设压力表、止回阀和阀门，必要时应设置水锤消除装置。

6.4　管道与附件

管道阀门的选择要根据管径、承受压力及安装环境等条件，综合考虑，要采用水力条件好、启闭灵活、耐腐蚀、寿命长的阀门，宜选用阀体为球墨铸铁，阀杆、阀芯为不锈钢或铜材质的阀门。

给水管道的阀门设置应符合《建筑给水排水设计规范》GB 50015 的规定。阀门应设置在易操作和方便检修的位置。室外阀门宜设置在阀门井内。

二次供水系统中设置的阀门应根据管径、工作压力及安装环境、使用要求等条件，按下列原则选型：

（1）水力条件好、启闭灵活、耐腐蚀、寿命长。

（2）需要调节流量、水压时，宜采用调节阀、截止阀。

（3）要求水流阻力小的部位宜采用闸板阀、球阀、半球阀。

（4）安装空间小的场所，宜采用蝶阀、球阀。

（5）水流需双向流动的管段上，不应使用截止阀。

（6）口径较大的水泵出水管上宜采用多功能阀。

（7）阀体宜选用不锈钢、铜或球墨铸铁材质，阀杆、阀芯为不锈钢或铜材质的阀门。

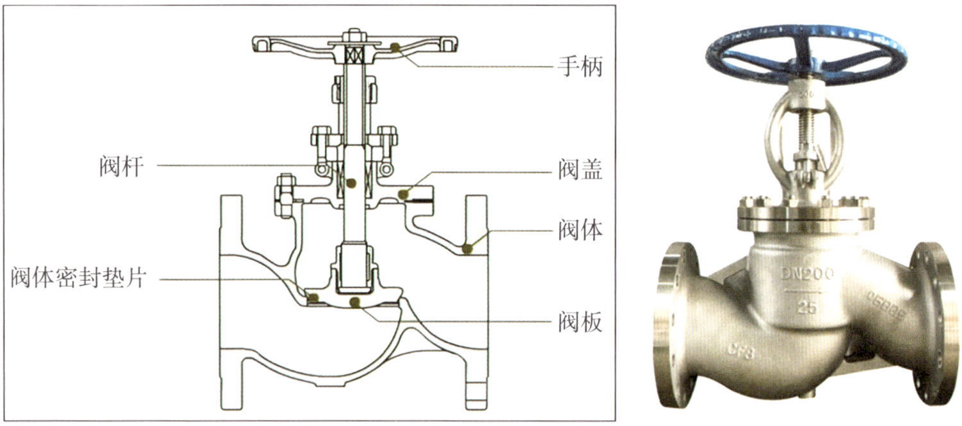

图7-44 截止阀

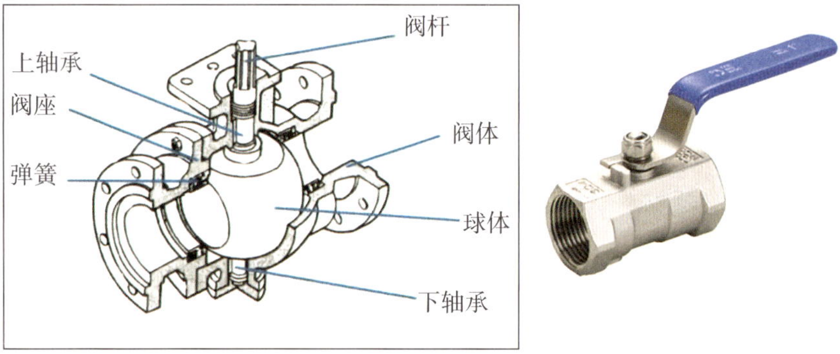

图7-45 球阀

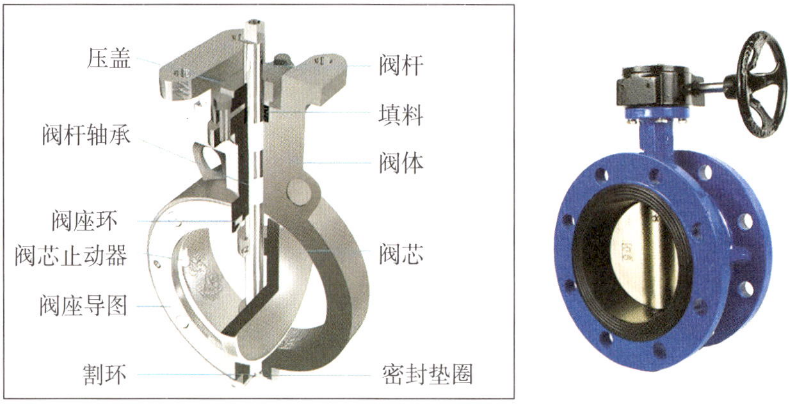

图7-46 蝶阀

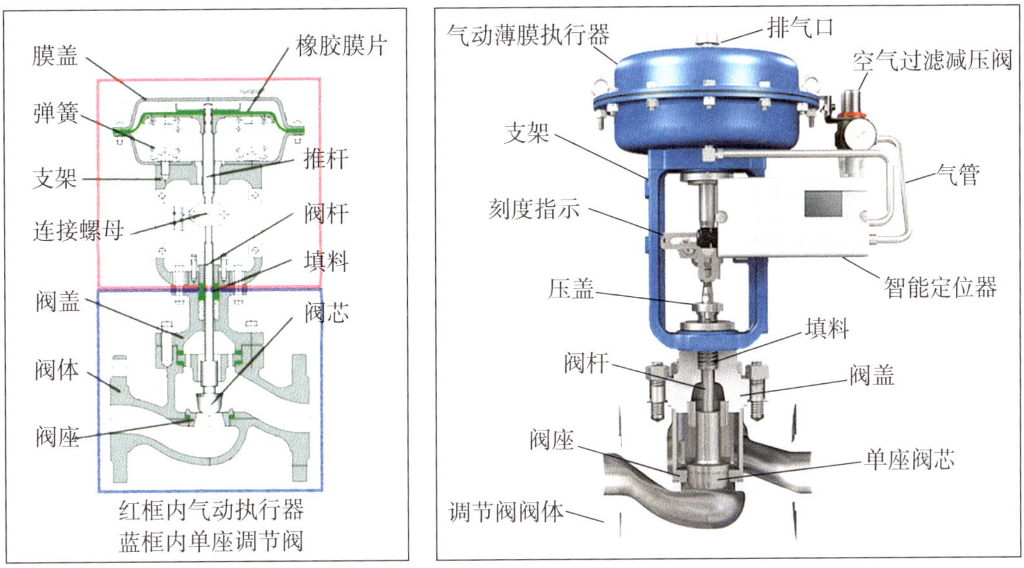

图7-47　调节阀

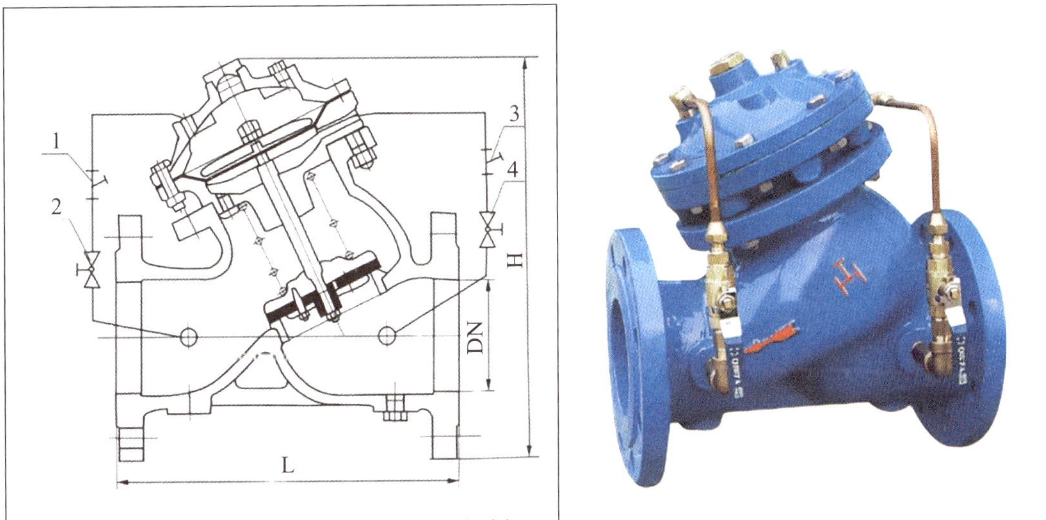

1—过滤器；2—小球阀；3—过滤器；4—小球阀

图7-48　多功能水泵控制阀

小区室外埋地的给水管道管材，应具有耐腐蚀和能承受相应地面荷载的能力，可采用厚壁不锈钢给水管、铝合金衬塑复合管（电熔连接）、钢塑复合压力管、双金属复合管、塑料给水管、有衬里的铸铁给水管及经可靠防腐处理的钢管等管材。

建筑室内的给水管道，应选用耐腐蚀和安装连接方便可靠的管材，可采用不锈钢管、铜管、铝合金衬塑复合管（电熔连接）、钢塑复合压力管、双金属复合管、塑料给水管等管材。

- 塑料管
  - 氯乙烯类
    - 硬聚氯乙烯（PVC-U）管
    - 高抗冲聚氯乙烯（PVC-AGR）管
    - 改性聚氯乙烯（PVC-M）管
    - 氯化聚氯乙烯（PVC-C）管
  - 聚烯烃类
    - 聚乙烯（PE80、PE100）管
    - 交联聚乙烯（PE-X）管
    - 耐热聚乙烯（PE-RT）管
    - 共聚聚丙烯（PP-B、PP-R）管
    - 聚丁烯（PB）管
  - 丙烯腈-丁二烯-苯乙烯（ABS）管

图7-49　建筑给水塑料管系列

- 复合管
  - 金属与塑料
    - 外刚内塑
      - 钢塑复合管（衬塑、涂塑）
      - 铝合金衬塑管
    - 中刚内外塑
      - 钢骨架塑料复合管
        - 钢丝网塑料
        - 钢板孔网
      - 钢塑复合压力管
      - 铝塑复合管
      - 塑铝稳态管
    - 内刚外塑
      - 塑覆铜管
      - 覆塑不锈钢管
  - 金属与金属
    - 内衬不锈钢复合钢管
    - 内衬铜复合钢管
  - 塑料与塑料
    - 芯层发泡管
    - 纤维增强塑料管

图7-50　建筑给水复合管系列

- 金属管
  - 黑色金属管
    - 焊接钢管（镀锌、不镀锌）
    - 无缝钢管（镀锌、不镀锌）
    - 不锈钢管
    - 铸铁管（球铁、灰铁）
    - （镀镍钢管、镀合金管）
  - 有色金属管
    - 铜管
    - 铝管
    - 铝合金管

图7-51　建筑给水金属管系列

室外明装给水管道可参照建筑室内的给水管道管材选用，室外爬外墙敷设的管道，应采取避免阳光直接照射、非金属管道应防止暴晒及紫外线侵害的措施。

管道、附件及连接方式应根据不同管材，按相应技术要求确定，并应符合国家现行有关标准（产品标准、工程建设标准）的规定。

二次供水管道应有标识，标识宜为蓝色，不同加压分区管道应有区别。

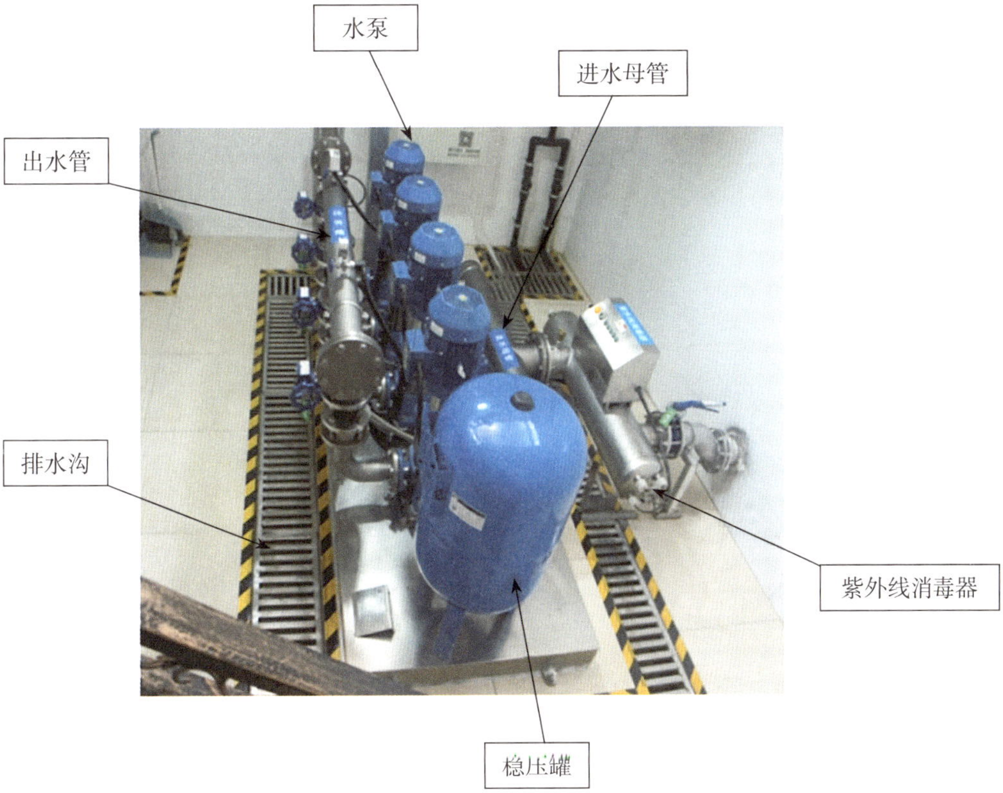

图7–52　二次供水管道的蓝色标识

根据当地的气候条件，二次供水管道应采取隔热和防冻措施。

当二次供水管道结露会影响环境，引起装饰层或者物品等受损害时，二次供水管道应做防结露绝热层。

阀门应设置在易操作和方便检修的位置。

室外埋地敷设管道上的阀门宜设置在阀门井内，也可采用直埋阀门。

当二次供水系统压力高于配水点允许的最高使用压力时，应设置减压装置，减压装置的设置应符合现行国家标准《建筑给水排水设计标准》GB 50015 的规定。

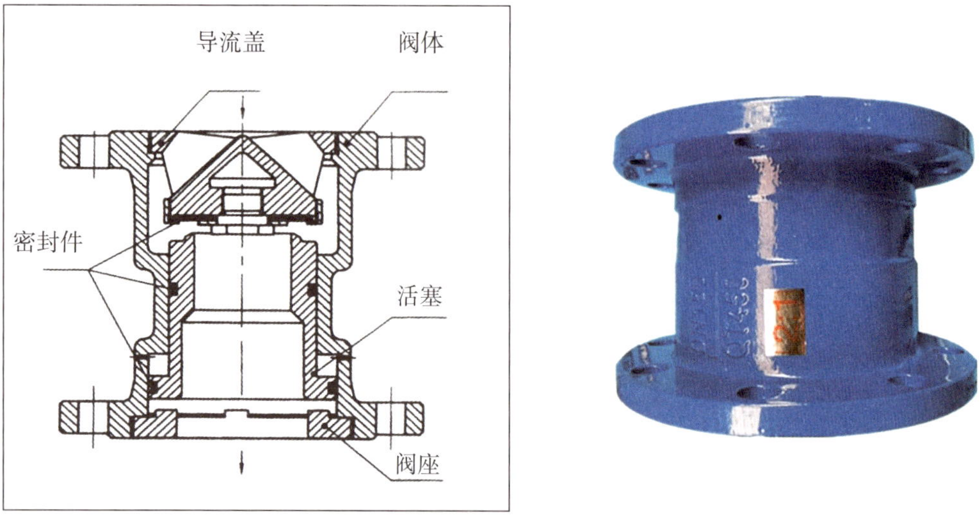

图7–53　比例式减压阀

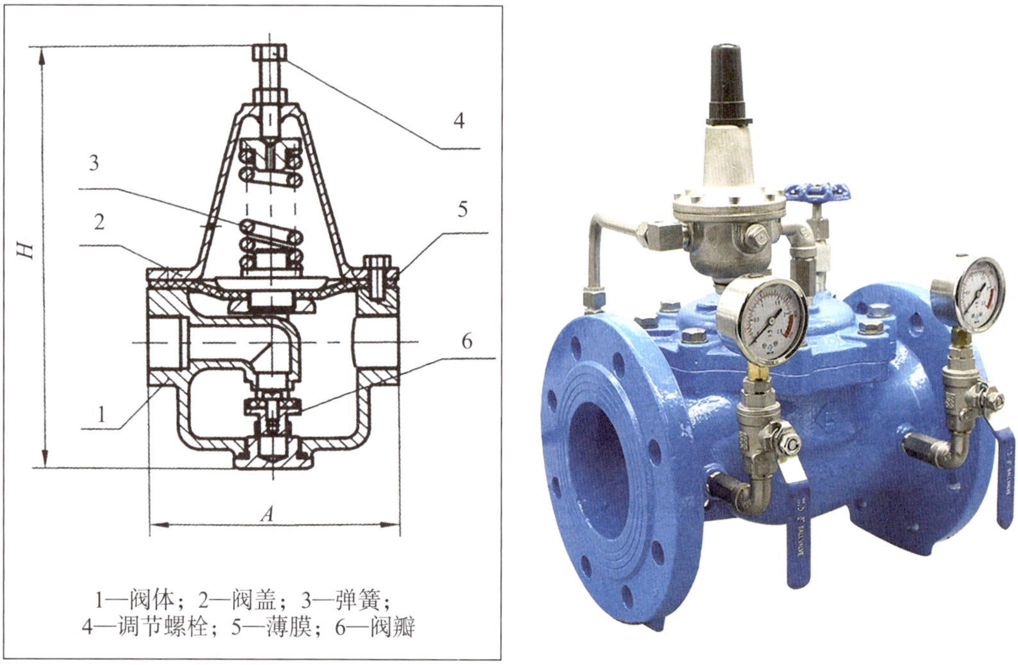

图7–54　直接作用可调式减压阀

倒流防止器的设置应符合现行国家标准《建筑给水排水设计标准》GB 50015 的规定，宜选用低阻力倒流防止器，低阻力倒流防止器应符合现行行业标准《低阻力倒流防止器》JB/T 11151 和中国工程建设标准化协会标准《低阻力倒流防止器应用技术规程》CECS259 的规定，且在 2m/s 流速时水头损失宜小于 0.03MPa。倒流防止器的排水口不应直接接至排水管，应采用间接排水。

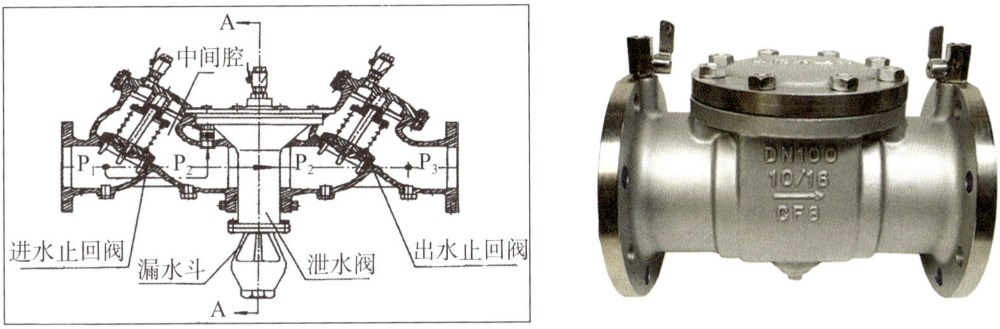

图7–55　减压型倒流防止器

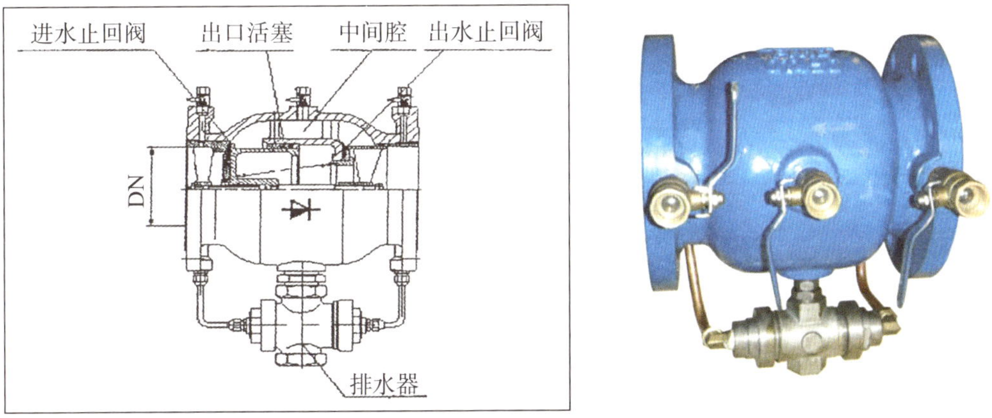

图7–56　低阻力倒流防止器

水表的设置应符合现行国家标准《建筑给水排水设计标准》GB 50015 的规定。

阀门电动装置应符合现行行业标准《普通型阀门电动装置技术条件》GB /T 24923 的要求。

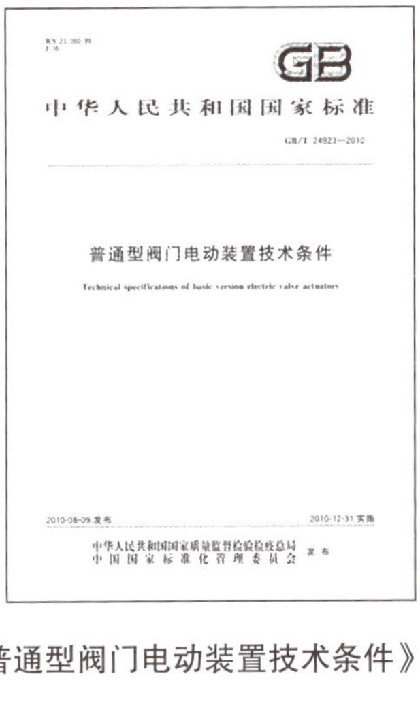
GB
中华人民共和国国家标准
GB/T 24923—2010

普通型阀门电动装置技术条件
Technical specifications of basic version electric valve actuators

2010-08-09 发布　　2010-12-01 实施

中华人民共和国国家质量监督检验检疫总局
中国国家标准化管理委员会　发布

图7–57　《普通型阀门电动装置技术条件》GB /T 24923

给水管件应与管材匹配，管道附件的工作压力与该管道系统的工作压力相一致。

水箱进水宜采用浮筒式水力双液位控制方式，并结合电磁阀、电动阀等液位自动控制方式。浮球阀的浮球、连接杆应采取耐腐蚀材质。

6.5　消毒设备

二次供水设施的水池（箱）应设置消毒设备。

消毒设备应安全、卫生、环保、节能、便于安装检修、有效、耐用和运行经济。

消毒设备可选择紫外线消毒器、紫外光催化氧化设备和水箱自洁消毒器等，其设计和安装使用应符合国家现行相关技术标准的规定。

紫外线消毒器应满足国家行业标准《生活饮用水紫外线消毒器》CT/J 204 的有关规定，应具备对紫外线照射强度的在线监测功能，并应有自动清洗功能。

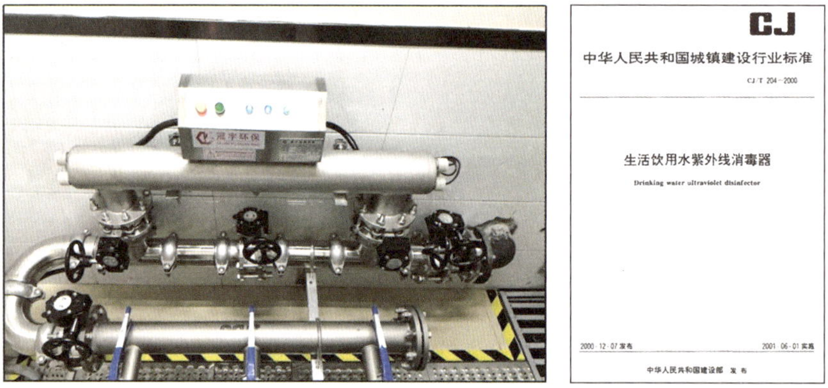

图7–58　紫外线消毒器和行业标准《生活饮用水紫外线消毒器》

水箱自洁消毒器宜外置。

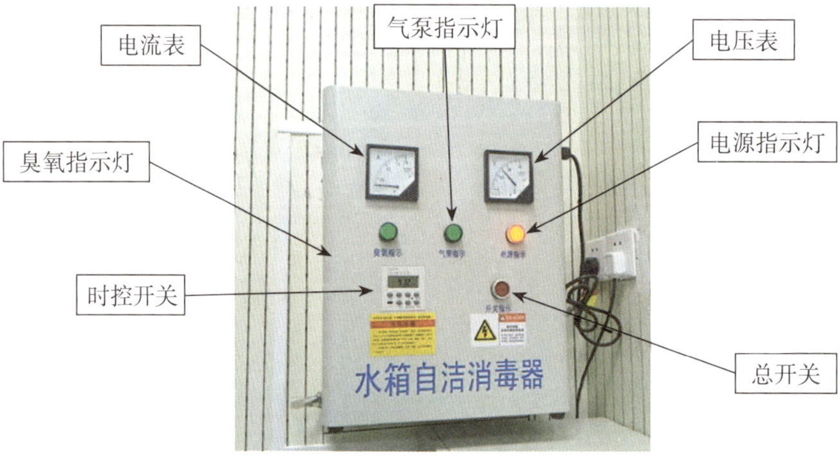

图7–59　水箱自洁消毒器

6.6 监测仪表

二次供水系统应设置自动监测仪表。

泵房总进水管、各单体建筑引入总管或各压力分区出水总管上应设置流量计量仪表，且满足节能、绿建和能耗监测等技术规范要求。

自动监测仪器包括电磁流量计（电磁水表）、压力变送器、压力开关、磁翻板液位计、浊度仪、余氯检测仪、pH 仪等。

图7-60　压力变送器

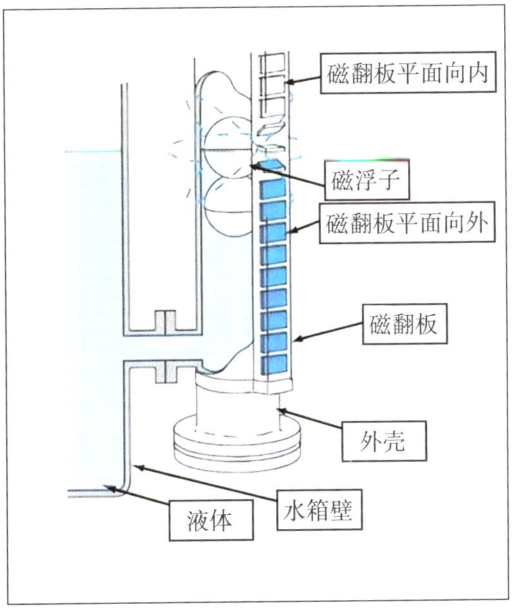

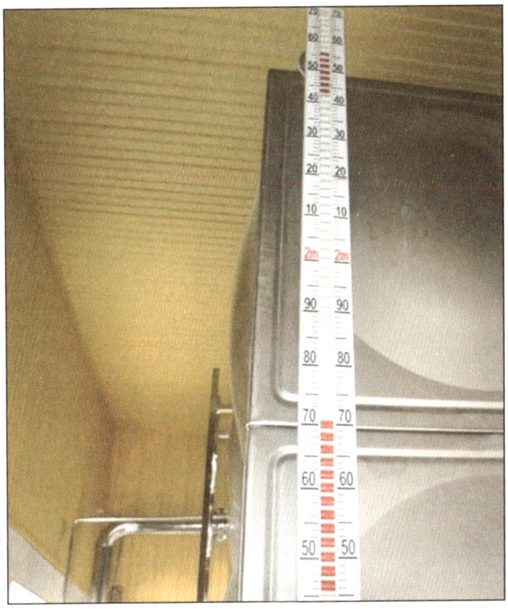

图7-61　磁翻板液位计

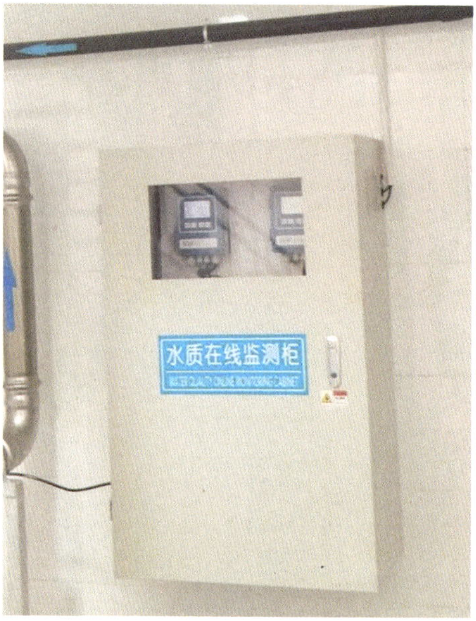

图7-62　水质在线监测柜

图7-63　电磁流量计

新建的二次供水泵房流量仪表可选择分体式安装方式，流量计传感器宜为IP68防护等级；在既有二次供水泵房改造、存在空间狭小时，电磁流量计宜选择一体式安装方式，且整机宜达到IP68防护等级。

电磁流量计应具备抗干扰能力。应在《电磁兼容试验和测量技术》GB /T 17626的标准下，通过静电放电抗扰度试验、工频磁场抗扰度试验、射频电磁场辐射抗扰度试验、电快速瞬变脉冲群抗扰度试验、抗浪涌（冲击）抗扰度试验。

图7–64 《电磁兼容试验和测量技术》GB /T 1762

电磁流量计在泵房内安装，如直管段达不到上游 5 倍管径、下游 2 倍管径要求的安装距离时，所选电磁流量计应能在前后零直管段的工况条件下安装，并能满足 ± 0.5% 的计量精度要求。

7 泵房

泵房的位置应根据城镇供水管网条件、场地条件、建筑物的布置，以及建筑物性质、规模、高度等因素综合确定，并宜设于用水负荷中心。

泵房内的空气环境应符合现行国家标准《民用建筑供暖通风与空气调节设计规范》GB 50736 和《工业建筑供暖通风与空气调节设计规范》GB 50019 的规定。

水泵机组的布置应符合现行国家标准《建筑给水排水设计标准》GB 50015 的规定。水泵机组宜设在水池（箱）的侧面或下方。

泵房承重结构必须满足主要设备、水箱、增压水泵机组、电气控制柜安装及运行承重要求。

8 控制、保护与安防

8.1 控制

控制设备应符合下列规定：

（1）应设定就地自动和手动控制方式，可采用远程控制。

（2）应具有必要的参数、状态和信号显示功能。

（3）备用泵可设定为故障自投和轮换互投。

自动控制或联锁控制的设备，应有手动控制及解除自动控制的措施；远程控制的设备，应有就地控制和解除远程控制的措施；当突然启动可能危及周围人员安全时，应在机械旁装设启动警告信号和应急断电开关或自锁式按钮。

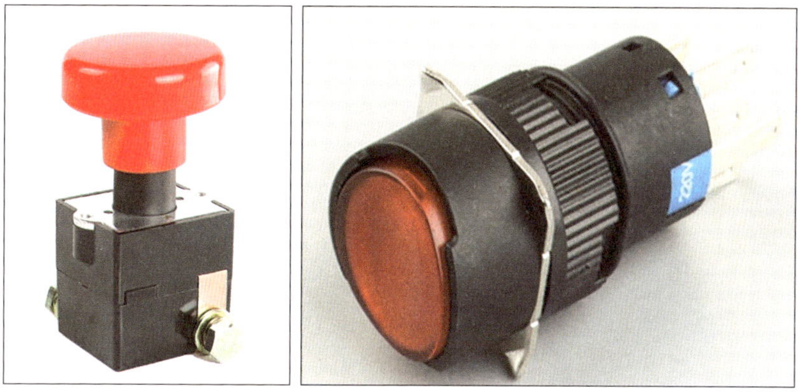

图7-65　应急断电开关及自锁式按钮

当采用变频调速控制时，宜采用全变频调速控制，设备应能自动进行小流量运行控制。

设备应有压力表、流量计、液位计、电压表、电流表、频率仪等实时测量仪表，测量仪表的量程应为工作点测量值的 1.5 ～ 2 倍。

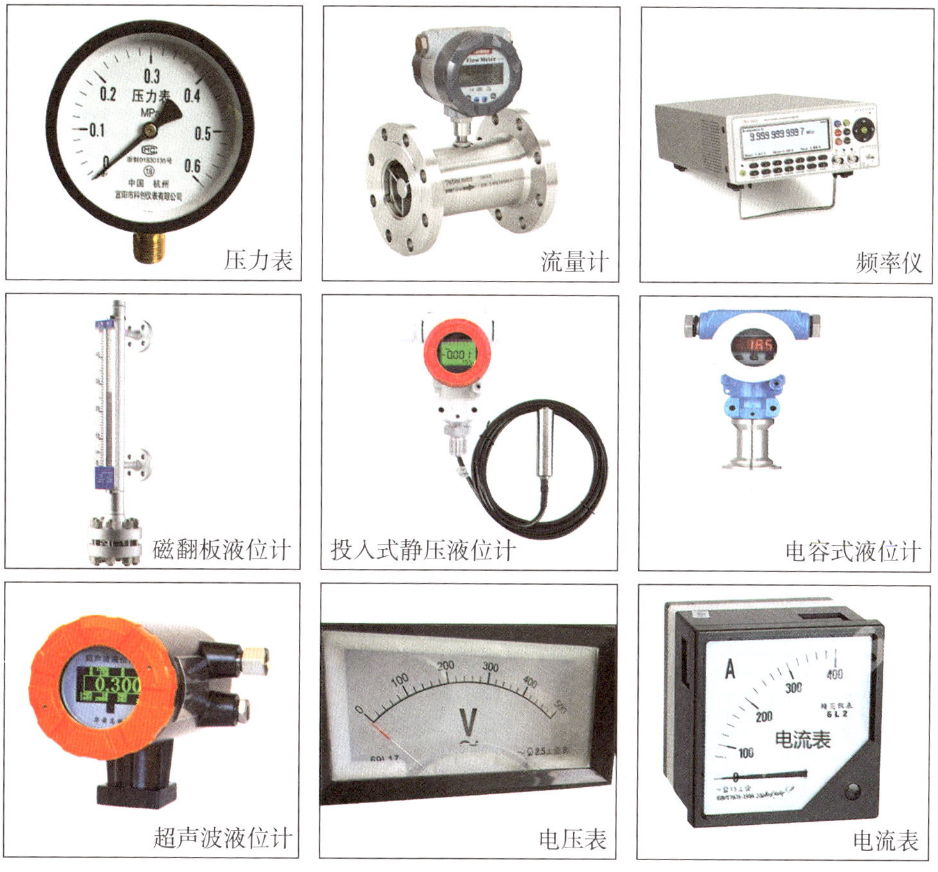

图7-66　实时测量仪表

叠压供水设备应能进行压力、流量控制。

变频调速供水电控柜（箱）应符合现行行业标准《微机控制变频调速给水设备》CJ/T 352 的规定。

CJ

中华人民共和国城镇建设行业标准

CJ/T 352—2010

微机控制变频调速给水设备

Variable-frequency governed speed water supply equipment with microcomputer control

2010-10-21 发布　　2011-05-01 实施

中华人民共和国住房和城乡建设部　发布

图7–67　《微机控制变频调速给水设备》

二次供水设备与城市智慧水务监控平台联网时，应通过底层数据采集器对二次供水泵房和设备进行安全、高效的实时监控，数据采集与传输频率应设置为 15s 以内，通过网络实时传输至服务器进行后期的分析处理。

8.2　保护

二次供水控制设备应有过载、短路、过压、缺相、欠压、过热和缺水等故障报警及自动保护功能。对可恢复的故障应能自动或手动消除，恢复正常运行。

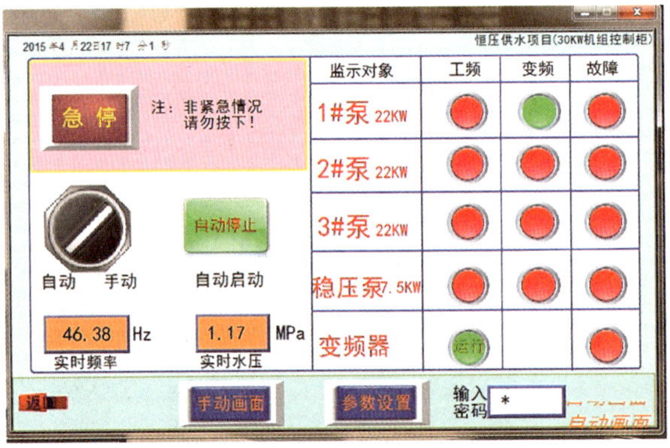

图7–68　故障报警及自动保护功能

水池（箱）应有液位控制装置，当遇超高液位和超低液位时，应能自动报警。

设备应具备用户管网超压保护功能。水泵出水管道应设置压力控制传感装置，当超过设定上限压力时，应能自动报警并停止系统运行。

设备进水断水（或缺水）应能自动报警及停机保护，当进水恢复正常时，设备应能自动启动，正常运行。

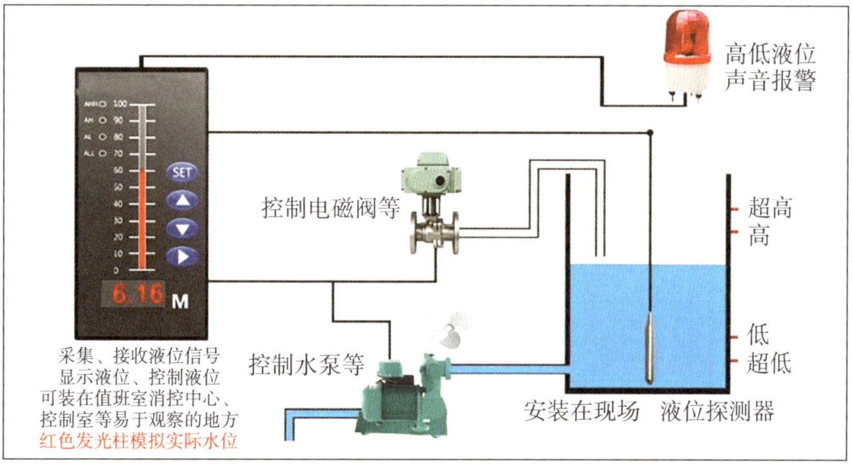

图7-69 液位控制装置

设备应有可靠的安全接地保护，并应符合相应技术标准的要求。

8.3 安全防范

泵房应设门禁系统、入侵报警系统、视频监控系统等安防子系统。

出入口控制及入侵报警系统均宜具备非法入侵时的声光报警功能。

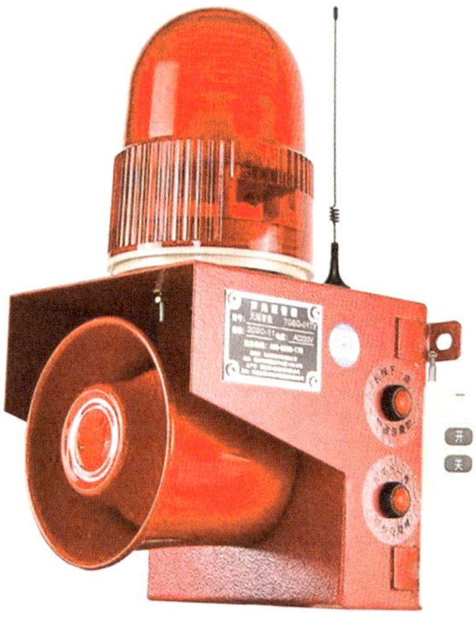

图7-70 声光报警功能

安防系统尚应符合现行国家标准《安全防范工程技术标准》GB 50348—2018 的规定。

UDC

中华人民共和国国家标准

GB

P　　GB 50348－2018

安全防范工程技术标准

Technical standard for security engineering

2018－05－14 发布　　2018－12－01 实施

中华人民共和国住房和城乡建设部
国家市场监督管理总局
联合发布

图7-71　《安全防范工程技术标准》

9　施工安装

9.1　一般规定

施工前，应按程序进行设计技术交底及施工安全交底。

施工人员、施工机具应满足施工要求，施工场地应具备安全施工的条件；施工人员应按有关规定持证上岗。

隐蔽工程应经验收合格后，方可继续下一工序施工。

二次供水工程施工过程质量控制、材料设备管理及分部（分项）工程安装验收应按现行国家标准《给水排水管道工程施工及验收规范》GB 50268、《建筑给水排水及采暖工程施工质量验收规范》GB 50242 相应条款执行。

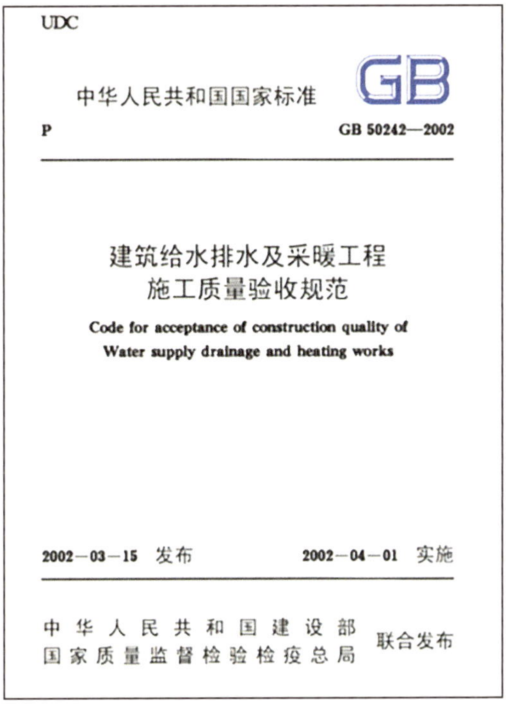
UDC

中华人民共和国国家标准 GB

P GB 50242—2002

建筑给水排水及采暖工程
施工质量验收规范

Code for acceptance of construction quality of
Water supply drainage and heating works

2002—03—15 发布 2002—04—01 实施

中华人民共和国建设部
国家质量监督检验检疫总局 联合发布

中华人民共和国国家标准 GB 50268—2008

给水排水管道工程施工及验收规范

Code for construction and acceptance of
water and sewerage pipeline works

2008-10-15 发布 2009-05-01 实施

中华人民共和国住房和城乡建设部
中华人民共和国国家质量监督检验检疫局 联合发布

图7–72 《给水排水管道工程施工及验收规范》《建筑给水排水及采暖工程施工质量验收规范》

9.2 设备安装

安装前应对设备、材料、配件的规格型号参数和卫生许可批件等进行复核，并对设备、材料、配件进行外观检查，同时对设备、材料、配件做好卫生清洁及防护工作。

设备安装位置、标高、基础尺寸、基础做法及强度和地脚螺栓孔位置等应符合设计和产品要求。设备及水泵基础混凝土强度不应小于 C20。

压力传感器应安装在出水干管的振动小、水压平稳处。

电机设备接线，应符合设计和设备规定的要求。

10 调试与验收

10.1 调试

（1）二次供水设施的设备调试、试压试水、冲洗和消毒应符合现行国家标准《建筑给水排水设计标准》GB 50015、《建筑给水排水及采暖工程施工质量验收规范》GB 50242、现行行业标准《二次供水工程技术规程》CJJ 140 和省、各地市标准、法规的有关规定。

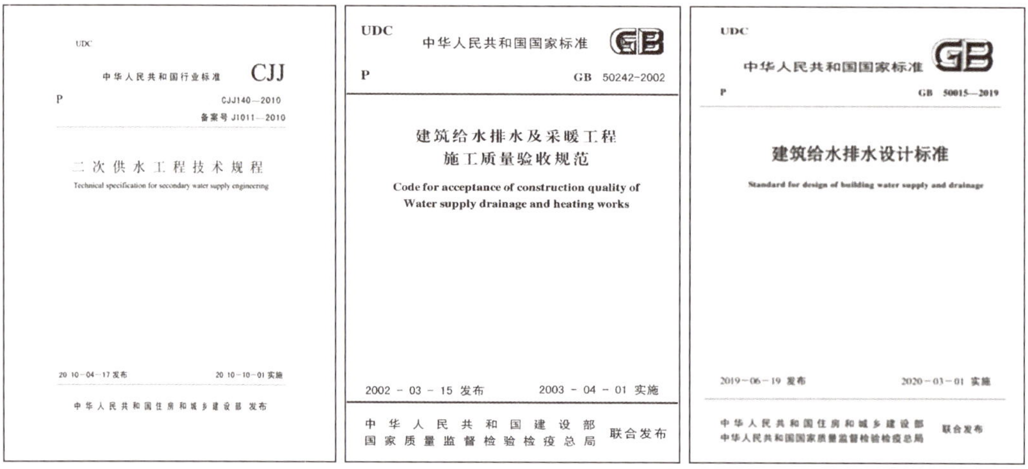
UDC
中华人民共和国行业标准 CJJ
P
CJJ140—2010
备案号 J1011—2010
二次供水工程技术规程
Technical specification for secondary water supply engineering
2010-04-17 发布
2010-10-01 实施
中华人民共和国住房和城乡建设部 发布

UDC
中华人民共和国国家标准 GB
P
GB 50242-2002
建筑给水排水及采暖工程施工质量验收规范
Code for acceptance of construction quality of Water supply drainage and heating works
2002-03-15 发布
2003-04-01 实施
中华人民共和国建设部
国家质量监督检验检疫总局
联合发布

UDC
中华人民共和国国家标准 GB
P
GB 50015—2019
建筑给水排水设计标准
Standard for design of building water supply and drainage
2019-06-19 发布
2020-03-01 实施
中华人民共和国住房和城乡建设部
中华人民共和国国家质量监督检验检疫总局
联合发布

图 7–73 《建筑给水排水设计标准》《建筑给水排水及采暖工程施工质量验收规范》和《二次供水工程技术规程》

（2）二次供水设施完工后应进行系统通电、通水调试。

（3）管道安装完成后应分别对立管、连接管及室外管段进行水压试验。系统中不同材质的管道应分别试压。水压试验必须符合设计要求，不宜用气压试验代替水压试验。

（4）暗装管道必须在隐蔽前试压及验收。热熔连接管道水压试验应在连接完成24h 后进行。

（5）金属管、复合管及塑料管管道系统的试验压力应符合现行国家标准《建筑给水排水及采暖工程施工质量验收规范》GB 50242 的规定。各种材质的管道系统试验压力应以系统工作压力为基础，当系统工作压力小于等于 1.0MPa 时，试验压力按工作压力 1.5 倍，且不小于 0.6MPa；当系统工作压力大于 1.0MPa 时，试验压力按系统工作压力加 0.5MPa。

（6）对不能参与试压的设备、仪表及附件应拆除或采取隔离措施。

（7）水箱（池）应做满水试验。密闭储水箱与系统连接在一起时，水压试验应与系统一致，以其工作压力的 1.5 倍进行水压试验。

（8）消毒设备应按照产品说明书进行单体调试。

（9）系统调试前应将阀门置于相应的通、断位置，并将电控装置逐级通电，工作电压应符合要求。

（10）机电设备试运行应按单体试运行、联动试运行和负荷试运行 3 个步骤进行。

（11）水泵应进行电动机连续运转试验，当泵后压力达到设定值时，对压力、流量、液位等自动控制环节应进行人工扰动试验，且均应达到设计要求。

（12）系统调试模拟运转不应少于 30min。

（13）调试合格后交付使用前，必须对供水设备、水箱、管道进行冲洗和消毒，按照要求进行水质检测，合格后方可通水。

（14）冲洗前对系统内不能冲洗或有碍冲洗的部件应加以保护或临时拆除后采用短管代替，并应保证系统中所有部位都能得到冲洗，冲洗流速不应小于 1.5m/s，待冲洗完成后复位。在系统最低点应设置排水口。

（15）消毒时，应根据二次供水设施类型和材质选择相应的消毒剂，一般可采用 20 ～ 30mg/L 的游离氯消毒液浸泡 24h，不锈钢应选用合适的消毒剂消毒。

（16）冲洗、消毒后，系统出水水质应符合现行国家标准《生活饮用水卫生标准》GB 5749 的规定。

10.2 验收

二次供水工程安装及调试完成后，应按下列规定组织竣工验收：

（1）工程质量验收应按现行国家标准《建筑给水排水及采暖工程施工质量验收规范》GB 50242、《给水排水管道工程施工及验收规范》GB 50268、《建筑工程施工质量验收统一标准》GB 50300 和省、各地市相关规定、标准、法规要求执行。

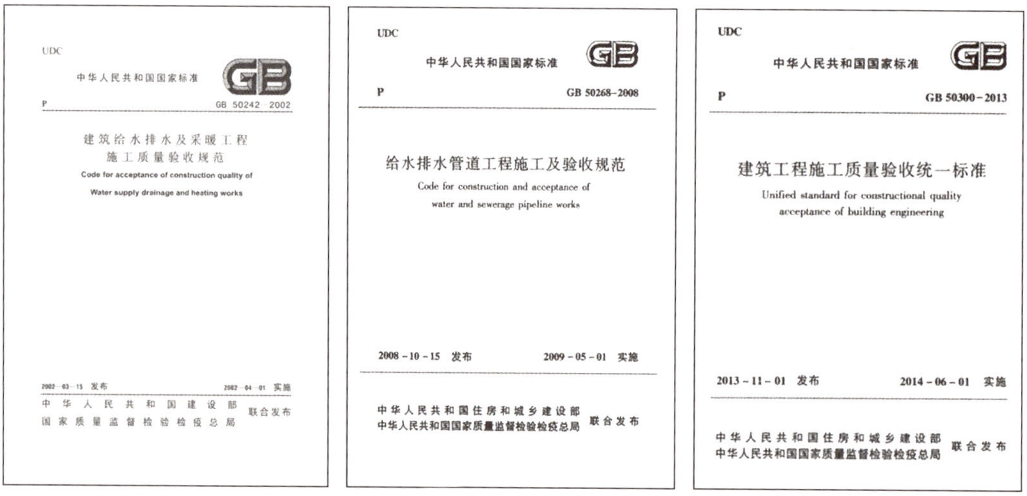

图7–74　工程质量验收相关标准

（2）设备安装验收应按现行国家标准《机械设备安装工程施工及验收通用规范》GB 50231 执行。

（3）电气工程安装验收应按现行国家标准《电气装置安装工程低压电器施工及验收规范》GB 50254 和《建筑电气工程施工质量验收规范》GB 50303 执行。

图 7–75　《机械设备安装工程施工及验收通用规范》《电气装置安装工程低压电器施工及验收规范》和《建筑电气工程施工质量验收规范》

（4）二次供水水质应符合现行国家标准《生活饮用水卫生标准》GB 5749 的规定。

（5）二次供水设施竣工验收合格后，方可与当地供水企业签订正式供水协议，并由当地供水企业接通市政供水管道。

（6）二次供水的安防验收应按《安全防范工程技术标准》GB 50348 执行。

图7-76 《生活饮用水卫生标准》《安全防范工程技术标准》GB 50348

（7）竣工验收时应提供表 7-2 所列的文件资料。

表7-2 竣工验收时应提供的文件资料

序号	资料名称
1	施工安装单位的资质文件
2	二次供水工程的施工图、设计变更文件、竣工图
3	隐蔽工程验收资料
4	工程所包括设备、材料的合格证、质保卡、说明书等相关资料
5	涉水产品卫生许可证或卫生许可批件
6	系统试压、冲洗、消毒、调试检查记录
7	泵房环境噪声及振动检测报告
8	具有国家法定资质的水质检测部门出具的水质检测报告
9	工程质量评定表
10	相关主管部门二次供水行政审批文件或施工图审查机构意见

（8）泵房设置及其环境验收应检查表 7-3 所列的项目。

表7-3 泵房设置及其环境验收时应检查项目

序号	验收项目
1	泵房的设置
2	泵房内二次供水设施的设置
3	泵房排水系统
4	泵房通风系统
5	泵房保温系统
6	泵房电源的可靠性
7	泵房防雷设施
8	泵房及周边环境

（9）二次供水设施竣工验收时应检查表 7–4 所列的项目。

表7–4　二次供水设施竣工验收时应检查项目

序号	检查项目
1	电源的可靠性
2	水泵机组运行状况和扬程、流量等参数
3	供水管网水压达到设定值时，系统的可靠性
4	管道、管件、设备的材质与设计要求的一致性
5	设备显示仪表的准确度
6	设备控制与数据传输的功能
7	设备接地、防雷等保护功能
8	水池（箱）、压力容器的材质与设置
9	供水设备的排水、通风、保温等环境状况
10	消毒设施
11	安防设施
12	测量与控制系统
13	抗震支吊架、设施减振、降噪措施

（10）竣工验收时应重点检查表 7–5 所列的项目。

表7–5　竣工验收时应重点检查项目

序号	验收项目
1	防回流污染设施的安全性
2	供水设施的减振措施及环境噪声的控制
3	消毒设备的安全运行
4	配电与自控设施
5	安防设施的稳定运行
6	叠压供水设备防止供水管网压力波动的技术措施和可靠的防负压控制系统

竣工验收合格后，应将有关设计、施工及验收的文件和技术资料立卷归档。

11 设施维护与运行管理

11.1 一般规定

管理机构应制定设备运行的操作规程，操作规程宜包括操作要求、操作程序、故障处理、安全生产和日常保养维护要求等。操作规程应张贴（装裱挂）在泵房内适当位置墙面上。

二次供水的用户改变二次供水方式、变更用水性质或者更换供水设备时，应及时报水行政主管部门审批，并经供水企业同意后方能实施。

11.2 设施维护

运行和维修记录应包括如下内容：

（1）交接班记录。

（2）设备运行记录、设备维护保养记录、管网维护维修记录。

（3）故障或事故处理记录。

泵房内排水沟、集水坑应保持干净整洁、无杂物、无异味、无霉菌，定期应对排水沟、集水坑进行冲洗、消毒。

埋地管道出现爆管，应迅速停止供水并关断损坏管段所涉及楼栋的进水阀门，然后进行抢修，修复后应对管道进行冲洗消毒后再恢复供水。

11.3 运行管理

运行管理人员应定期分析供水运行、用水量变化情况，调整调节水箱的储水量，确保供水水质。经常进行二次供水设备、室外管网与附属设施安全检查，及时排除影响供水安全的各种故障隐患。

运行管理人员应定期检查并及时维护分户水表前的管道，保持室内管道无漏水和渗水现象。及时调整并记录减压阀工作情况，包括水压、流量以及管道的承压情况。

对各类储（贮）水设施水池（箱）的清洗消毒应符合下列规定：

（1）应根据水池（箱）的材质选择相应的消毒剂，不应采用单纯依靠投放消毒剂的清洗消毒方式。

（2）水池（箱）清洗消毒后，应委托具有资质的检验机构对水质进行检测，检测项目至少应包括：色度、浑浊度、臭和味、肉眼可见物、pH、总大肠菌群、菌落总数、余氯。

二次供水设施运行管理单位应加强安防、防恐管理，宜与公安部门建立联动机制，按照公安部门的要求做好二次供水安全防范工作。

第八章 《陕西省城镇二次供水智慧泵房工程技术规程》（T/SXGSPS B01—2022）图解

团体标准　　　　**TB**

T/SXGSPS B01-2022

陕西省城镇二次供水智慧
泵房工程技术规程

Urban smart secondary water supply pump station project
Technical procedures in Shaanxi Province

2022-12-08发布　　　　2022-12-28实施

陕西省城镇供水排水协会 发布

图8-1 《陕西省城镇二次供水智慧泵房工程技术规程》

二次供水智慧泵房建设和运行维护管理除应符合国家、行业和陕西省现行有关标准的规定外，还应符合以下规定：

1　基本规定

（1）智慧泵房与二次供水其他系统应同步设计、同步建设、同步交付使用。

（2）智慧泵房设备宜采用全生命周期功能的管理平台进行远程监控。

（3）供水设备、仪器、仪表应提供数字化、标准化接口及开放的通信协议。

（4）智慧泵房内设备的网络安全等级保护应达到《信息安全技术网络安全等级保护基本要求》GB /T 22239—2019 的有关规定。

（5）智慧泵房宜与居民、城市产生良性互动，推动二次供水设施更好地融入城市发展。

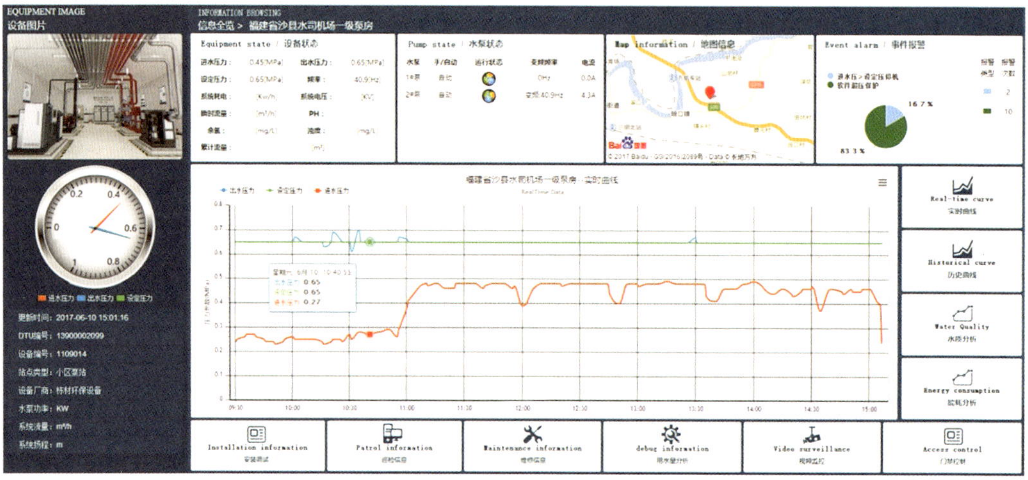

图8–2　数据远程实时采集和监控

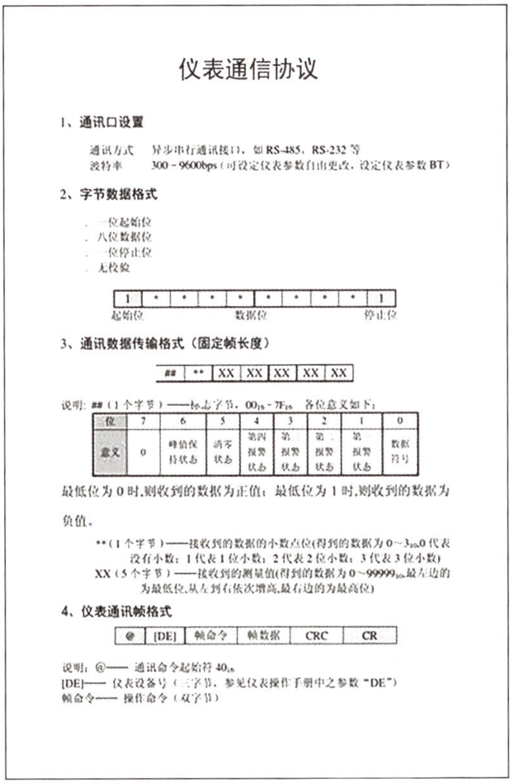

仪表通信协议

1、通讯口设置

通讯方式　异步串行通讯接口，如 RS-485，RS-232 等
波特率　300 ~ 9600bps（可设定仪表参数自由更改，设定仪表参数 BT）

2、字节数据格式

. 一位起始位
. 八位数据位
. 一位停止位
. 无校验

1	*	*	*	*	*	*	*	*	1
起始位				数据位					停止位

3、通讯数据传输格式（固定帧长度）

##	**	XX	XX	XX	XX	XX

说明：##（1 个字节）——标志字节，00_{16} - $7F_{16}$　各位意义如下：

位	7	6	5	4	3	2	1	0
意义	0	峰值保持状态	清零状态	第四报警状态	第三报警状态	第二报警状态	第一报警状态	数据符号

最低位为 0 时,则收到的数据为正值；最低位为 1 时,则收到的数据为负值。

**（1 个字节）——接收到的数据的小数点位(得到的数据为 0～3_{10},0 代表没有小数；1 代表 1 位小数；2 代表 2 位小数；3 代表 3 位小数)
XX（5 个字节）——接收到的测量值(得到的数据为 0～99999_{10},最左边的为最低位,从左到右依次增高,最右边的为最高位)

4、仪表通讯帧格式

@	[DE]	帧命令	帧数据	CRC	CR

说明：@—— 通讯命令起始符 40_{16}
[DE]—— 仪表设备号（三字节，参见仪表操作手册中之参数 "DE"）
帧命令—— 操作命令（双字节）

图8–3　仪表通信协议

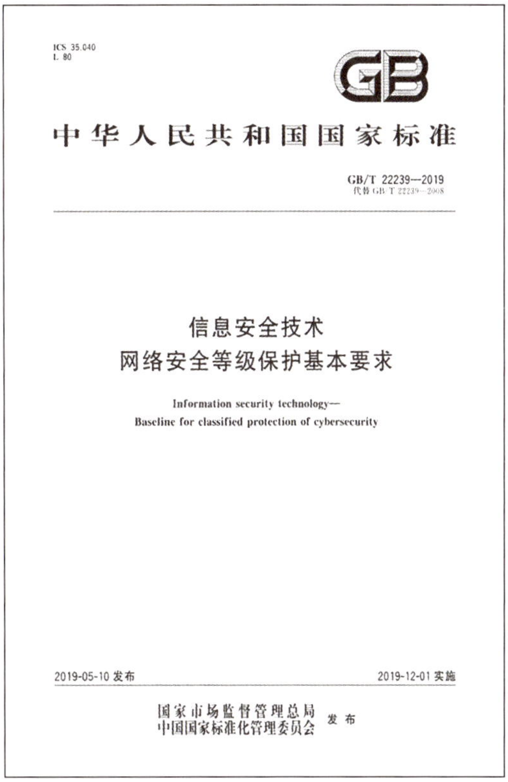

ICS 35.040
L 80

GB

中华人民共和国国家标准

GB/T 22239—2019
代替 GB/T 22239—2008

信息安全技术
网络安全等级保护基本要求

Information security technology—
Baseline for classified protection of cybersecurity

2019-05-10 发布　　2019-12-01 实施

国家市场监督管理总局
中国国家标准化管理委员会　发布

图8–4　《信息安全技术网络安全等级保护基本要求》

2 智慧泵房设计

2.1 泵房

（1）泵房环境湿度大于 70% 时，宜配置智能除湿装置。

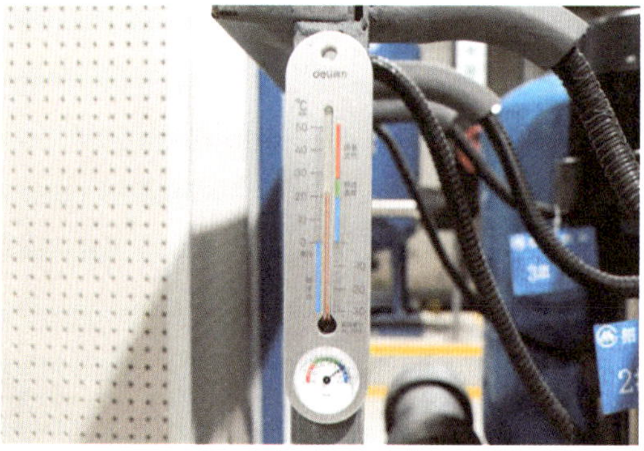

图8–5 温湿度计

（2）泵房内应设置识别系统。

图8–6 阀门标识

图8-7　水泵标识

图8-8　管道水流标识

（3）智慧泵房水泵应采用全变频控制方式。

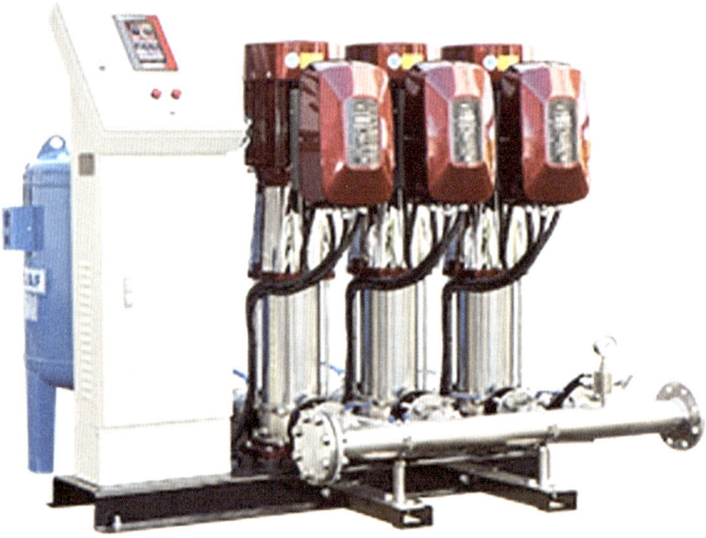

图8–9　全变频恒压供水设备

（4）泵房进出口阀门应采用电动阀门，电动阀门前宜配置手动检修阀门，进口处电动阀门应与水浸传感器报警联动，具备远程控制功能。

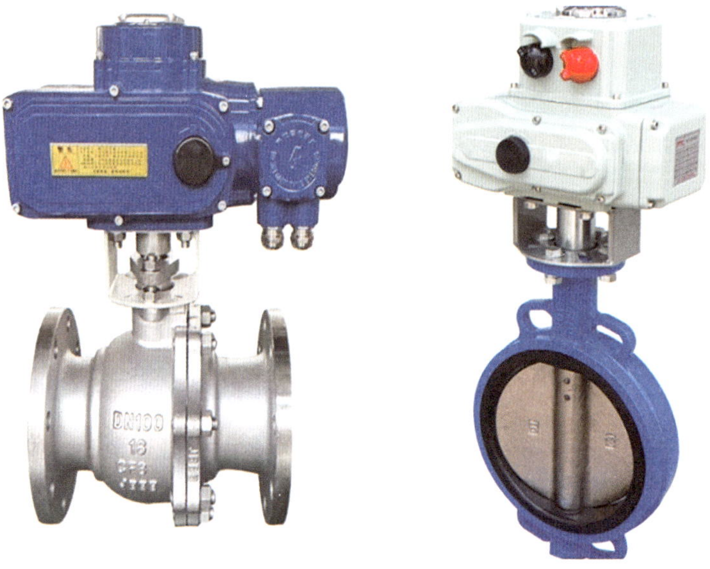

图8–10　常见电动阀门

（5）宜采用带防水灯头的开启式灯具或防潮式灯具，照明节能宜优先选用LED灯。插座应具有防水防潮的功能，其防护等级不应低于IP54。

图8-11　防潮LED灯

2.2　水箱

水箱的设置应符合以下规定：

（1）水泵水箱联合供水宜结合错峰调蓄功能，采用水位监控设备，实现自动补水。

（2）当水箱的有效容积大于50m³时，宜分隔成容积基本相等，能独立运行的两格，相应的水箱监控设备应实现独立自动控制。

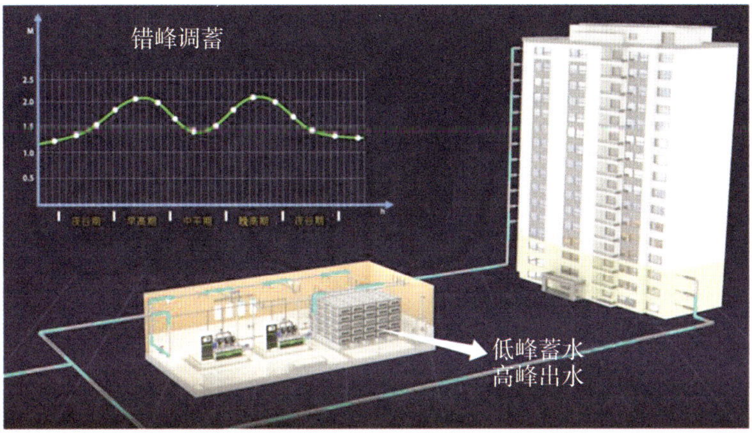

图8-12　错峰调蓄

（3）应采取水箱水龄控制措施，容积宜满足储水更新时间不超过24h。

（4）水箱补水阀应由机械及电气双重控制；水箱进水总管宜安装流量仪表，并具备实时监测流量功能。

（5）水箱宜具有自动清洗、人孔盖启闭报警等功能。

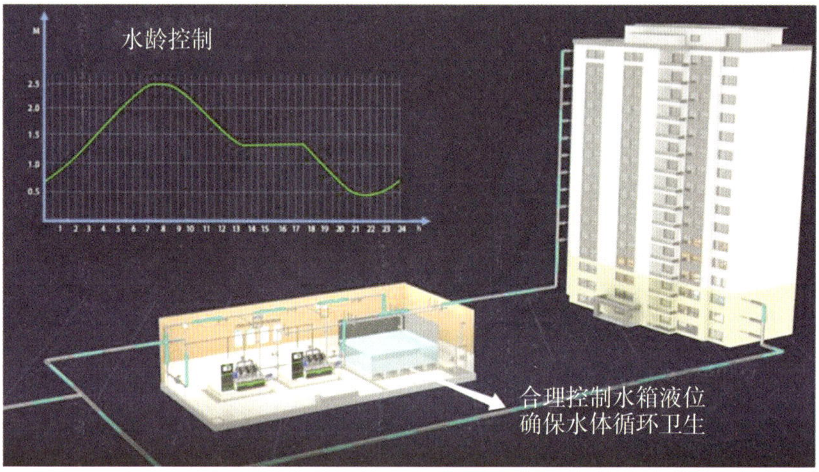

图8–13 水龄控制

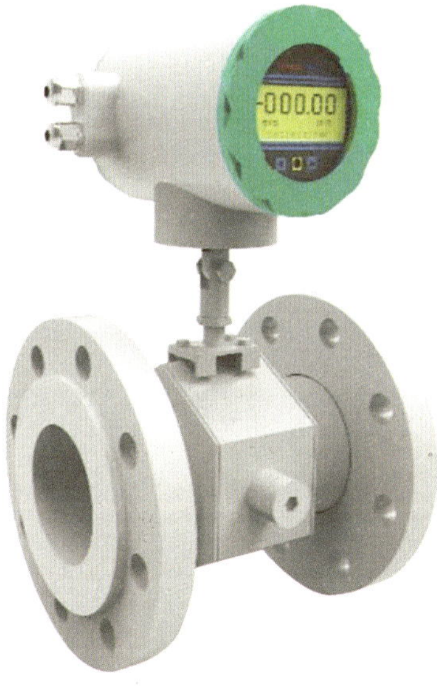

图8–14 智能电磁流量计

2.3 电气

（1）水泵配电系统宜采取集中补偿方式，提高设备的使用效率。

（2）电源应采用双回路供电，并具有自动切换功能，负荷等级不应低于负荷。

（3）在总配电柜进线处及每个主要馈线回路装设多功能电表，该电表宜采用Modbus通信接口，并具有测量、计量、远传等功能。

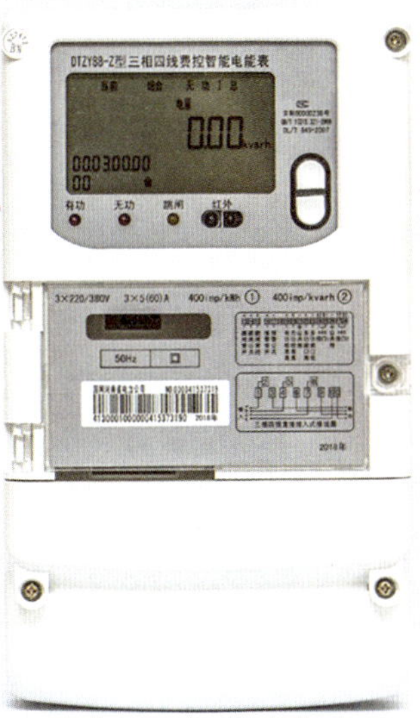

图8–15　多功能电表

（4）当水泵采用变频器运行时，应充分考虑谐波对相关电气设备的影响。

（5）配电柜（箱）内的开关元器件应具有综合保护功能。

（6）对于春夏季潮湿地区的泵房（湿度大于 85%），泵房内宜配置智能除湿装置，保证泵房内湿度在电气元件可靠运行范围内，自控系统宜对除湿机的工作状态进行实时监测。

2.4　自控

（1）控制柜（箱）应符合下列基本要求：

1）应配置可编程控制器 PLC，具备模拟量输入、输出模块，数字量输入、输出，总线传输模块，并预留扩展空间。

2）应具有过压、欠压、缺相、短路、过流等故障报警及自动保护功能，对可恢复的故障应能自动、手动或远程控制消除，保证系统恢复正常运行。

3）应具有故障报警和报警记忆功能，故障报警应及时准确，宜采用声光报警。

4）应设照明装置，电源应采用安全电压，并与柜门启闭装置联动。

5）应具有抗电磁干扰的能力。

6）应具有温（湿）度控制功能，当环境温度高于 40℃或湿度大于 70% 时，系统开启自动调节功能。

7）应配置总开关，各独立控制单元回路应设置断路开关，并配置 AC220V（10A）五孔检修插座。

8）应配置 UPS 不间断电源，保证断电后控制设备稳定运行不低于 30min。

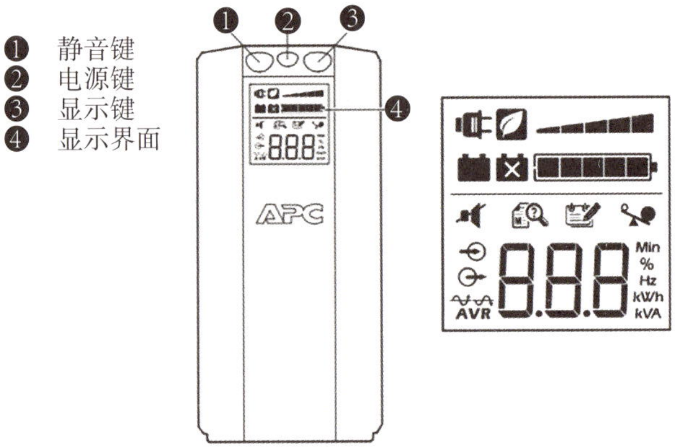

图8-16 UPS不间断电源

9）人机界面参数设置应有权限及密码保护功能。

10）各接线端子标志应清晰。

11）应具有人机交互界面，支持电容触摸功能。

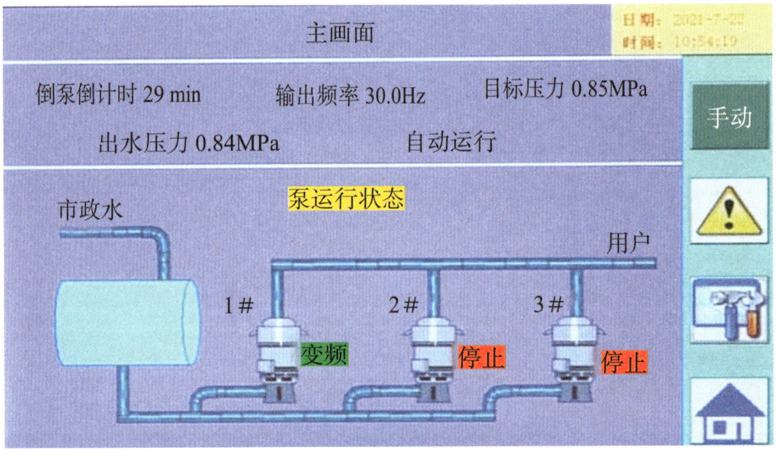

图8-17 人机交互界面示意图

12）应支持有线（以太网、光纤）和无线传输（GPRS/4G/5G）远传数据接口。

13）应具有数据储存单元，且储存单元应具有断电保护功能，断电后所存储数据不应丢失，本地数据存储时间不应少于30d。

（2）通信应满足下列规定：

1）上行通信要求：

①无线传输（4G/5G）时，智慧泵房内信号强度（RSRP）不应低于 -95dBm。

②有线传输（RJ45/光纤）时，智慧泵房应与控制中心间通信线路保持畅通。

③应预留独立的数据同步接口（RJ45/光纤），可实现与政府、市政供水企业等相

关部门平台对接。

2）下行通信要求：

①具有 RS485 接口，ModbusRTU 通信协议或开放式自定义协议。

②具有 RJ45 接口，ModbusTCP 通信协议或开放式自定义协议。

③满足 HART 协议。

3）监测信息上报、报警信息上报、控制命令应满足《水文监测数据通信规约》SL 651 或《水资源监测数据传输规约》SZY 206 的要求。

（3）控制系统应满足下列要求：

1）应能实现现场手动（开环）运行、现场自动（闭环）运行、远程手动运行和远程自动运行的功能，并具备与管理单位监控中心进行双向通信的功能，同时预留与智慧水务系统对接的标准接口。

2）控制系统宜具有错峰调蓄供水功能，满足低峰储备，高峰使用的要求。

3）控制系统宜对除湿机的工作状态进行实时监控，保证泵房内湿度在电气元件可靠运行范围内。

4）控制系统应具备数据采集、储存、传输及网络安全所需硬件及软件。

（4）智慧泵房应满足下列要求：

应实时向管理平台传送进水压力、出水压力和压力控制设定值，水池（箱）液位、机电设备的运行状态、电压、电流、电功率（有功、无功和视在功率）、变频器的运行频率和阀门的开关位置，以及故障报警（机泵故障、变频故障、进出水压力报警、水池（箱）液位高低限报警、电压电流故障等）等信息，并能够接受管理平台的控制指令。

（5）控制柜的功能应符合下列要求：

1）设备应能手动和自动操作，手动操作时可任意启停每台泵，自动工作时由压力控制，根据需要自动启、停、加泵、减泵。

2）泵房应满足变频器与电机一拖一控制。

3）设备运行期间应能准确按既定的运行方式自动运行，变频控制包括固定运行、交替运行、循环运行 3 种方式。全变频控制应采用轮次交替运行方式。

4）泵房泵组采用恒压控制方式。

5）主泵故障时，备用泵应在短时间内自动投入运行，投入运行的时间不超过 5s。

6）设备宜具备低压（爆管）保护功能，保证设备自运行过程中出现用户管网爆管等原因造成泄压时的自动检测和反馈低压值并报警，设备保护性停机报警，低压解除后自动恢复运行。

7）设备宜具有低水位停机保护功能。

2.5 防雷接地

（1）防雷系统。

智慧泵房的建筑结构，电气、电子设备等控制系统应有可靠的防雷击措施，并应符合《建筑物电子信息系统防雷技术规范》GB 50343 和《建筑物防雷设计规范》GB 50057 的有关规定。

（2）接地及安全措施。

设备应有可靠的安全接地保护，并应符合《电气控制设备》GB /T 3797 和《交流电气装置的接地设计规范》GB /T 50065 的相应规定。

（3）仪表。

①智慧泵房应在供水管道进出口处设置压力、流量仪表（含瞬时流量、累计流量），水箱内应设置液位仪表（含液位变送器、液位开关）。

图8–18 投入式液位变送器

②智慧泵房内应设置 pH、余氯、浊度水质在线监测仪表。

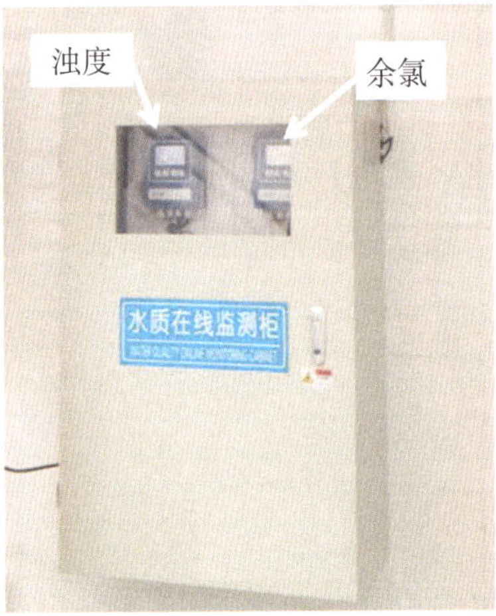

图8–19 水质在线监测柜

③智慧泵房内应设置环境监测传感器（如烟感、水浸、温度、湿度）。

图8-20　烟感报警器

图8-21　定位式水浸变送器

图8-22　机柜式温湿度变送器

④智慧泵房内水泵机组宜设置水泵振动，水泵绕组、定子及外壳温度监测装置。

2.6 安防

（1）智慧泵房出入口、设备间应部署视频安防监控设备，并应满足《视频安防监控系统工程设计规范》GB 50395 的相关技术规定。

1）摄像机宜带入侵探测器、面部识别、远程喊话功能；安装位置应根据泵房内部构造合理选择，电源宜由 UPS 电源主机供给。

2）视频监控系统图像应以现场保存为主，具备远程监看、回放视频功能。现场图像保存时间不宜少于 30d，异常图像应永久保存；远程管理平台的异常图像保存时间不宜少于 90d。

（2）入侵报警系统应满足《入侵报警系统工程设计规范》GB 50394 的相关技术规定。

（3）视频监控系统应与入侵报警系统联动控制。

（4）出入口控制系统应满足《出入口控制系统工程设计规范》GB 50396 的相关技术规定。门禁系统应支持 TCP/IP 以太网通信协议、RS232/RS485，同时可记录进出智慧泵房内人员时间及相关信息。

（5）入侵报警及出入口控制系统的报警信号均宜具备声光报警功能。

（6）视频监控、入侵报警及出入口控制系统的信号均宜传输至管理平台，进行管理、控制、存储和显示。

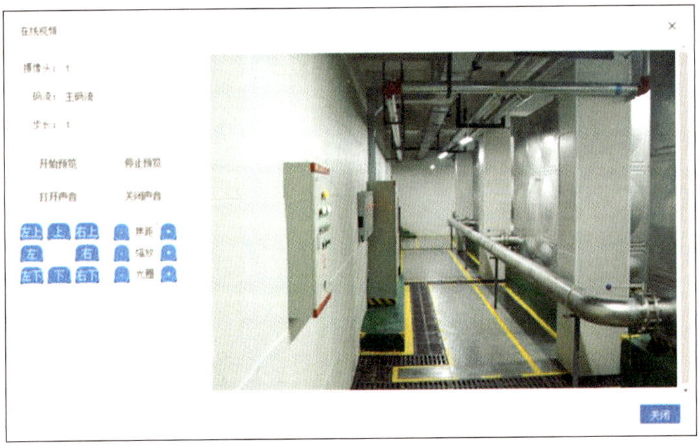

图8-23 视频监控

2.7 管理平台

（1）智慧泵房应具有智慧感知、智慧分析及展现的功能。

（2）智慧感知应包含供水压力、供水流量、水箱液位、能耗、环境信息、设备参数、运行状态、水质参数、水泵振动等内容。

表8–1　智慧感知内容详表

序号	名称	单位（国际标准单位制）	应或宜	精度及范围
1	进水口压力	MPa	应	≤0.5%，0～1.60MPa
2	出水口压力	MPa	应	≤0.5%，0～1.60MPa
3	瞬时流量（进出口）	m^3/h	应	±0.5%，0～99999m^3/h
4	累计流量（进出口）	m^3/h	应	±0.5%，0～99999m^3/h
5	水箱液位	mm	应	±1mm，≥4000mm
6	水箱进水流量	m^3/h	宜	±0.5%，0～99999m^3/h
7	水质参数	多种	应	
8	耗电量	kW·h	应	±1%，0～99999.999kW·h
9	泵房内电能参数	多种	应	
10	水泵电流	A	应	≤±0.1A，范围≥40A
11	水泵工作频率	Hz	应	±0.1Hz，0～50Hz
12	水泵电压	V	应	0～400V
13	泵房内温度	℃	应	±2%
14	泵房内湿度	%RH	应	±2%
15	泵房内漏水	N/Y	应	NO/YES
16	泵房内电气火灾	N/Y	应	NO/YES
17	除湿机工作状态	ON/OFF	宜	ON/OFF
18	管网压力（含最不利点及关键控制点）	MPa	宜	≤0.5%，≥1.60MPa
19	水泵振动	%	应	±0.1%，0.0～100.0%
20	电机故障代码	00H～FFH	应	00H～FFH

（3）智慧分析与展现宜包含水质参数、数据管理与报警的内容。

内容应包括流量、压力、水质、电能、设备状态及安防；宜包括管路特性曲线、水泵特性曲线、水力模型等。

1）流量数据展现应包含：

①瞬时流量：以曲线图方式按时间绘制，每个绘制点的时间间隔为采样周期间隔。

②日流量与累计流量。

③小时流量与24h内最大、最小流量。

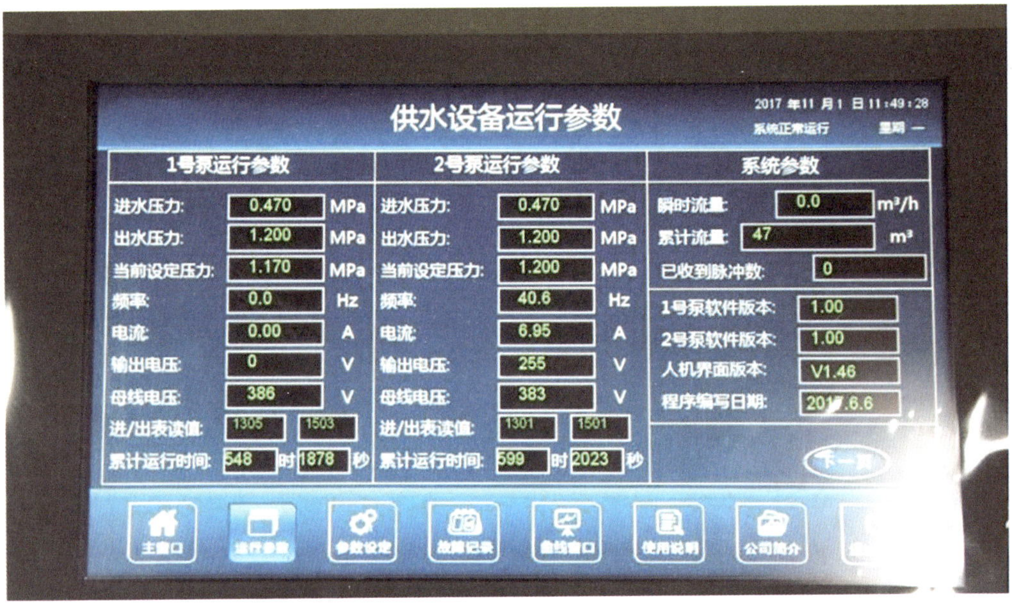

图8-24　供水设备运行参数

④小时、日流量历史数据查询，以及前3个月的历史日流量。

⑤当前设定的压力值与历史查询的压力值。

2）电能数据展现应包含：

①泵房内总电压、总电流、总功率、总电能等数据，累计电能显示：小时电能统计、日电能统计、月电能统计、年电能统计。

②分相电压、电流、功率、电能统计。

③设备能耗比。

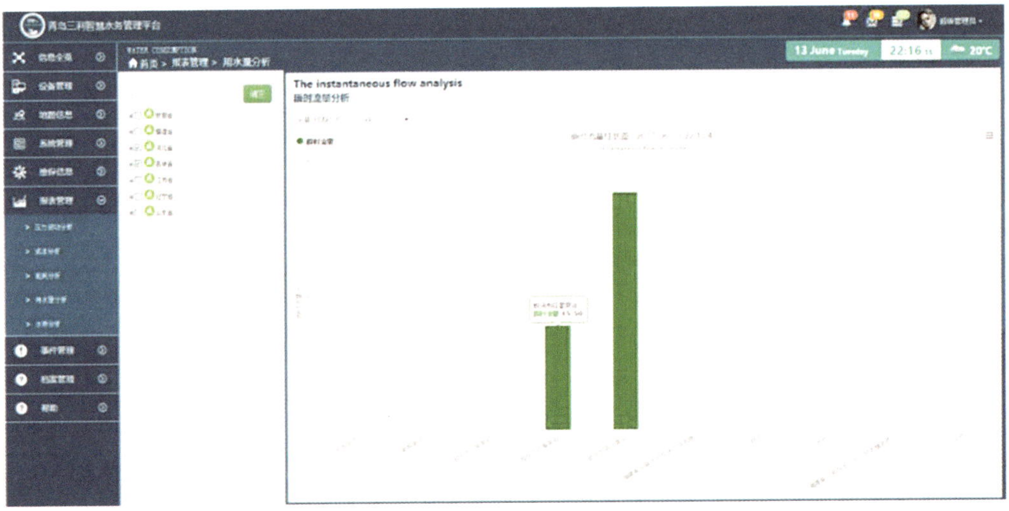

图8-25　瞬时流量分析

图8–26　能耗分析

3）设备状态展现应包含：

①电机、控制柜的运行状态。

②电机瞬间电流、电压、功率等参数。

③电机振动、转速、温度、连续工作时长、总工作时长等参数。

④电机、控制柜等设备信息管理与维保记录等。

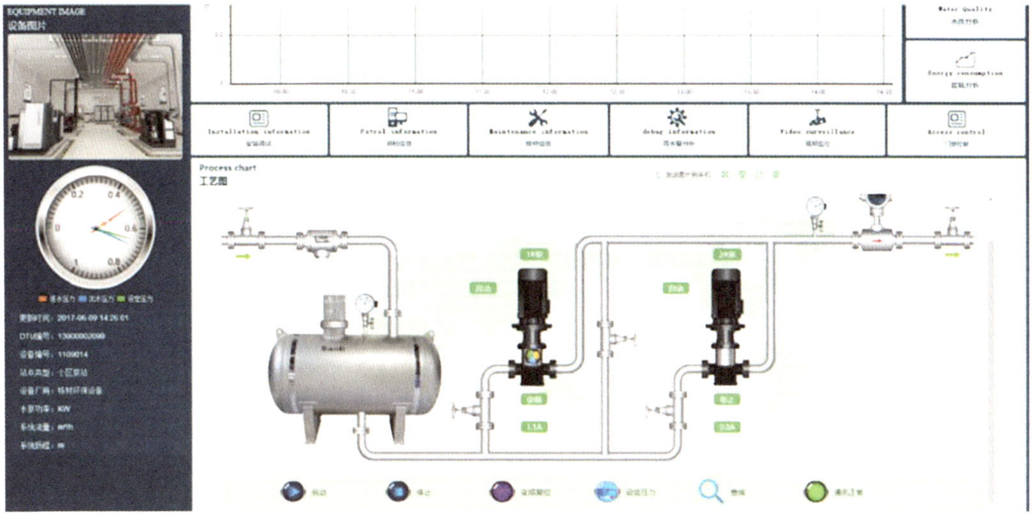

图8–27　设备远程控制

4）安防数据展现应包含：

①视频监控。

②门禁管理数据。

5）环境数据包含温湿度、漏水、烟感等相关数据。

（4）报警数据应分类展现，包含泵房内模型数据及图表数据，具有可查看、分析、展示功能及报警弹窗设置，报警弹窗具有最高权限显示。

（5）应具有预警、水泵高效区分析、工况监测与分析、备用泵与主泵均衡交替运行、成本评价、错峰调节、数据筛选、大数据智能清洗等功能。

大数据智能清洗主要功能包括：对于每一个单独泵房内整体数据进行预处理，形成标准化的数据存储格式，为上级管理平台中心服务器提供统一模板，减少计算压力。

（6）应具有对实时数据和历史数据进行数据分析、预测及存储的功能。同时智慧泵房运行状态数据应记录备份，保存周期不小于 1 年；管理平台提取历史数据功能应能完整显示 3d 的分钟历史数据。

（7）智慧泵房供水系统运行中应能接受综合调度指令，参与供水系统联动调度。

（8）应进行预警报警的方式至少支持：短信、手机 App 或微信、现场声光、远程监控系统语音。

（9）实现与智慧水务系统的数据共享。系统对外接口采用 OPC 接口标准。

附件：二次供水常用图例

附表1　管道图例

序号	名称	图例	备注
1	生活给水管	——J——	
2	热水给水管	——RJ——	
3	热水回水管	——RH——	
4	中水给水管	——ZJ——	
5	循环冷却给水管	——XJ——	
6	循环冷却回水管	——XH——	
7	热媒给水管	——RM——	
8	热媒回水管	——RMH——	
9	蒸汽管	——Z——	
10	凝结水管	——N——	
11	废水管	——F——	可与中水原水管合用
12	压力废水管	——YF——	
13	通气管	——T——	
14	污水管	——W——	
15	压力污水管	——YW——	
16	雨水管	——Y——	
17	压力雨水管	——YY——	
18	虹吸雨水管	——HY——	
19	膨胀管	——PZ——	
20	保温管		也可用文字说明保温范围
21	伴热管		
22	多孔管		
23	地沟管		
24	防护套管		
25	管道立管	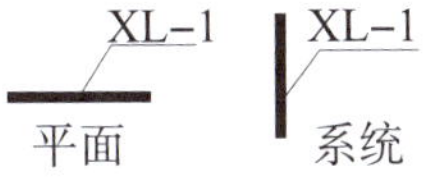	X为管道类别 L为立管 1为编号
26	空调凝结水管	——KN——	

附表1（续）

序号	名称	图例	备注
27	排水明沟	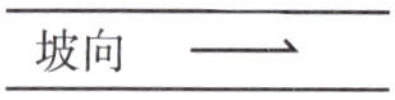	
28	排水暗沟	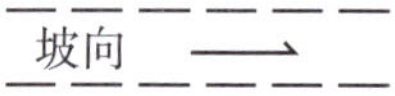	

附表2　管道连接图例

序号	名称	图例	备注
1	法兰连接		
2	承插链接		
3	活接头		
4	管堵		
5	法兰堵盖		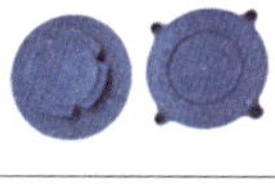
6	盲板		
7	弯折管		
8	管道丁字上接		
9	管道丁字下接		
10	管道交叉		在下面和后面的管道应断开

附表3　管件图例

序号	名称	图例	备注
1	偏心异径管	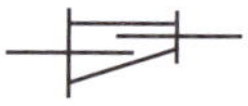	

附表3（续）

序号	名称	图例	备注
2	同心异径管		
3	乙字管		
4	喇叭口		
5	转动接头		
6	S形存水弯		
7	P形存水弯		
8	90° 弯头		
9	正三通		
10	TY三通		
11	斜三通		
12	正四通		
13	Y型过滤器	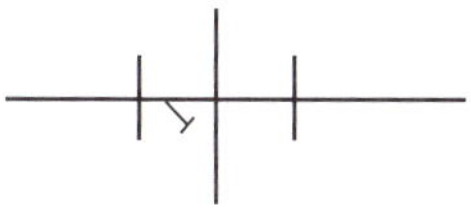	

附表4　阀门图例

序号	名称	图例	备注
1	闸阀		
2	角阀		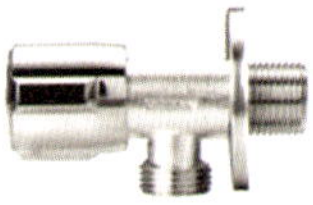
3	三通阀		
4	四通阀		
5	截止阀		
6	蝶阀	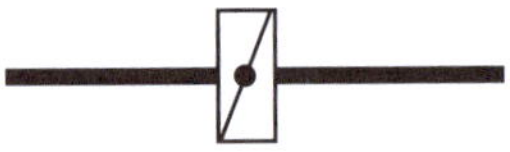	
7	电动闸阀		
8	液动闸阀	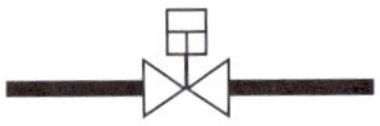	
9	气动闸阀		
10	电动蝶阀		
11	液动蝶阀	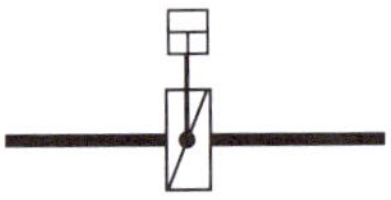	

附表4（续）

序号	名称	图例	备注
12	气动蝶阀	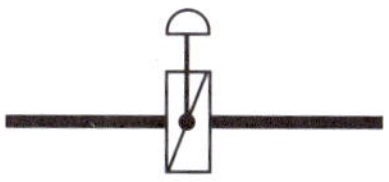	
13	减压阀	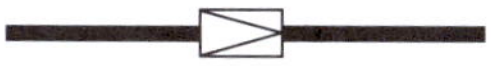 左侧为高压端	 
14	旋塞阀	 平面  系统	
15	底阀	 平面  系统	
16	球阀		
17	隔膜阀	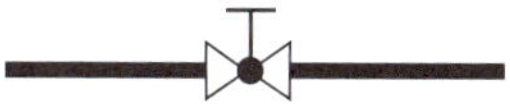	
18	气开隔膜阀	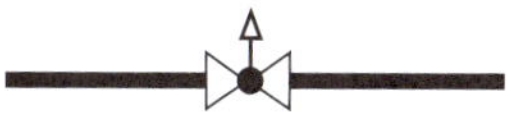	
19	气闭隔膜阀		
20	电动隔膜阀	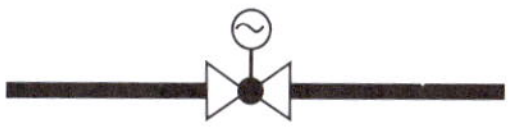	

附表4（续）

序号	名称	图例	备注
21	温度调节阀	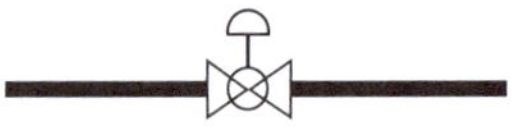	
22	压力调节阀	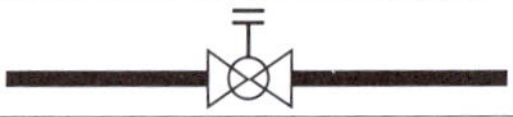	
23	电磁阀	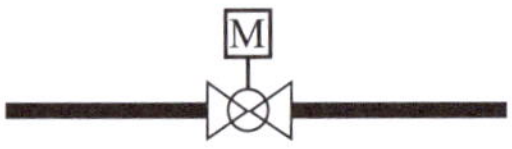	
24	止回阀		
25	消声止回阀		
26	持压阀	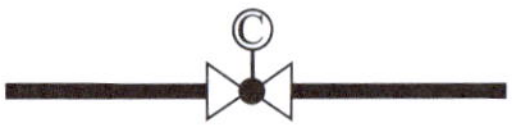	
27	泄压阀		
28	弹簧安全阀		
29	平衡锤安全阀	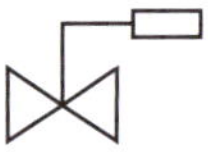	

附表4（续）

序号	名称	图例	备注
30	自动排气阀	 平面　系统	
31	浮球阀	 平面　系统	
32	水力液位控制阀	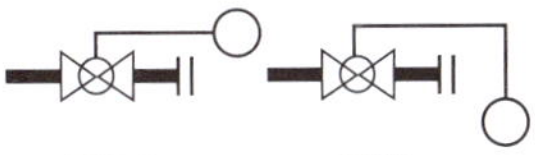 平面　系统	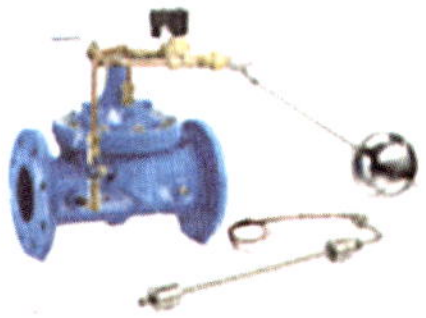
33	延时自闭冲洗阀		
34	感应式冲洗阀	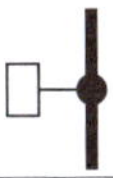	
35	吸水喇叭口	 平面　系统	
36	疏水器		

附表5　仪表图例

序号	名称	图例	备注
1	温度计		
2	压力表		

附表5（续）

序号	名称	图例	备注
3	自动记录压力表		
4	压力控制器		
5	水表		
6	自动记录流量表		
7	转子流量计	 平面  系统	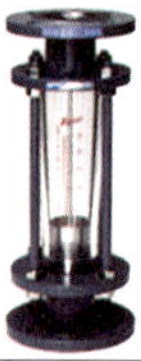
8	真空表		
9	温度传感器	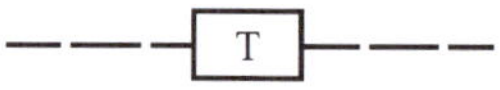	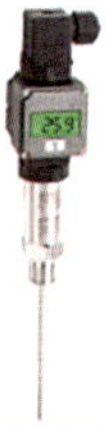
10	压力传感器	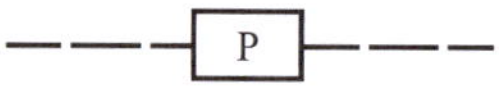	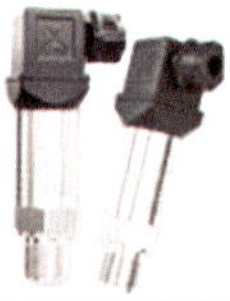
11	pH传感器	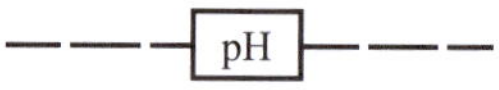	
12	余氯传感器	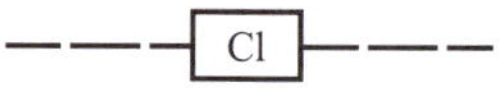	

主要参考文献

[1] DB 6101/T 3011—2018，二次供水技术规范[S].西安：西安市质量技术监督局，2018.

[2] DB 6101/T 3050—2019，二次供水蓄水设施清洗消毒技术规范[S].西安：西安市市场监督管理局，2019.

[3] DB 6101/T 3085—2020，二次供水运行维护管理技术规范[S].西安：西安市市场监督管理局，2020.

[4] DB 6101/T 3104—2021，二次供水管理质量评估规范[S].西安：西安市市场监督管理局，2021.

[5] DB 6101/T 3145—2023，二次供水突发事件应急预案编制规范[S].西安：西安市市场监督管理局，2023.

[6] DB J61/T 186—2021，二次供水工程技术规程[S].陕西：陕西省住房和城乡建设厅，陕西省市场监督管理局，2021.

[7] T/SXGSPSB 01—2022，陕西省二次供水智慧泵房工程技术规程[S].陕西：陕西省城镇供水排水协会，2022.

[8] 长沙市城区新建住宅二次供水标准化泵房指导图集[S].长沙：长沙市住房和城乡建设局，2021.

[9] 上海凯泉泵业产品样册[Z].上海：上海凯泉泵业集团有限公司.

[10] 上海中韩杜科泵业成套给水设备[Z].上海：上海中韩杜科泵业有限公司.

[11] 铭星供水设备生活产品及选型[Z].江苏：铭星供水设备有限公司.

[12] 上海威派格二次供水系列产品[Z].上海：上海威派格智慧水务股份有限公司.

后 记

本书的编写和出版历时数月，凝聚了编者们的辛勤汗水和智慧。在编写过程中，我们充分参考了相关的技术管理规范，力求内容科学、严谨，具有实用性和指导性。然而，由于编者水平有限，书中难免存在不足和疏漏之处，敬请广大读者批评指正。

二次供水系统作为城市供水的“最后一公里”，其技术管理直接关系到供水质量和安全。本书的出版只是一个起点，我们希望通过不断地学习和实践，进一步完善和提升二次供水技术管理水平。

最后，衷心感谢所有为本书编写和出版付出努力的专家、学者及工作人员，感谢他们的无私奉献和辛勤工作。同时，也感谢广大读者对本书的支持与关注。我们真诚地希望本书能够为广大二次供水从业人员提供参考和帮助，为二次供水事业的发展提供助力。